专业服务公司管理艺术

来自世界顶级公司的经验

[美] 莫琳·布罗德里克◎著
（Maureen Broderick）

孙伟　张帅◎译

THE ART OF
MANAGING
PROFESSIONAL
SERVICES
Insights from Leaders of the
World's Top Firms

中国人民大学出版社
·北 京·

推荐序

成功管理一家专业服务公司真是一门艺术，同时也是一门科学。

在主管哈佛商学院继续教育项目"领先专业服务"的 15 年里，我有幸接触到不同规模、不同领域、不同地域的专业服务公司的成千上万名高管。这么多年从事公司管理方面的教育、写作和咨询工作，我愈发敬重专业服务这个行业，它拥有独特的结构和治理风格、杰出的专业人才和对客户服务满腔热忱的关注。

正如莫琳·布罗德里克在她的书中所写，胆小鬼不适合领导一家专业服务公司。把公司里有独立见解的高智商专业人才团结在一起，使他们专注于公司的目标和战略，要求领导者在结构和自治以及独特的领导风格之间取得微妙的平衡。

成功建立并管理一家专业服务公司，有几个至关重要的杠杆：人才的获取、培养和留用，客户和服务管理，战略性思维，基础架构设计和治理风格，股权和薪酬，财务规划与监督。若要高效工作，所有这些重要管理领域的关注点都要与公司的愿景、价值观和文化相一致，因为这些是做决策时所依据的核心。

然而，即使对经营得最好的公司而言，要做到与愿景和价值观保持一致也不是一件容易的事，因为专业服务公司有很多所有者，有多样化的惯例和服务，并且有时候还跨多个地域。公司运营的环境是易变的、动态的。客户和专业人才在组织里进进出出，服务需求和偏好不断变化，新的竞争对手涌入市场，经济波动，有时候波动剧烈，正如我们在 21 世纪最初十年已经见证的那样。所有这些因素都需要做出组织性调整，有时甚至需要根本性的重组。正如我和汤姆·蒂尔尼在 2002 年合著的《明星资本》（*Aligning the Stars*）一书中所写的那样，对公司领导者而言，在变化的环境中保持正确的方向并协调一致是一项艰巨的任务。

这本书为重点领域的专业服务管理人员提供了一个基本框架，即公司领导者必须监督建立和维持一个强有力的组织。本书提炼了商业界一些经营得最好的公司领导者的深刻见解、做法和建议。尽管对经营一家成功的公司而言，不存在千篇一律的最佳做法或最佳流程，但你可以从本书中得到一些实质性的观点，将其融入你自己的公司和文化中。

布罗德里克和她的研究团队非常出色地抓住了专业服务公司管理的哲学和基本要点。这本书是对本行业的一个重大贡献，毫无疑问，它将会是专业服务行业工作者的一本参考书和指南。

杰伊·洛尔施（Jay Lorsch）

杰伊·洛尔施是哈佛商学院"专业服务项目"的项目主管，是专业服务领域公认的世界领先的权威人物之一。他有十多本著作，包括《明星资本》（合著者是贝恩公司的前高管汤姆·蒂尔尼，哈佛商学院出版社，2002 年版）。作为咨询顾问，他曾经在一些世界领先的公司和金融机构任职，包括很多全球性的专业服务公司。

目　录

引　言

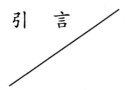

专业服务行业的影响是巨大的。很难找到一个完全不需要任何外部专业服务援助的公司、政府机构或非营利性组织。毫无疑问，在每一个成功的全球性公司背后，你都能发现一个外部专家团队，从公司成立之初就在支持着公司的运营，有时甚至起到关键的作用。

据估算，2010 年美国专业服务行业的财务收入接近 2 万亿美元，在过去的 30 年中，保守的年均增长速度为 10%。在这样的背景下，这个行业成为世界上增长最快的领域之一。会计、广告、建筑、咨询、工程、猎头、金融服务、法律、市场营销、公共关系、房地产、研究、人员管理，以及其他为企业提供建议和支持的知识型员工，都被集聚在专业服务的大伞之下。这个行业雇用的员工大约有 2 000 万人，他们供职于 100 多万家规模不等的企业，小到一人经营的公司，大到拥有 50 多万名专业人才的全球四大会计师事务所。

尽管专业服务行业的规模和影响力巨大，但从很大程度上说，这个行业并不为人们所关注。大多数专业服务公司都是私营企业，主要为了合伙人的利益而经营。它们更喜欢在幕后工作，客户从它们的工作中受益。这个行业没有得到与其他大多数行业程度相同的关注。华尔街的分析家不会关注它们，商业记者一般也不会把它们作为写作的对象，这个行业也从来没有被受欢迎的商业大师们包含在任何一项主要的市场研究中。很少有提供专业服务的公司登上报纸头条，除了现在已经倒闭的会计师事务所安达信，以及安然公司破产事件。

这个行业几近私密的特性是令人遗憾的，原因有两个。

第一，几乎没有什么地方能让这个行业的专业人才去寻求建议或找到如何经营业务的最佳做法。特定领域或特定区域的专业服务团队聚集在一起，以会员制的形式在成员内部共享财务基准、管理方法和工具。但是，只有为数不多的学术机构，如哈佛商学院、牛津大学赛德商学院、卡斯商学院、伦敦城市大学，组织了行业论坛，为来自不同领域和地域的专业服务行业领导者们提供学习和交流想法的机会。

第二，整个商业界都能从专业服务中受益匪浅。十年前，彼得·德鲁克预测，世界经济的领导权会转移到那些最能够成功有效地利用知识型员工的国家和行业。专业服务业当然是最典型的知识型行业。在 20 世纪，许多商业权威和管理大师花费了很多年的时间来提升手工劳动的系统化和生产力。相反，专业服务公司一直致力于完善一种商业模式：吸引、培育和留住那些最出色最聪明的知识型员工。另外，随着传统的大规模销售和交易模式被以客户为中心的产品开发和关系型销售所取代，还有谁比客户定制和客户关系大师更适合成为被求助的对象呢？专业服务公司凭借其人才的知识、灵活的服务结构及关系管理的专门技能，在很多方面都成为未来公司的典范。

每一位专业服务领域和商业界的人士都应该阅读本书，原因如下：

● **对专业服务行业的全面研究。**在对七大主要领域的专业服务公司的领导者进行的 130 多次深入访谈的基础上，本书从幕后对这个重要的全球性行业进行了透彻的审视。

● **行业中最优秀公司的管理经验。**参与此研究的公司和专业人士阵容如同专业服务领域的"名人录"。布罗德里克研究团队与这些公司的高层领导者一起度过了成百上千个小时，所有这些领导者在百忙中抽出时间，十分慷慨坦诚地提供宝贵的经验和智慧。

● **切实可采用的方法。**很多商业类书籍都只提出问题却不提供任何实用的、具体的解决方法。而本书包含40个案例专题，这些详细的管理实践做法是由世界上最受仰慕的专业服务公司所开发并成功实施过的。公司领导者可以在这些做法中选择适合自己的，或者选择这些公司实施过的方案或方案的某个部分，做出调整使其适应自己的公司。

研 究

既然我们的目标是向最好的公司学习，那么很重要的一点就是我们所采访的公司需要达到三个基本的标准。

第一，它们需要被同行认可并敬佩。我们在这个行业有很多年的工作经验，因此我们知道在每个领域领先的公司有哪些。但是，我们还是通过最受好评的公司排名确定了自己的选择，排名的衡量依据包括收入最高、名声最佳、最适宜工作。这些公司受到行业协会、独立的评估公司，以及人力资源网、《财富》和《商业周刊》的好评。

如表0—1所示，本书所研究的公司阵容代表了很多专业服务领域的一流品牌。在被研究的行业中，咨询服务业是规模最大的，最难以归类的，也是访谈对象中比例最大的，如图0—1所示。咨询服务业又包含无数子行业，从广义范畴内的管理咨询到狭义的重点职能领域，如人力资源、运营、IT、市场营销、业务咨询服务及战略。咨询服务业也包括那些只针对单一行业的公司。

表 0—1   **参与调查的公司**

会计

德勤
安永
致同
毕马威
Plante & Moran
普华永道
Wipfli

广告/公共关系/研究

百比赫（BBH）
博雅公共关系公司（Burson-Marsteller）
凯维公关（Cohn & Wolfe）
爱德曼（Edelman）
灵智医学传播（Euro RSCG Life）
福莱（Fleishman-Hillard）
Goodby, Silverstein
英赛特（Incite）
凯旋公关（Ketchum）
朗涛设计（Landor Associates）
麦肯世界集团（McCann Worldgroup）
MedPanel
奥美
奥美公关
Ozone Advertising
Peppercom
扬·罗必凯

建筑/工程

Black & Veatch
Dewberry
Gensler
Heller Manus Architects
HKS
HOK
Invision
Michael Baker Corporation
NBBJ
Perkins+Will
SmithGroup
Stantec
STV

管理咨询

科尔尼（A. T. Kearney）
贝恩咨询
Booz & Company
博思艾伦
波士顿咨询集团
Celerant Consulting
Clarkston Consulting
Charles River Associates
CSC
ECG Management Consultants
ghSMART
翰威特咨询公司
Hildebrandt Baker Robbins
Hill & Associates
仲量联行
Marakon
麦肯锡
摩立特集团（Monitor Group）
奥纬（Oliver Wyman）
巴特农集团（The Parthenon Group）
Pivot Leadership

猎头

亿康先达国际咨询公司
光辉国际
Major Lindsey & Africa

金融服务

贝恩资本
Duff & Phelps
华利安
Piper Jaffray
Raymond James
Thomas Weisel Partners

法律

Allen & Overy
高伟绅律师事务所（Clifford Chance）
Cravath, Swaine & Moore
Cuatrecasas, Goncalves Pereira
DLA Piper
安睿（Eversheds）
Fish & Richardson
Freshfields
Jackson Lewis
美国瑞生律师事务所（Latham & Watkins）
孖士打律师行（Mayer Brown）
美国美富律师事务所（Morrison & Foerster）
O'Melveny & Myers
奥睿律师事务所（Orrick）
Seward & Kissel
Skadden, Arps
Slater & Gordon
Sullivan & Cromwell

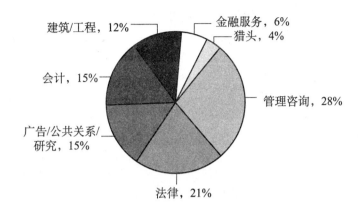

图 0—1 按行业划分受访公司

第二，受访的公司必须经营了相当长的时间——实际上，公司历史越悠久越好。我们想研究那些经历过一次或两次挫折后存活下来的公司，若公司成功在创始人时代生存下来并发展得很好，则更好。正如图 0—2 所示，在我们所采访的公司中，84% 的公司历史超过 50 年，还有 28% 的公司历史超过100 年——对任何行业的创业而言，这个存活率都是相当高的。

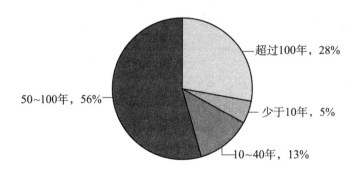

图 0—2 受访公司的经营时间

第三，受访公司在财务指标方面必须是成功的。大多数专业服务公司都是私营企业，因此财务数据并不容易得到。尽管所有的受访公司都自愿报出了它们的收入数据，但是我们并不知道，也没有询问他们的利润数据或百分数。我们遵循前两个标准判断公司的财务稳定性。商界最优秀的公司通常也创造了最多的财务收入。因此，我们所研究的很多公司都处于行业最高财务收入的范畴。但是，我们也采访了一些经营得极好的小公司，其财务收入在500万～1亿美元，如图0—3所示。

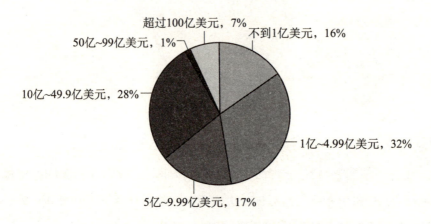

图0—3　按收入划分受访公司

我们对每个组织的领导者进行了访谈，包括董事长、首席执行官、管理合伙人及首席运营官，分区域、服务类型、行业的领导者，财务、营销和人力资源管理等非业务部门的领导者。通常，董事长、首席执行官或管理合伙人是一个组织里第一位被访谈的对象，其次是公司里推荐出的进行后续访谈的人选。我们所采访的对象中，有62%的人在其所在组织中身居要职——董事长、首席执行官或管理合伙人，如图0—4所示。

章节导读

本书探讨了专业服务公司在管理方面的关键问题，这些问题是我们对受访公司进行研究后总结而成的。第1章综述了专业服务行业的特征，既有好的方面，也有不尽如人意的方面，并介绍了布罗德里克PSF领导力模型，即专业服务公司领导力的10个重点领域，这也是我们研究的基础。第2章到第

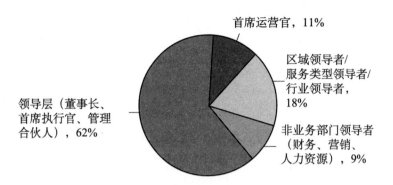

首席运营官，11%

区域领导者/
服务类型领导者/
行业领导者，
18%

领导层（董事长、
首席执行官、管理
合伙人），62%

非业务部门领导者
（财务、营销、
人力资源），9%

图 0—4　按职位划分受访对象

10 章讨论了模型中的每个重点领域，呈现了我们在访谈过程中发现的最佳做法。第 11 章的主题是难以捉摸的领导力，这一章主要描述的是，在极具挑战、要求苛刻的专业服务领域，如何才能成功领导一群"聪明绝顶、独立自主的人"，我们访谈的对象给出了他们的见解和思考。

　　如果你是一位专业服务行业的从业者，一定会很喜欢读到同行们对这个行业各方面的评论。从实用角度讲，你可以学到很多好的想法和做法，并吸收融合到自己的公司中。很多专业人才倾向于把自己的公司与同领域内的其他公司相比较。你会惊喜地发现，很多出色的想法和最佳的做法是可以从更广阔的跨领域学到的。广告和公共关系公司在客户管理方面是最杰出的；工程和会计公司在战略规划方面最严谨；管理咨询公司拥有最佳的培训和指导项目；法律公司能教给我们很多关于团队成功合作的经验。

　　如果不在专业服务行业工作，你会深入地了解最成功公司的内部运作，你可能在工作中与其中一些公司合作过。深切希望你能够发现一些能够运用到自己公司的做法。还有很多东西等待你的探索！

第 1 章

专业服务

特征、挑战和领导力

专业服务公司的基本内容极其简单，它关乎人才、客户，以及通过团队合作创造和传递价值。

——吉姆·奎格利（Jim Quigley）

德勤会计师事务所首席执行官

有些公司跑在了前面，向成功的专业服务公司学习，这些公司本身也更有可能获得成功。

——罗德侠（Paul Laudicina）

科尔尼公司董事会主席、总经理

经营专业服务公司与经营制造业的公司有很大不同。基础设施、治理、人才管理、薪酬、盈利能力与传统公司环境有很大区别。本书中受访的领导者会告诉你成功管理专业服务公司是一件具有挑战性的事情，要求结构和自治以及独特的领导风格之间保持微妙的平衡。更别提管理一群极其聪明、高度自治、有些古怪的专业人士是多么巨大的挑战。心智脆弱的人肯定干不了这项工作。

成功公司的共同特征

在研究过程中，我们找出了世界顶尖专业服务公司共有的几个特征，这些特征让我们知道在知识型公司中什么起作用、什么不起作用。其中，有些是多数成功公司普遍存在的典型特征，另一些是专业服务公司独有的特征。所有这些特征告诉我们管理专业服务公司的细微差别。

• **价值观和文化不容侵犯。** 受访的专业服务公司领导者对他们公司的价值观和文化充满热情。价值观是公司的根本——它是指导公司内成员相互之间的行为以及他们对客户和社区的行为的规则。成功公司培养和奖赏拥护公司价值观的行为。不遵从公司价值观的人可能会被开除。我们所研究的公司投入大量时间和资源给员工灌输公司价值观，加强公司文化建设。事实上，受访领导者承认保护和培养公司的价值观和文化是他们的首要工作。

• **以客户为中心。** 在专业服务中，客户是支配力量，是专业服务存在的理由。一切都取决于客户服务——愿景、价值观和文化，基础设施和治理，股权和薪酬，人才管理，服务开发，品牌、市场营销和销售。专业服务公司的存亡取决于获取、服务和保留客户的能力。

• **尊重并且投资于人才。** 你可能会想到专业服务公司擅长人才管理。毕竟，人是他们的产品。如果没有忠于职守的、高技能的人才，他们就没有什么可以卖的了。在第 3 章中我们会讨论一些令人印象深刻的案例，但或许最重要的一课就是要尊重人才。重视他们的意见，相信他们在事业早期就有能力与客户打交道，期待他们做出贡献并奖励他们的付出。成功公司投入大量资金对专业人士进行培训和指导，给予人才很大的自由——在拥护公司价值观的基础上，他们通常只受限于其工作能力和意愿。在最好的专业服务公司，人才感到备受优待。

• **以灵活的团队方式运作。** 专业人士进出客户组和项目组，同时向多组领导汇报工作，而且必须具备许多领域的技能。他们经常受到各种导师和团队领导的激励和挑战，并接触到各种各样的客户和业务。因此，专业服务公司的员工都非常灵活且适应能力极强。他们很喜欢各种各样不同的工作。这也是如此多顶尖商业学院毕业生（哈佛的一项统计显示比例是 65％）加入专业服务公司的原因之一。这是一个让聪明人兴奋的工作场所。

• **组织结构极其简单。** 在我们的研究中，就连全球性的资产达数十亿美元的专业服务公司本质上都是精简的组织，几个高层领导和最少的行政层级。在专业服务领域，自治和企业家精神受到鼓励和重视。大多数人才渴望锻炼自己的技能，和客户一起工作而不是领导公司。过多的官僚主义让他们发疯。事实上，如果公司结构太笨重刻板，人们多半会忽视或绕开这类公司。

• **资深员工成为企业的合伙人。** 在合伙制公司中，经过严格的筛选过程，一组专业人士会受邀出资成为合伙人。并非所有专业服务公司都是合伙制的，事实上，许多是公司制的。并且，尽管大多数是私人持有，但也有一些已经公开上市。有趣的是，不管是何种结构，高层领导者都被当作主人对待。专业服务公司营造了一种氛围，资深员工得到授权并致力于使公司获得成功，成为"合伙人"被认为是一种荣誉，是年复一年的挑战性工作、加班加点、高强度训练换来的。这不仅是财务上也是情感上的严肃承诺。

• **人人服务。**"我要让我的合伙人开心。""我的工作是守护我们的价值观和文化。""我知道做这项工作不会得到任何额外报酬——这样做是因为我爱这个地方。"在研究中，多数受访领导者是在本公司从基层成长起来的，他们专业能力很强并在专业领域受到尊重，他们管理着一些对公司很有价值的客户并且随着时间的推移创造了可观收入。许多领导者要么继续积极管理一些客户工作，要么仍旧忙碌着参与客户工作。除非你身处这一行，否则你大概不能说出许多专业服务公司领导的名字，他们多半在幕后工作，可是他们中的许多人都已经掌管公司几年甚至几十年了。事实上，他们是吉姆·柯林斯在《从优秀到卓越》中提到的第五级领导者。在这一行业，不仅仅是领导者服务于公司的合伙人和公司，而是人人服务。看任何一个网站或者拿起任何一本专业服务公司手册，你都会重复发现这个词。公司的每位员工服务客户、服务社区，并且服务彼此。在这个行业，"人人服务"是印刻在脑海里的。

• **坚守本行。**在专业服务行业多样化并不是一个重要的概念。虽然许多专业服务公司提供各种各样的服务并且具备多种领域的专业技能，但是他们绝不冒险偏离根基太远。努力区分审计、税务和咨询服务的四大会计师事务所仍然没有偏离广义的咨询服务。就连 WPP、阳狮集团（Publicis）、Interpublic 和宏盟集团（Omnicom）也没有离开广告、公共关系和市场研究相关领域。许多产品公司，尤其是科技部门，开设了咨询服务业务，提供解决方案，目的是为当前客户提供更多的服务，增加与客户的互动，将与客户的关系提升到与高管层面的关系，抓住通常只有服务才能提供的优势。相反，专业服务公司选择不冒险进入产品领域，而是坚守自己的核心能力。

• **工作本身比赚钱更重要。**利润不是专业服务公司的第一驱动力。大体上，人们进入这个行业是因为真正喜欢自己所做的事情，而且通常已经花了许多年时间参加学习和培训，完善技能。他们进入这个行业一般不是为了开创自己的公司或建立一个巨头企业。他们想要做的是自己花费多年时间学习做的事情——运用法律去辩护、设计建造一座桥梁、发起一场全球范围的广告活动、解决一个复杂的商务难题……

专业服务公司的挑战

当然，并非所有专业服务公司都是成功的、精彩的。跟其他行业一样，绝大多数专业服务公司没有熬过它们的创业初期，发展缓慢，并且有些只是毫无特色、令人不快、机能失调的公司。正如其他行业必然要从专业服务领域学习经验一样，专业服务行业也需要从客户那儿学习。在研究中我们观察到，专业服务公司从客户那里学到的最显著的经验集中在以下几方面：创新、长期战略规划和投资、流程效率、市场营销。或者，更准确地说，在这些方面专业服务公司是欠缺的：

• **发展缓慢。**专业服务行业发展缓慢。虽然为了适应变化的客户需求，专业服务公司提供的服务有变化，竞争也更加激烈——正如一个受访者所抱怨的，"不像从前那么好干了"，并且兼并和收购改变了许多细分市场的格局。科技使得管理企业和服务客户更加高效。市场上偶尔也会发生一些事件或变化，如会计领域的《萨班斯-奥克斯利法案》（Sarbanes-Oxley Act）、传媒界数字媒体的出现、金融服务领域的银行业危机，促使公司对其工作内容及工作方式做出重大改变。但是基本上底层结构和商业模式在过去的一个世纪中变化不大。

• **目光短浅。**产品类型的公司有明确的交付物、可预测的生产和销售循环、标准的性能指标，与之不同，专业服务公司倾向于短期。工作是基于项目而且通常是短期的；客户不固定，使得销售管道不可预测；大多数专业人士很少会在整个职业生涯中只服务于一家公司。让忙碌的倾向于短期项目的专业人士关注大局和长期战略对公司领导者是一个挑战。另外，在合伙制公司中，公司的年利润大部分都分配给了公司所有者，要筹集资金来长期战略性地投资新的理念和项目，常常有困难，因为这涉及重新分配合伙人的收益，公司领导对此感到不满。

•**不重视流程的改进。**大体上，流程效率及改进在专业服务公司不是首要的管理重点。尤其在按小时结账的细分市场，几乎没有提升工作基础流程的动力。在这一行，人们普遍认为每项任务都是不同的，因而几乎没有能够常规化的流程。独立的专业人士喜欢自行管理，抵制标准化的概念。提供更多重复性解决方案的公司，例如在外包和系统综合领域，在理解和管理成本结构和收入来源方面走得比较远。

•**营销和销售正在进化。**除了一些明显的例外，营销和销售在专业服务公司似乎不存在。我们研究发现，成功公司理解并细心保护品牌的概念，但是多数公司不知道如何有策略地瞄准和扩大市场，不知道如何系统性地销售服务，不知道如何管理销售管道。对许多专业人士来说，营销和销售仍然难以理解而且有点令人反感。

•**多样化只是一个概念。**正如多数企业一样，多样化还未到达专业服务公司的上层。130 多个受访者当中，只有四名女性和一名非白种人男性在他们公司占据最高位置。多样化项目的苗头在整个采访过程中都有显现，而且相当一些公司投入时间和资源吸引和留住女性及少数族裔。但真实的情况是，领导层主要是白人男性的世界，而且这种现象需相当长的一段时间才能有明显改变。

布罗德里克 PSF 领导力模型

我们提出了十个管理关注点并假设它们在专业服务领域是最受领导层重视的。起初，我们以传统的麦肯锡 7S 架构（McKinsey 7-S Framework）为组织架构，如图 1—1 所示，作为研究的基础。打算围绕该模型中的七个变量提出问题。但是基于与顾问小组和首批受访者的讨论，我们重新设计了架构以反映几个管理专业服务公司重要且独特的关注点。

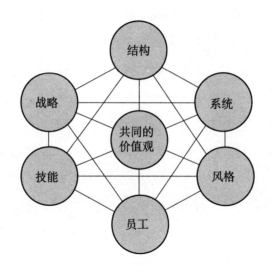

图 1—1   麦肯锡 7s 架构

最终，我们将变量从 7 个增加到 10 个，保留了几个 S，增加了几个 P 和一个 F，建立了布罗德里克 PSF 管理模型，如图 1—2 所示。我们判定麦肯锡 7s 架构的原始图以最好的方式直观地描述了机构之间相互依赖的重要性，以及围绕这十个变量统一战线的需要。正如在麦肯锡 7s 架构中一样，我们的研究证实，共同的价值观，还有共同的愿景和文化，是每一个成功专业服务公司的核心。

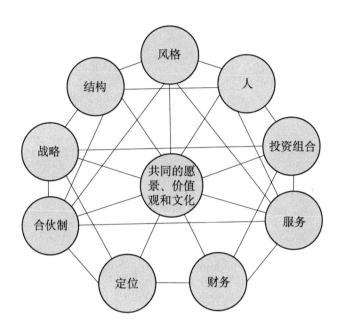

图 1—2　布罗德里克 PSF 领导力模型

　　要使公司尽最大努力去运作，领导层必须不断监控和修改机构迷宫里的每一个关键部分。但是即使行业里最好的公司也会发现它们在生命周期的某些时段未能达成共识。事实上，所有受访领导者都承认他们的机构中有许多地方需要得到关注和提高。关键是保持警惕，关注公司的愿景、价值观和文化——这是每一个成功的专业服务公司的核心。

Chapter 2
第 2 章

共同愿景、价值观和文化

创建、沟通和保持

对于专业服务公司而言，愿景、价值观和文化的确占据了99%的分量。

——戴米安·奥布赖恩（Damien O'Brien）

亿康先达国际咨询公司首席执行官

我们非常重视塑造、培养和实施我们的价值观和文化。

——鲍勃·戴尔（Bob Dell）

瑞生律师事务所总裁兼管理合伙人

这一点弄不对，其他的就别想了。只会是另一种类型的公司。

——彼得·斯特林厄姆（Peter Stringham）

扬·罗必凯公司首席执行官

　　在这个行业，我们所卖的是我们对工作的承诺，而非有形的产品或服务，公司的愿景、价值观和文化是承诺的核心，这三者共同成为公司组建业务的核心。最成功的专业服务公司把这个相互联系的三件套看作无价的战略资产和有力的增长驱动力。你是谁以及作为一个组织你看重并努力保护的东西，影响公司运行和增长的方方面面——公司的结构，公司治理和利润分配，招聘、培训和员工管理，以及公司在市场中的定位。

　　我在专业服务行业工作 30 多年的生涯中，有幸在咨询公司普华永道和博思艾伦、律师事务所 Brobeck，Phleger & Harrison，以及研究机构斯坦福研究院（SRI International）内部工作。另外，过去 15 年，我的公司，布罗德里克公司曾为行业内百余家各种类型的专业服务公司提供咨询服务。这些公司没有哪两家是完全一样的。例如，普华永道是专业又权威，博思艾伦不拘一格好发问，Brobeck，Phleger & Harrison 富有创新精神和野心。

　　每家公司都有不同的样貌和感觉、独特的个性和工作原则——独特的风格和组织的 DNA。正如相互交织在一起的 DNA 片段一样，每个公司都由众多因素塑造而成：内部由它的历史塑造，雇用怎样的员工以及如何同化他们；外部由与客户和市场的互动塑造。这些因素叠加在一起造就了一个独特而强有力的混合体，正如 Clarkston Consulting 首席执行官汤姆·芬尼根（Tom Finegan）所说，这些因素是"定义一个公司的秘制调味汁"。

　　在研究中，我们着手判定这秘制调味汁是如何被创造的。为什么有的公司令人向往而有的公司让人不舒服，感觉不和谐？公司的愿景、价值观和文化是如何建立的？它们是如何被培养并根植于一个组织中的？更棘手的问题是，无论出于何种原因，当新的方向出现时，如何改变公司的愿景、价值观和文化？

多数受访领导者在谈到愿景时都充满激情。大体上，他们把愿景看作模模糊糊的目的地，他们不断努力追寻实际上却从未真正到达，甚至不曾想过能够到达。Jackson Lewis 律师事务所的资深合伙人迈克尔·洛蒂托（Michael Lotito）总结了这一态度，称愿景是"像北极星一样的东西"。

同时，我们发现，受访者对文化和价值观的问题有极大的兴趣和热情。当领导者谈到这些因素如何在他们公司起作用时，表达了很大的能量和热情。事实上，令人震惊的是，99％的受访者说愿景、价值观和文化的结合是公司领导层最重要的关注点，把它放在评分表的第一项（见图 2—1）。

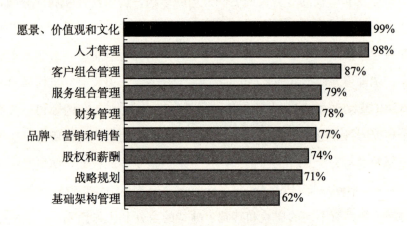

愿景、价值观和文化　　99%
人才管理　　98%
客户组合管理　　87%
服务组合管理　　79%
财务管理　　78%
品牌、营销和销售　　77%
股权和薪酬　　74%
战略规划　　71%
基础架构管理　　62%

图 2—1　愿景、价值观和文化的重要性排在第一位

我们让受访者区分愿景、价值观和文化并从管理角度讨论它们的综合影响。公关公司 Peppercom 的管理合伙人兼联合创始人史蒂夫·科迪（Steve Cody）很好地总结了针对这一主题的流行观点，他说："愿景是我们努力的方向，价值观是我们认为重要的行为，文化是感觉、能量、忙乱和组织内部的小社会。"

正如这一评论所暗示的那样，价值观是一个组织的根本，是一种规则，它约束员工彼此之间的行为，以及对客户、对所服务社区的行为。许多人认为价值观是指导一个公司面对困难抉择时渡过难关的道德指南。文化被看作将一切黏在一起的隐形胶带——塑造公司工作环境和经营风格的公认的行为模式和心照不宣的规则。文化是有活力的，它指明在公司应该如何做事情，表明价值观是如何融入公司日常工作当中的。文化和价值观将公司凝聚起来为客户和公司的愿景服务。

专业服务公司都是解决问题的，因此根据所做的事情区分不同的部门通常比较困难。区分不同公司的标准是它们如何经营业务，而与行业部门无关。如何经营业务取决于你是谁以及看重什么。在成功的公司里，愿景、价值观和文化既相互联系又相互丰富。这些公司之所以成功，正是因为它们总能保证作为市场代表的员工在某种程度上明白自己需要做什么，明白自己为什么要这么做——明白作为一个整体他们的贡献如何反映公司的价值观，如何支持公司的愿景。

总体来说，受访者认为自己的公司在愿景、价值观和文化方面做得不错。接近85％的受访者说公司在这方面做得非常好（见图2—2）。然而，人们普遍认为管理愿景、价值观和文化颇费力气，这项工作需要各个层级的努力，尤其是高层的努力。

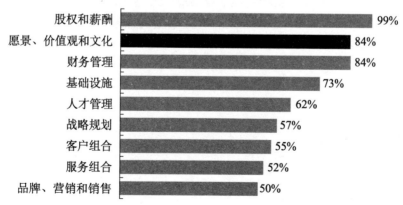

股权和薪酬	99%
愿景、价值观和文化	84%
财务管理	84%
基础设施	73%
人才管理	62%
战略规划	57%
客户组合	55%
服务组合	52%
品牌、营销和销售	50%

图2—2　多数公司认为自己在愿景、价值观和文化方面做得不错

愿景、价值观和文化的五大精髓

具有挑战性的是，领导层要不断监控组织对价值观的遵守，保持一种培养和给予回报的文化。绝不松懈，总是根据是否与价值观匹配来评估创意和决定。

我们不会为简明的愿景陈述投入很多，要自己在这方面或那方面成为最棒的。我们更关注公司的核心价值观和文化，这一点在每一天都特别特别重要。

有趣的是，虽然每家公司都有独特的 DNA，但我们研究的公司具有极其相似的核心价值观，甚至到了价值观陈述一致的程度（见图 2—3）。排在前几位的价值观——正直、合作、关注客户、专业和尊重——分别指向对受人尊敬的专业人士、同事和客户共同的热情与忠诚。对于大多数专业人士而言，他们的第一动力就是在工作中达到高度的专业水平、追求高质量和卓越。

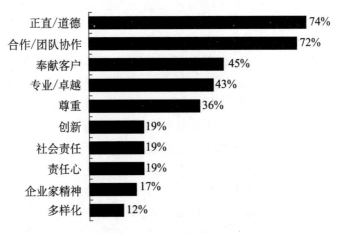

图 2—3 专业服务公司拥有相似的价值观

合作和团队协作非常重要，这说起来简单，但是真正实施起来却是另一回事了。塑造和保持价值观的能力是一个成功企业的区别性特征。我们在采访中发现，领先公司在强化价值观和期望方面有五个共同的品质。

1. 投入时间和资源找出核心原则和驱动因素。 简而言之，成功公司对愿景有清楚定位，价值观表述清晰，有共同的行为方式，约束公司内不同地域和学科的专业人士。这样的明晰不是偶然，而是公司内各层级共同遵守的结果。对愿景和价值观的认同是一个高度协作的过程，要求所有人都参与进来。定期检查和更新愿景、价值观以反映公司的动态变化并确保公司遵循自己的方向和理念。

2. 战略与愿景和价值观保持一致。 在顶尖公司，所有围绕结构、治理、薪酬、人才、服务和客户的主要决定都与公司的愿景和价值观保持一致。长期和年度战略规划被看作执行工具，将公司推向它的愿景和梦寐以求的目标。愿景、价值观和战略规划之间的紧密连接确保公司能够言出必行，坚守核心原则——即使在巨大的外部压力下。

3. 确保扩张不破坏或冲淡价值观和文化。 随着公司规模的扩大，在国际上的发展使公司更加复杂化，核心价值观和文化可能受到威胁。自然发展、合并和收购、新的服务领域及员工数量的激增都考验公司的组织弹性，影响公司的行为规范和日常经营环境。最好的公司确保扩张对公司的核心驱动力有积极而非消极的影响，它们通过团队建设、培训和指导在公司上下灌输文化准则和价值观，提升一致的客户服务标准，将核心原则和行为期待植根在公司中。

4. 培养和加强文化。 成功的专业服务公司认识到价值观和文化在吸引和留住人才方面的重要性，因而投入大量时间和资金招聘和培训专业人士。有远见的公司在沟通价值观方面投入巨大，在职业发展的每一阶段反复灌输和强化公司的价值观，从入职培训，到召集分散在世界各地的合伙人开面对面会议重新为核心价值观注入活力。

5. 监控和评估公司对价值观和文化驱动因素的遵循。在成功的公司，遵循核心价值观深入人心并受到奖赏，没能遵循核心价值观可能导致被开除。绩效标准清楚地确立了与价值观相关的期待，对专业人士的考评和支付的薪酬基于他们对照目标的表现。

在公司中植根价值观和文化

> 文化不是偶然，必须精心培育。文化不是意外收获。
>
> 每次我们决定雇用谁的时候都在决定我们的文化。
>
> 许多人认为文化是软实力。我认为它是非常硬的战略资产。

我们问受访者如何植根公司的价值观并积极管理公司文化。虽然我们清楚所调查的大多数公司已经发展并记录了它们的价值观，但是我们想看看这些公司是否真正在日常工作中遵循其价值观——哪些价值观被制成装饰品摆在桌子上或裱在框里挂在接待区，哪些价值观真正是公司结构的重要部分。

事实上，我们发现所研究的公司大多花费相当的时间、资金和资源，运用各种各样的渠道、工具、政策和程序植根它们的价值观，加强文化建设。反复灌输价值观和文化是一个持久重复的过程，就像一位首席执行官所说，要用"水滴石穿的方法"。逐渐灌输的过程通常从招聘开始，通过入职培训、团队建设、会议和发散性的交流，正式或非正式地不断重申。遵循价值观和文化通常受到公开奖励和庆贺，不能遵守则受到批评和惩罚。是的，一些公司的确将价值观制成装饰品或挂在墙上加以宣传，并"用30～40种语言在大屏幕上展示"。但是对于大多数公司而言，如此公开展示只是开始。核心价值观和文化不是用来展示的，要让它们起作用。

价值观和文化的强化始于招聘

对于多数公司而言，加强价值观和文化的过程从招聘开始。招到对的人至关重要，他们要与公司风格和文化相符，维护和践行公司价值观。几家公司描述了它们为确保做出正确选择而执行的严格甄选过程。这意味着招聘不只是要找到技能和专业知识符合要求的人，而且要被公司的价值观和文化活力所吸引。追求人才和公司形象高度契合的公司在招聘环节投入巨大。有些公司让应聘者坐飞机前往公司各个分公司参加 20～30 场面试。应聘者可能要跟不同地域的合伙人谈话以确保每个人都觉得该应聘者与公司文化相协调。当然，不是所有的公司都能让应聘者全球飞。但是，暗含的意思很清楚：最好的公司在招聘员工时把潜在的文化和价值观冲突看作对公司发展的破坏。

关于公司历史的故事强化公司文化

对于很多公司而言，价值观和文化的灌输从工作的第一天就开始了，而且从未停止。许多领导者认为讲述公司历史是入职培训和持续培训很重要的一部分。入职培训项目通常既包含公司流程和程序的相关信息，又包含对公司历史、哲学和价值观的展示、讨论。传奇合伙人的多彩故事、突破性案例研究和公司生存策略都为公司欢迎新员工的项目增色。

例如，为庆祝公司成立 60 周年纪念日，世达律师事务所（Skadden，Arps）制作了一段供公司内部员工观看的视频，描述他们的传统和诸多成就。奥美广告公司的创始人大卫·奥格威（David Ogilvy）写了几本书概述经营一家成功广告公司的哲学。奥美网站上挂着许多公司的故事和大卫的建议，"只雇用那些你想要与之一起度假的人"，"鼓励创新；变革是命脉，停滞是丧钟"已经成为公司传统的重要组成部分。这些被很好地记录下来并吸收进入职培训项目和公司的日常生活中。同样，品牌和设计公司朗涛购买了 Embark 项目，这是一个新员工网上培训工具，一开始就讲述朗涛的历史和公司创始人沃尔特・朗涛（Walter Landor）的哲学理念。管理咨询公司贝恩建立了一个新的文化网站叫做 One Bain，编撰了关于公司历史和成功的故事，网站上包含 200 多个视频，分别展现公司的某一价值观、某段历史或者某个成功赢得客户的故事。

团队教会你如何在公司生活和工作

在专业服务公司，专业人士以团队的形式工作和生活。团队环境是公司的价值观和文化日益强化的条件。客户团队通常包含公司各个阶层的专业人士——高级合伙人、新合伙人和伙伴。每个团队由对公司了解程度不同的一些人组成，从有多年资历的员工到新员工。专业技能、公司的价值观和文化都在这个团队环境中直接学习和体验。受访者认为团队环境是一个理想的环境，展示了公司的生活是怎样的（见专栏"Cravath 律师事务所的团队协作"）。

Cravath 律师事务所的团队协作

有 200 年历史、总部设在纽约的律师事务所 Cravath 在 Vault's 年度百强律所榜单上一直被列为美国最有声望的律所之一。据首席合伙人埃文・切斯勒（Evan Chesler）所言，Cravath 的价值观从未改变过。切斯勒 1974 年作为暑期员工来到公司，他说，这些年来，公司的文化和价值观以"做中学，生活中学"的哲学理念从一个律师传到另一个律师。

新进员工通过一个叫 Cravath 系统的项目融入公司环境。该系统提供培训平台让律师掌握大量专业技能和客户关系技能，并且通过亲身参与业务小组的工作来体验公司价值观和传统。"作为一名年轻的律师，"切斯勒解释道，"与遵守公司原则的同事们紧密配合，并为他们做事，在这个过程中我学会如何以正确的方式做事情，我所说的正确的方式是指作为一名律师，在伦理道德方面做正确的事情。"

公司所有同事被安排进入不同的团队，每个团队由一名合伙人领导。当新员工加入公司时，他们选择加入四个部门中的一个：公司部、诉讼部、税收和信托部、不动产部。在选中的部门，每名员工被安排与一名合伙人或由合伙人组成的团队一起工作。一段恰当的时间——12～18 个月——之后，该员工轮换到另一个团队跟着其他合伙人工作。任期内员工不断轮换团队，所以到他们有资格成为合伙人的时候，他们对该部门方方面面的业务都已经很熟悉了。

团队不大，通常有 3～12 人，具体取决于所做的事情，团队常常由资历不同的人组成，从同级别的人到高层合伙人。紧密而快节奏的团队环境日日灌输着公司经营的价值观和伦理观。正如切斯勒解释的那样："你们在紧密的圈子里工作，处理各种会把公司价值观放在聚光灯下的情况。例如，怎样做才能既分担工作责任又不抢别人的功劳？怎样做才能告诉人们真相，即使那真相会让他们难过。这些是公司价值体系的一部分。"

公司通过团队这样的结构进行绩效评价并最终筛选新合伙人。为了鼓励和支持员工的专业发展，员工所在团队的合伙人会给他们正式的评价，这通常发生在轮岗的中期和结束时，并且反馈通常是即时的。

除了团队中的学徒式培训，Cravath 系统还包含仅由公司合伙人教授的正式课堂教育。正如切斯勒总结的那样："我们培训员工的基本形式是，用以公司价值观武装员工的方式，对员工进行绩效评价并最终筛选员工加入我们，所有这些都以 Cravath 系统为中心。"

许多受访领导者说起早年指导他们熟悉行业知识的导师时既喜欢又怀念。有天赋的导师在团队中展示他们的才能，使得公司的价值观有了生命。他们身体力行，对这些未来的领导者产生强大和持久的影响。团队中导师的价值不仅在于他们的专业知识和经验，而且在于他们以公司价值观为指导为客户服务的能力，以及他们展示给队员的尊重和耐心。

持续的交流至关重要

对于我们研究的许多公司来说，持续的和多样性的交流是逐渐灌输价值观和加强文化的重要工具之一。面对面会议无论对大公司还是小公司都非常重要。部门、地区分部、业务部、工作伙伴及合伙人都要定期召开日程表上的既定会议和紧急情况下的全体会议。在小公司，全体会议可能是面对面会议；而在大公司，全体会议采取网络形式召开。事实上，多数公司为合伙人组织为期数天的度假，至少每年一次，以连接、规划和更新他们对公司的承诺。在年景好的时候，这样的度假可能会很奢华。有趣的是，我们发现2008—2010年经济危机期间大多数公司并没有取消合伙人度假，而是更倾向于相对缩减度假的规模。受访者强调这样的活动是公司持续成功的关键。正如一个首席执行官解释的："合伙关系是部族的，我们需要仪式来加固对公司的誓言。"

社交媒体力量在交流中扮演着重要角色。许多公司在他们定期的交流渠道——会议、视频、网络和电子邮件——中加入了各式各样的工具。一些公司设计了专门的项目，用于点燃团队激情、分享新想法、针对关键问题和潜在的改善方法征求意见。管理咨询公司博思艾伦每月组织一次高层工作伙伴和合伙人参加的在线研讨会，名为"博思艾伦声音"，其中包括高层领导者关心的各种话题。

奥美广告公司有一个博客，任何员工都可以在上面提问、评论。麦肯锡公司在全球范围内举办一年一度的价值观日，那一天，各个地区的员工聚在一起讨论公司的价值观。所有专业人士都有机会表达他们的观点，评价麦肯锡是否在践行自己的价值观，以及如何做出改进。据麦肯锡前总裁顾磊杰

（Rajat Gupta）所言："一年当中的这一天，大家聚到一起，为了更好地理解和再次坚定我们的价值观。大家为这一天做了充足的准备，这一做法已经延续了至少 20 年。"

领导者中有一多半是因为要与客户一起工作，在路上花费了大量时间。他们要去客户的办公室拜访，要会见其他公司的领导者和专业人士。人们不与自己不信任的人合作，不信任不认识的人，这就是为什么顶尖公司投入大量时间和金钱帮助不同工作领域和地域的人互相认识。

肯定并奖励好的行为

许多公司有效利用奖励计划加强价值观和文化、激励好的行为、解决问题并推动创新。奖励可以是金钱，但更常见的情况是同事和领导层的赞赏与关注。安永公司总裁价值奖接受几千人的提名，从中选出十名专业人士，为他们举办年度庆祝晚宴，并邀请他们加入全球管理团队。美富律师事务所设置了以公司资深领导的名字命名的雷文奖（Raven Award），奖励那些通过工作和行为最好地彰显公司价值观和文化的人。凯维公关公司有几项奖励，分别关注公司价值观的不同方面，如创造力、社会责任和企业公民意识。

坚守价值观

研究显示，多数公司有大量工具、流程和项目，以此交流并逐渐灌输公司价值观和文化。但是，我们仍然想知道哪些公司真正施行了价值观，以及是如何施行的。

如果一个给公司创造巨大收入的专业人士不拥护公司的价值观，公司真的会开除他吗？如果违背价值观，绩效评定以及最终的薪酬会受影响吗？有些领导者声称，当有人违反价值观时，他们很愿意以财务损失为代价坚持公司的文化，拥有零容忍规则。这些领导者声称，让不愿意遵守公司价值观的高水平员工离开公司对公司有非常积极的影响。所有人都认为，如果是一家高收入公司，当有很多人赚钱且经济环境稳定的时候，这么做比较容易。对于小公司而言，尤其是市场不景气的时候，这么做比较困难。然而，正如一位高层领导所说："如果原谅卓越合伙人对公司价值观的违背，就会削弱人们的信心，人们就不再相信真有一套重要的价值观。"

有几个绩效协议和绩效评定过程加强价值观并促进其施行的例子。安永公司有一套支持其价值观的行为准则，每年都要求得到全球范围内所有员工的认可。合伙人级别的专业人士每年签署承诺书，而且他们的绩效评定与是否遵守价值观相关联。在咨询公司 ghSMART，总裁兼首席执行官杰夫·斯玛特（Geoff Smart）招聘员工时以公司八大价值观为基础，制定经营规划时也以此为基础，并且每年多次对照这些价值观评价公司整体情况和每位员工的情况（见第 3 章中的专栏 "ghSMART 的招聘"）。博思艾伦公司对照价值观和关键绩效目标，对责任心和绩效进行评价，将公司十项核心价值观纳入对每位员工的绩效评定当中，并且严格对照每条价值观评价每个人（见专栏"博思艾伦的核心价值观"）。

许多受访公司评价价值观施行情况时，对员工展开员工敬业度或年度信任调查。例如，毕马威公司创建了名为"雇主选择"的调查项目，鼓励员工反思他们在工作环境中看重什么，以及怎样能够改进他们的工作体验。

博思艾伦的核心价值观

　　虽然大多数专业服务公司都有价值观陈述，但是战略和技术咨询公司博思艾伦在坚持价值观方面特别成功，他们把绩效评价和价值观绑定在一起。正如总裁兼首席执行官拉尔夫·史拉德（Ralf Shrader）所说："我们认真对待自己的价值观，大家知道价值观是我们赖以生存的规则，不是写在纸上的几句话。"

　　据史拉德所说，公司的十大核心价值观于 2000 年确立，在商业业务和政府业务分离之前，奠定了公司从个人主义的超级英雄模式向围绕分享与团队合作的平等主义文化转型的基础。博思艾伦的价值观包括服务客户（客户的任务优先）、卓越（发展高质量的知识资本）、团队合作（共享知识、技能、成功和失败）、多样化（保持包容性的工作环境）、正直（规范和标榜道德行为）。

　　公司确保所有员工在日常实际工作中践行公司使命、文化和价值观。每位员工年度评价表的第一页列出了十大核心价值观，每项价值观都有一套明确定义的标准，评价员工在践行该项价值观时的表现。例如，说到团队合作这条价值观，评价的标准包括：与同事很好地互动和协作，共享知识、技能、成功和失败，共享愿景和共同目标，专业地解决冲突。

　　根据员工是很好地展现了核心价值观，是差强人意，还是在某方面存在问题，来对他们进行评价。想要得分高，员工必须在每一项核心价值观都获得"很好地展现了核心价值观"的评价。如果专业人士在诸如团队合作这些方面做得不好，公司会给出补救方案并在六个月后进行后续评价检查。然而，如果是在反映道德行为的方面有问题，如正直这条核心价值观，公司将发出警告，也可能将其解雇。

> "我们发现，关于浸透价值观，从支持人员到首席执行官，在各个层面言出必行是关键，"史拉德说，"把价值观置于职业发展战略的核心，使之成为日常行为和表现的有生命、会呼吸的一部分。"

更新愿景、价值观和文化

即使伟大的文化和价值观也需要复兴和跟随时代发展。

多数成功的专业服务公司保持了其创始人的精神。但是，世界在改变，许多公司定期回顾和调整它们的愿景、价值观和文化。目标是确保核心原则和经营风格能一直反映合伙关系的演变与客户需求的变化。许多情况下，这种更新过程本身被看作提升合伙人承诺和吸引新人才的有力方式。

这种更新通常由公司内部转折或者竞争环境下及市场中的破坏或变革推动。传统的工作方式可能已经过时，公司需要在公司治理、服务和文化方面的重大变革才能确保继续生存下去。长期激烈的兼并和收购活动可能导致文化失准，需要对文化进行重大调整。或者，正如经常发生的那样，飞速增长和全球化趋势会绷紧和削弱一个公司当前的文化。

领导层的变化经常引发反思和对更新的尝试。博雅公关公司首席执行官马克·佩恩（Mark Penn）2006 年上任时，开启了使公司现代化的进程。正如该公司全球首席运营官理查德·鲍威尔（Richard Powell）所说："马克总是说，'好了，我们知道老博雅最好的是什么，但是要与 21 世纪接轨我们得做什么？'"据鲍威尔所说，公司最终把新事物和博雅传统中最好的东西结合在了一起。

对于爱德曼公关公司和瑞生律师事务所来说，全球化的持续影响让公司开始了对更新的讨论。据瑞生总裁兼管理合伙人鲍勃·戴尔所说，1999—2000 年，公司合伙人必须决定"面对十字路口"——是巩固和重申成为美国最棒律所的愿景还是转变为全球视野。几乎与此同时，爱德曼着手从专注美国市场提升为放眼全球（见专栏"爱德曼重写愿景和价值观"）。

爱德曼重写愿景和价值观

2000 年，爱德曼公关公司决定重写它的使命、愿景和价值观。许多因素促使管理层决定花费精力和资源对使命、愿景和价值观进行全面回顾和更新。在公司创始人丹尼尔·爱德曼领导家族企业 45 年之后，1997 年，公司由儿子理查德·爱德曼接管。

理查德做出了重大变革，特别是，把公司从一家美国公司发展为一家真正的跨国公司，而且公司现在想要从营销、公关公司转型为基础更广泛的传播公司。正如理查德所描述的那样："我们希望在保持公司创始时的文化和价值观的同时，确保我们的价值观和世界接轨。其实，我们希望公司的愿景既延续过去又有新的发展。"

执行委员会与外聘的顾问讨论对公司愿景、使命和价值观的想法；开发一个试行的愿景，在公司专业人群中进行试验；筹划更新方案的实施步骤。公司采用合作包容的方式收集和评估全公司对试行愿景的看法和想法。爱德曼公司发动全球范围的人力资源人士与所有高级经理进行一对一讨论。每个办公室举行一场为期半天的讨论，询问各层级员工：公司愿景跟你有什么关系？你认为公司愿景跟客户有什么关联？这一愿景符合公司文化吗？公司每个人都能够参加小组采访，评论愿景、使命和价值观陈述。根据反馈，爱德曼公司高级管理层提取他们认为能真正代表公司文化的愿景。

> 据首席质量官珍妮丝·赖克斯坦所说："当我们在全球领导层会议上展示新愿景的时候，每个人都认为这棒极了。这就是我们，这是我们的愿景，这是我们的使命，这些就是我们的价值观。这表明我们很好地听取了意见，每件事都做对了。"
>
> 公司领导者认为，愿景更新活动的发起和保持，与发展新的愿景陈述同样至关重要。爱德曼公司开发了一个细致的内部沟通项目，以传达和逐渐灌输新的愿景，随后这一项目获得美国公共关系协会（Public Relation Society of America）员工沟通奖。

安然丑闻和随后的安达信会计师事务所解散是会计行业大规模内省和重新评估的催化剂。这是一个极其动荡的时期。四大会计师事务所和行业内其他公司被迫同时反思它们的根本商业目标，争抢安达信国际业务的碎片，吸收前安达信合伙人加盟。

猎头公司亿康先达国际发起全公司评估时，受到三次严重阻碍。公司创始人埃贡·森德（Egon Zehnder）掌管公司 36 年后退休了。公司两大主要竞争对手上市，改变了股权和薪酬的动态。网络正在快速成为招聘行业的重要工具和竞争优势。正如首席执行官达米安·奥布赖恩（Damien O'Brien）所说："公司不稳定，大家担心领导层采取鸵鸟政策，并不打算真正承认世界正在发生巨大变化。"

在猎头行业，为同样的产业发展动力所推动，光辉国际开始了为期两年的改革旅程，公司从专注于搜寻工作发展为提供更全方位服务的人才管理组织。这个过程包含对公司很多核心结构的系统改革以及价值观和文化的转变（见专栏"光辉国际的愿景和文化变革"）。

光辉国际的愿景和文化变革

过去 10 年，猎头和人才管理公司光辉国际经历了根本的战略和文化转变。1999 年，正当科技爆炸之时，公司在其 40 年历史中第二次上市。当时公司领导寄希望于业务多样化和差异化，并凭借 IPO 为转型筹资。2001 年，公司聘用毕马威前首席执行官保罗·赖利（Paul Reilly）领导这场变革。在赖利的指导下，领导层筹划将公司从大型猎头公司转变为更广泛的人才管理公司，支持从录用、发展、培养、保留，到薪酬的"领导者生命周期"。

据全球人力资源机构（Global Human Resources）高级副总裁琳达·海曼（Linda Hyman）所说，她在全球人力资源机构的发展中发挥了关键作用，当公司考虑大转型时应该开展一些关键活动：

• **聘用正确的团队。** 赖利引入了一个行业领导者组成的高级团队来管理转型，他们当中包括七位猎头公司的前 CEO 和一位前 CFO，以及来自毕马威的加利·伯尼森（Gary Burnison）。在赖利 2009 年离开光辉后，加利·伯尼森成为光辉的首席执行官。

• **对愿景进行验证。** 公司进行了一项调查，从公司内专业人士那里以及从市场上收集信息，验证多样化的概念，并测试市场对基于多样化人力资本的服务的需求。

• **系统地收购。** 当清楚市场支持扩张之后，领导团队制定了收购战略，以提升公司在每一目标服务领域的能力。10 年时间里，公司增加了 15 项业务。

• **规划文化转变。** 历史上，光辉在业务方面几乎一直无一例外地专注于招聘能力。当增加了新的服务领域后，公司迫切需要发展权力共享和团队合作的文化，并且将这种文化应用于更广泛的人才管理方案，同时，公司继续大力关注它的成功领域——招聘。正如海曼所解释的："有了多样化服务的新优势，我们需要作为一个团队跟客户打交道，分享人脉，促使公司成长。在当时，这对于公司大部分专业人士来说是个新概念。"为使公司充分释放转型战略的潜能，每个同事虽处理不同的业务，但都需要理解公司愿景并拥有一致的走向市场的方法。结果，公司有了更广泛的咨询解决方案和知识资产，核心业务扩大了——接近 26% 的业务来自传统猎头业务之外。

转变文化以支持战略变革不是线性的过程，而是需要多年的融合。"这是经典的组织变革过程，需要计划、沟通和耐心，"光辉前首席执行官赖利说，"第一步是设计愿景和计划，然后坚定地用同理心和相互理解推动这艘船前进。专业服务公司中的变革是一个过程，而不是一个事件。"

无论诱因是什么，公司对其基本架构进行重新审视的过程常常是激烈的，涉及公司上下且花费大量管理时间。合作和共识是重要部分。许多领导者认为，聚到一起建立或重申愿景和价值观的过程与结果同样重要。这是将公司团结和聚焦到共同道路上的机会。

这样的变革既振奋人心又让人不舒服。最好的结果是，变革能将公司的绩效和客户服务推向新水平。虽然每个公司有自己独特的经营风格，但重新审视公司核心价值观和路径的活动通常包含五个主要部分，如图 2—4 所示。

• **获取反馈**。大体上，变革流程从给组织"量体温"开始——展开内部访谈，了解公司内好的做法和不好的做法。仔细检查公司的方方面面，从价值观和经营风格到品牌塑造与市场感知。有些公司经常开展某种形式的愿景和价值观清查，以找到合伙人都推崇的激励人的目标。这些目标可能包含创造更积极的工作环境、创建国际品牌、更有效地分享知识资产。有些公司扩展了这一反馈流程，将部分客户也纳入这一流程。

• **预想成功**。预想成功的过程通常包括想象可能的愿景、价值观和文化。

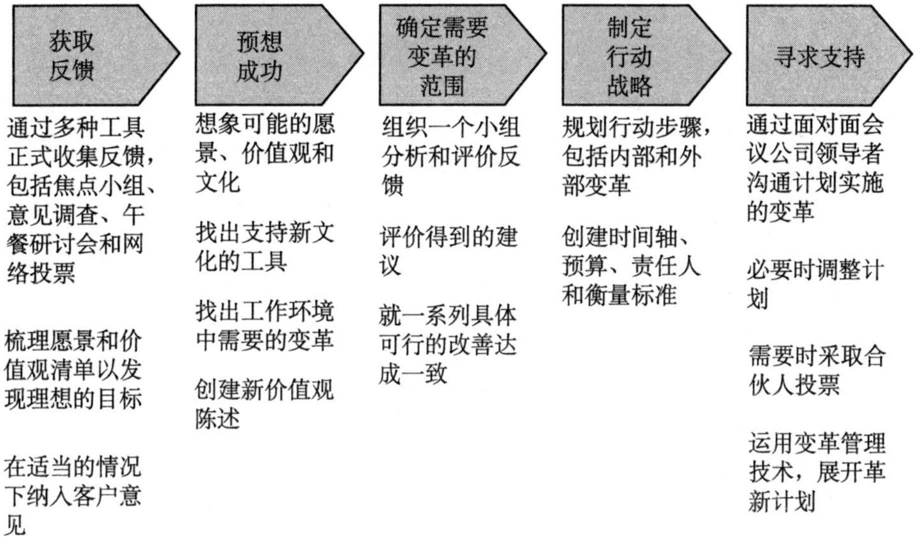

获取反馈	预想成功	确定需要变革的范围	制定行动战略	寻求支持
通过多种工具正式收集反馈，包括焦点小组、意见调查、午餐研讨会和网络投票	想象可能的愿景、价值观和文化	组织一个小组分析和评价反馈	规划行动步骤，包括内部和外部变革	通过面对面会议公司领导者沟通计划实施的变革
梳理愿景和价值观清单以发现理想的目标	找出支持新文化的工具	评价得到的建议	创建时间轴、预算、责任人和衡量标准	必要时调整计划
在适当的情况下纳入客户意见	找出工作环境中需要的变革	就一系列具体可行的改善达成一致		需要时采取合伙人投票
	创建新价值观陈述			运用变革管理技术，展开革新计划

图 2—4　革新愿景、价值观和文化的步骤

在这个时间点，什么样的目标和挑战能够让合伙人兴奋和充满能量？当出现客户需求时，什么样的价值观能够为公司提供道德指南，并帮助公司成功前行，茁壮成长。公司需要吸收什么样的创新工具作为武器，以便从根本上提升经营效率，提高服务绩效？工作环境中有哪些改变能够提高合伙人满意度，促进权力共享，并吸引新的致力于公司发展的人才？创建价值观陈述，使价值观陈述反映针对公司内的问题广为接受的答案，这样的价值观陈述能够号召各层级员工，并且当公司在转型过程不可避免地遇到障碍时，这样的价值观陈述能够提供有用的试金石。

　　• **确定需要变革的范围**。一旦评估过程结束，一个由合伙人组成的小团队或几个分团队就开始分析所收集的建议，评价需要做出何种程度的调整及其性质。最终目标是提出建议，进行一系列具体可行的改进，并找出可供利用的工具以达到想要的结果。建议可以是多种多样的，从价值观和文化的微调（如致力于更有效地整理和分享知识将业务扩展到社区服务活动），到重要的组织重组。

•**制定行动战略。**作为变革任务先锋的领导团队，基于所确定的变革范围的结果，规划行动步骤，使所建议的变革成为现实。为使行动有效，战略必须确定每项任务的责任人、重要里程碑，以及跟踪、评估、奖励成就的流程。

•**寻求支持。**一旦潜在的变革项目有了明晰的规划，下一步通常是在面对面会议上将它展示出来，并向合伙人征求第二轮反馈意见。这样有助于确保合伙人作为一个整体，感觉他们的回应和建议被纳入了行动方案。这也搭建了平台，便于获得推行变革战略所需要的支持。

文化变革根植于行为的变化。为了鼓励想要的新行为，你要确定奖励和认可系统在各个层面可以强化这些行为，要让员工确信他们的贡献值会让他们感觉自己是重要的、有创造力的变革推动者。把变革看作推动和提高绩效的关键——一个过程而非终点。人们必须清楚地理解为什么要变革，一旦转型成功会是什么样子，变革可能给他们带来什么好处，在此过程中他们需要做什么。模糊、有歧义的变革指令将导致模糊、有歧义的回应。

本章小结

共同愿景、价值观和文化

• 愿景、价值观和文化压倒性地占据管理工作最优先的位置。各行业领导者都扮演着公司核心原则护卫者和榜样的角色，并且认为这一角色是非常重要的。

• 经营得最好的公司采取五个关键步骤加强愿景、价值观和文化的重要性：

1. 投入时间和资源找出核心原则和驱动因素。

2. 战略与愿景和价值观保持一致。

3. 确保扩张不破坏或冲淡价值观和文化。

    4. 培养和加强文化。

    5. 监控和评估公司对价值观和文化驱动因素的遵循。

- 对价值观和文化准则的接纳被看作一个持续的过程，这个过程从招聘就开始了，在团队环境中扎根，而且必须由有创造性的持续沟通来支持。

- 更新公司愿景、价值观和文化能够起到激励和动员的作用。这个过程有五个基本步骤（见图 2—4）。

Chapter 3
第 3 章

人　才

招聘、培训和评价

创造一个环境，在这里，拥有不同背景和技能的人都感觉自己能拥有一份成功的事业，这是至关重要的。

——丹尼斯·纳利（Dennis Nally）

普华永道全球总裁

我不认为能够管理人才，只能培养他们，鼓励他们，引导他们。

——莱姆·拉舍（Lem Lasher）

CSC首席创新官、全球业务解决方案总裁

是员工推动了公司的成功，还是公司成就了高满意度、高绩效的员工？我还没有弄清楚其因果关系，这并不重要。

——官高卓（Ray Kotcher）

凯旋公关公司高级合伙人、首席执行官

　　纵观专业服务行业，你会发现有一样东西是不会改变的：对杰出人才的不懈追求。显而易见，假如没有技能高超、积极进取的员工，专业服务公司就没有服务可卖了。优秀的专业服务公司靠吸引和保留人才获得竞争优势，并通过这种方式维持其优势地位。优秀人才凭借卓越的工作能力吸引和保留优良客户。好的客户又能吸引有能力的人才，如此形成良性循环。

　　专业服务公司的领导层深刻认识到人才招聘、保留和开发的重要性，将人才管理与愿景、价值观和文化并列为公司管理的首要问题。99％的受访者把愿景、价值观和文化排在第一位，仅次之，98％的受访者将人才排在第一位（见图 3—1）。

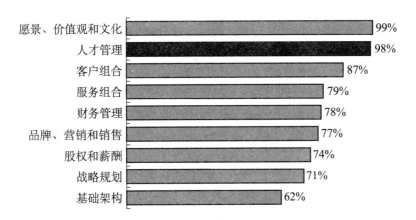

愿景、价值观和文化　99%
人才管理　98%
客户组合　87%
服务组合　79%
财务管理　78%
品牌、营销和销售　77%
股权和薪酬　74%
战略规划　71%
基础架构　62%

图 3—1　人才管理被并列为公司管理中的首要问题

在激烈的人才争抢战中，受访的各家公司认为自己表现如何呢？总体而言，它们认为自己善于寻找和培养优秀人才。其中有 62% 对自己在人才管理方面的表现很满意（见图 3—2）。

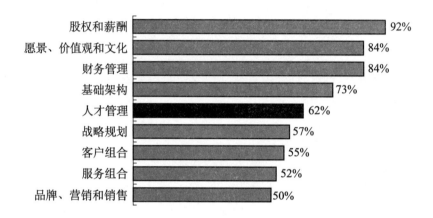

图 3—2　在人才管理方面给自己打高分的领导者人数过半

接近半数的受访公司表明，它们制定了正式的全公司的流程，管理公司人才，从招聘到再就业辅导（见图 3—3）。

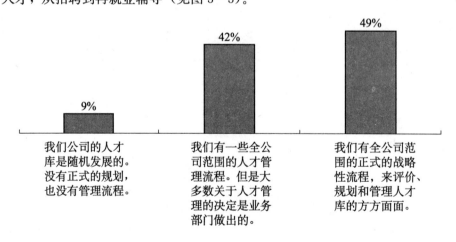

图 3—3　人才管理从随机到具备战略性

人才管理的七要素

公司只有照顾好员工，才能正常运转。一个公司招聘、培训和培养员工的方式决定了它能否留住人才。

我们发展所面临的最大阻碍是未能找到合适的人才。

关于人才管理，我们就好比鞋匠。我们其实什么都没做。

人才管理的说法会给人误导。成功的公司管理资产和预算，但它们不管理人才，而是培养人才。

谈到人才的有效管理，最好的公司有七个值得关注的共同特征。具体来说，这些公司做到了以下几点：

1. 服务意识。 创造一个尊重和培养人才的环境是多数成功的专业服务公司的鲜明特征。这就是服务意识——认为公司有义务开发人才而不是"公司拥有这些人才"。哲学理念的选择对公司经营方式有重大影响。安永全球总裁兼首席执行官吉姆·特利（Jim Turley）在谈到公司人才第一的理念时说："秉持这一理念意味着当我们做出战略、结构、薪酬或其他无论什么决定时，要时刻想到这样的决定会对公司的人才战略产生什么样的影响。"

2. 投入时间和资源。 在顶尖公司，从新人到高级合伙人，每位员工都要参与到人才管理的工作中。各层级的专业人士都参与到招聘、培训和培养新人的活动中。公司的内部教育项目包括人才管理与开发技能方面的课程和名为"培训培训者"（Train The Trainer）的项目，目的是吸引员工加入公司的培训课程。在有些公司，能够负责招聘活动或者开发并教授一门新的培训课程是很荣耀的事情。

3. 从一开始就招聘合适的人。 无数管理专家告诉我们，招聘到对的人十分重要！通用电气的杰克·韦尔奇深信这一点，许多受访公司也深信并坚持这一点。精明的专业服务公司花费大量时间分析和策划，以求招聘到合适的人才——与公司在文化和技术层面都相契合的人才。许多面试官一同面试并筛选应聘者，共同做出聘用决定。

4. 仔细规划和管理员工的职业生涯。 在大多数专业服务公司里，员工必须逐级晋升，职业生涯的每一阶段都有明确的绩效考核要求。员工的发展得到紧密追踪，既有公司给出的正式的绩效评价，又有合伙人和导师不断给出的非正式的反馈和指导。那些未达到要求的员工通常会被公司劝退。

5. 投入资金搞培训。 众所周知，聪明、有野心的知识工作者像志愿者一样，他们的流动性很大并且都是用行动说话，所以在专业服务公司，留住人才是一项长期的挑战。各种培训项目让天生爱学习的专业人士保持忙碌的状态，这是防止公司人才流失的有效方式，也是不断提升公司技术水平和能力的有效工具。最好的公司花费许多时间并投入大量资源，不断为专业人士和其他员工提供学习的机会。

6. 建立人才管理的责任制。 经营得最好的那些公司不仅鼓励员工参与人才管理，而且将他们在这方面的表现写入绩效评定中。对很多公司而言，公司合伙人和各阶层的专业人士在参与人才管理方面的表现是确定他们年薪的标准之一。

7. 关注员工的多样化。 几乎所有受访的 CEO 都表示，他们致力于建设多样化的人才队伍，接纳各种背景的人才成为伙伴。大多数受访公司都设立了致力于招聘并留住更加多样化的专业团队的项目。

招聘：更新队伍

要根据公司的战略选拔人才，在这方面要尽力做得更好。

我们终于实现了全公司协同招聘。但我不得不承认，目前的协同招聘程序还不够流畅，战略性也不强。

在确定招聘战略时，文化、业务类型、市场定位起着关键作用。最好的公司选择那些能够融入公司的文化并坚持公司价值观的员工。它们在这方面一丝不苟，仔细审查应聘者，告知他们公司的服务内容和所遵循的职业道德。因此，当新员工入职时，没有人会对他们对公司价值观的认同感到惊讶。

业务类型不同，招聘对象和招聘方式也不相同。比如，会计、工程、广告和公关公司更倾向于招聘本科院校的应届毕业生，让他们在公司内部成长和发展。但是，咨询公司、猎头公司和律师事务所更倾向于招聘高学历或者工作经验丰富的专业人士，在这些行业，从对手公司挖人是普遍存在的现象。这种方式缩短了学习培训过程，能够快速提升公司专业水平，而且跳槽过来的员工有可能将他们手里的客户也一并带过来。为快速增加新业务或者扩大业务范围，律师事务所经常从其他公司招聘由合伙人和其他同事组成的整个业务团队。

公司的品牌和声誉决定了能招聘到什么样的人，同时影响公司招聘的方式以及从哪里招人。大型的优秀公司受益于高品牌知名度，所以，要想通过竞争获得同样的人才，小公司就必须更努力才能得到认可。为了竞争，小公司必须花大力气突出它们的品牌才能吸引应聘者。它们必须致力于品牌差异化，如市场回应能力、创业精神、紧密的客户关系、权力共享机制，以及可供选择的灵活的生活方式。即便是品牌知名度高的大型公司，在招聘中也发现打破常规是一个行之有效的战略。比如，Skadden 律所这么一家认可度高且盈利极好的公司，也更倾心于塑造大胆、不墨守成规的形象。

关于人才获得，顶尖公司都有一套相对标准的招聘渠道，包括校园招聘、实习生项目和校友网络。尽管在每种渠道投入资源的情况因公司而异，但大多数公司都采用多种招聘渠道。专业服务公司大体上通过以下六种渠道寻找合适的人才。

1. 校园招聘。对于那些想要在员工事业发展的初期发掘其潜力,并使之适应公司文化的公司而言,校园招聘仍旧是最常使用的招聘渠道。大多数专业服务公司将金钱和资源投入到那些最能培养出理想的应聘者的院校。随着社会预期的变化,公司也在不断改进招聘方式。在新的时代,吸引年轻人加入公司需要新的战略。优秀的公司精心制定战略,找出能够有效地吸引某个年龄群体的方法;它们开发全方位的营销活动,包括社交媒体、校园活动和精心安排的办公室参观活动;对公司年轻的专业人士进行培训并安排他们在招聘过程中扮演大使的角色。

爱德曼公关公司创新招聘方案,改进校园招聘方法。他们关注的是教师而非学生。鉴于社交关系网络的普及,爱德曼公关公司在乔治城大学主办了一场社交媒体峰会。这场峰会吸引了美国和欧洲的100多名教师,一些参与者获得了研究基金。通过这场社交媒体峰会,爱德曼公关公司向与会的教育工作者展示了社交媒体作为公关工具的前沿研究,将公司的专业人士介绍给他们,希望他们引导学生将爱德曼公关公司作为择业目标。

2. 实习生项目。为了发现有前途的应聘者,许多公司开展实习生项目。项目通常针对大一或大二的在校生,为他们提供小学期或暑期项目。这是一种考察和招聘机制。许多项目都是从参加松散的活动发展到参与正式的、基于项目的任务,让实习生在公司内部体验和理解公司的文化、工作要求和工作期望。

安永为大二学生主办了一个夏季领导力项目,为他们提供各种有吸引力的项目工作、领导力培训,并让他们接触合伙人、参与社区服务。对于在项目中表现最好的学生,公司会与他们保持联系,邀请他们参加周末聚会,邀请他们正式加入公司。德勤澳大利亚公司通过一个名为"德勤创新挑战"的项目,努力创造与选定院校的连接。这些院校的学生参加公司的创新学会,充分接触项目工作，获得公司专业人士手把手指导的机会。公司还会邀请他们对业务问题提出创造性的解决方案。

3. 社交媒体。专业服务公司在招聘数字时代的年轻员工时，充分利用社交媒体网站的交互连接性，在社交网络上以视频的形式展示企业概况、业务简介和优秀员工个人简介。广告和公关公司尤其擅长利用这一资源，它们已经将社交媒体网络融入客户工作中。一些建筑公司同样如此，比如 Hok 公司通过 HOKlife. com 平台展示了公司各个部门许多具有创新精神的专业人士的性格和兴趣。这个平台作为公司强有力的招聘工具，是公司内外互通的渠道。

4. 内部推荐机制。在整个专业服务行业里，各家公司都推行内部推荐的机制，鼓励员工为公司推荐能够给公司带来价值并契合公司文化的明日之星。为鼓励员工积极推荐，一些公司发放现金奖励或其他奖励。许多公司鼓励合伙人团队以公司或个人的形式与潜在人才保持联系，并在绩效评定和薪酬中嘉奖他们的这种行为。

5. 校友网络。曾经的员工是强有力的业务来源和招聘渠道。公司通过各种方式与先前离职的员工保持联系，如专门的网站、当地或区域活动、网络或纸质版的内部通讯、网络研讨会。普华永道有个项目叫"校友录"，该项目通过定期组织的联络活动、内部通讯、技术培训和就业指导等方式主动与前员工保持联络。麦肯锡咨询公司因与离职员工保持紧密联系而成为专业服务行业的一个传奇。有许多曾在麦肯锡工作过的员工后来成为世界顶尖企业的重要领导，但他们仍旧是麦肯锡的忠实支持者。

6. 外部招聘。有时候，考虑到专业技能、行业知识、地理区域等因素，专业服务公司会通过招聘公司进行招聘，许多招聘公司在帮助专业服务公司获取人才方面有独特的经验。

面试和甄选：挑选最好的应聘者

公司采取一系列措施筛选出合格的应聘者并与他们签订聘用合同。有些公司依靠自己的人力资源团队寻找和挑选新员工；另外一些公司赋予行政领导和业务领导很大权力去发掘和争取有前途的应聘者。大多数受访公司对待招聘这件事很严肃，它们的高级合伙人会参与招聘的各个环节。

正如贝恩资本投资公司的首席执行官兼首席运营官迈克尔·戈斯（Michael Goss）所说："招聘会影响公司所有的事情，是文化的重要组成部分。"即便是初级分析员的职位，贝恩资本投资公司的高级合伙人也会参与到招聘中。在招聘高峰期，公司会给合伙人专门腾出几天时间，让他们做好面试工作。

好的面试方法包括几个步骤（见专栏"ghSMART 的招聘"）。首先要深思熟虑地分析和总结某一职位所包含的工作职责，要求应聘者具备的专业水平、技术水平、工作经验和性格特征，如领导力、沟通能力、人才发展能力和正直的品格。然后确定面试小组成员，小组成员在面试前碰面一起商量面试的流程、目标，以及要考察应聘者哪些方面的能力。进行面试之前，每位面试官都要先参加公司组织的内部培训，学习面试技巧，并按照这些面试技巧进行面试。面试之后填写表格对面试情况进行总结，与小组成员一起讨论自己的见解和看中的人选，并最终一起做出聘用决定。

---

ghSMART 的招聘

《谁：顶级招聘方法》（*Who：The A Method for Hiring*）一书的作者、ghSMART 总裁兼首席执行官杰夫·斯玛特说："员工是公司所有一切的源头，包括战略、流程设计、领导力、创新、财务决定和法律决定，决定了公司是好是坏。"

斯玛特将这一哲理运用到他的公司中。ghSMART 公司向来对招聘很严格。在出现了一次招聘失误之后，拟定并实施更严格的招聘方法的需求变得更加迫切。2002 年公司改进了招聘方法。新的招聘方法有四个关键要素：

1. 计分卡。斯玛特和他的团队发明了一个计分卡，这个计分卡参照八个具体的标准进行打分，这八个标准与公司的使命、产出和对员工能力的要求相对应。

2. 来源。ghSMART 公司做出一项重大变革，它将公司的招聘来源从75％靠外部招聘转变为75％靠内部推荐。斯玛特说，这样做之后，不仅招聘员工的人均花费下降了50％，而且招聘结果较之前好四倍。公司鼓励内部员工推荐新人。斯玛特承诺，只要九年之内推荐者和被推荐者都没有离开公司，就奖励 10 万美元"推荐奖金"。

3. 甄选。经过首轮筛选之后，1/50 的应聘者进入第二轮面试。第二轮面试包含三个步骤。第一步，ghSMART 的咨询师对应聘者进行 45 分钟的电话面试，让他们评价之前的五位主管。过关的应聘者继续进行第二步，第二步包含两场长达五小时的个人面谈，第二场谈话由斯玛特本人亲自进行。第三步，过关的应聘者参加五场将近一小时的面试，由招聘团队的成员给他们打分，团队成员都是经验丰富的咨询师。另外，还有外包公司对应聘者进行背景考查。

4. 签约。经过层层筛选，斯玛特会为最后胜出的应聘者提供一份精心制作的聘书。聘书依据"签约的 5F"制作，即适合（fit）、家庭（family）、财富（fortune）、自由（freedom）和乐趣（fun）。结果呢？收到聘书的人有70％都接受了聘书。随聘书寄送的，还有一份 5～10 页的反馈报告，提供了一个让他们能够发挥长处规避短处的详细的行动方案。即使对未录用的那些人，该公司也会针对他们在面试中的表现给予反馈。

采用新的招聘方法不仅大大降低了招聘的人均成本和时间，而且招聘结果更好。从电话面试到最终签订聘用合同的整个过程大约是三个月。新员工发展得不错，人才保留率也提高了。公司从总收入中拿出2%用于招聘的开支。招聘负责人有15%的时间都忙于招聘，人力资源人员大约有30%的工作时间用于招聘。但这是值得的。

斯玛特建议那些想要重新设计招聘方案的公司："要想使招聘方案焕发生机，脑子里要一直想着想要的结果，清楚地设定标准，而且要知道如何衡量这些标准。不要进行微调，改革就要大刀阔斧。"

为了简化招聘流程，有些公司为自己量身定制了一些招聘方法。比如，贝恩资本投资公司有一种重要的面试技巧，他们提供一个案例，然后要求所有应聘者当场快速地深度分析其中的投资问题并给出解决方案。Monitor 咨询公司的面试方法能够凸显个人在团队背景中的表现。Monitor 咨询公司不是挨个面试应聘者，而是将应聘同一职位的所有人分成几组，观察他们在现场解决问题的过程中如何与他人互动，并从以下几方面考察他们：他们是好的倾听者吗？他们擅长引导别人吗？他们在听完他人的想法之后会受到启发然后提出更好的想法吗？他们能够结束组员之间无谓的争吵并使他们回到正题上来吗？

规划职业路径

不同的公司有不同的职业路径规划。职业路径规划会受到公司价值观和文化的影响。职业路径规划可以是"只有自己拼命游泳才能避免沉入水底"，也可以是由公司包办员工的培训与开发。采用第一种职业路径规划方案的公司认为，新员工入职后，公司几乎没有必要花钱对员工进行培训。相反，他们希望员工能够依靠自己的力量主动规划职业生涯。他们认为他们招聘了聪明、有进取心的员工，希望员工靠自己的力量和资源规划职业生涯。采用第二种职业路径规划方案的公司认真严肃地对待员工培训与开发。这些公司不断地招聘优秀的应届毕业生，吸引行业里的佼佼者和各个领域的业务专家。这些公司最能够留住优秀员工，在"最适合工作的地方"排行榜中均名列前茅。

优秀的公司不会听任员工的职业发展顺其自然。它们从多个方面细心地规划各个职业发展阶段需要具备的能力要求和需要达到的绩效标准，既包括硬实力（如专业技能、公司业务的方法论知识、项目管理能力），又包括体现公司价值观的软实力（如人才发展、团队领导力、尊重他人、专业）。在这样的公司里，员工会被清楚地告知职业发展各阶段自己需要达到的绩效标准。公司有正式的培训、指导和绩效评定项目，一路上引导和支持每位员工的职业发展。

博思艾伦公司花费大量资源创建了一个多级的职业发展框架，这个职业发展框架接连获得内部好评，并获得大量外部奖项。高级管理层认为，这个职业发展框架是博思艾伦公司拥有高水平的员工满意度和人才保留率的主要原因（见专栏"博思艾伦的职业发展框架"）。

博思艾伦的职业发展框架

在总裁兼首席执行官拉尔夫·施雷德（Ralph Shrader）的带领下，博思艾伦公司致力于为各层级员工规划职业发展路径。公司开发出一个得到广泛认可的职业发展路径，因此获得了良好的声誉，被评为"最适合工作的100家企业"之一，而且获得了许多奖项。这个职业发展框架包括两个重要的部分：员工发展框架和绩效管理流程，两者一起推动员工的职业发展。

• **员工发展框架。** 公司详细列出了员工在各职业发展阶段必须具备的核心能力，包括技能和行为两方面。比如，老员工必须具备并表现出以下这些方面的能力：领导力、员工发展、客户开发和市场开拓能力、交付高质量的工作、企业管理能力。在职业发展的某一阶段，要想增强某种能力，可以参加公司设定的活动项目，有针对性地提升这方面的能力。

这个员工发展框架提供了五种具体的学习机会：（1）在职活动；（2）针对提升领导力、企业管理能力、客户开发能力和市场管理能力的课堂培训；（3）自学课程，包括2 000个在线学习项目；（4）员工职业发展所需的内部人脉；（5）外部学习机会，如进修MBA、MA/MS，以及参加知名大学的认证课程。

• **绩效管理流程。** 公司开发了一个为期12个月的综合绩效管理项目。它是一个持续的设定目标、确定要求、扩展能力、评估进度的过程，包括两个重要的部分：

1. 绩效和发展规划。员工制定并更新自己的绩效和发展规划，为自己设定要求，坚持学习，不断回顾和评价自己取得的成就。绩效和发展规划为员工和领导提供了一个结构框架，以便他们更好地找到目标、设定要求，进行长期的发展规划，而且最重要的是，绩效和发展规划能够指引个人获得成功。

2. 能力评定。每年由管理层或者第三方评定人员评定员工的核心能力，并提供全面的反馈信息，包括来自管理层、同事和客户的反馈，找出下一步员工职业发展的目标，并写入员工来年的绩效和发展规划。

正如施雷德所说："如何在公司取得成功并不是秘密。"博思艾伦公司为员工清楚地规划出了职业发展的路径，对于职业发展的每个步骤设定了明确的要求，而且拥有许多职业发展工具。该公司对于绩效和职业操守的高标准在全球得到了认可。

培训：加强联系，培养责任感

大家都关注业务的发展、客户的发展，却没有对培训给予应有的重视和关注，这是行业的通病。

在线培训有自身的优势，它花费少，灵活性强。但是把大家召集在一起面对面地讨论问题、分享经验、相互学习，这样的形式也颇受重视。

说到培训，每个人的看法都不一样。但是几位高管都承认，如果当初能够得到更好的培训和指导，那几个关键的人才就不会离职。公司的培训机制决定了员工的满意度和保留率。

虽然培训既费时又费钱，但是老员工离职的代价更大。在这个行业，不管是开发新业务还是维系老客户，信任和人际接触都是至关重要的，因此能够留住各层级有能力的员工才能保证公司的发展和盈利。

通常我们都猜想，在培训方面做得最棒的应该是那些高收益的大公司，但有趣的是，事实并非如此。我们在研究中发现，一些小公司也有很不错的培训项目。虽然预算的多少决定了培训的规模，但是不管资金投入是多是少，都能做出好的培训项目。资金雄厚的大型公司有专门的部门负责开发和实施培训项目，它们的培训项目面向公司所有的人，很全面，包括了职业发展的各个阶段，而且有很多种渠道，就像大学一样（见专栏"瑞生律师事务所的多阶段职业培训"）。较小的公司的培训项目包括内部专业人士面对面的知识分享活动、在线课程和导师指导。专业服务行业的各个细分领域的公司基本上都运用了一套关键的培训工具。

瑞生律师事务所的多阶段职业培训

瑞生是全球最早的律师事务所之一，建于 1934 年，在全世界拥有 2 000 多名律师。据瑞生总裁兼管理合伙人鲍勃·戴尔（Bob Dell）所说，公司在 1988 年做出战略决定，除了要在工作中对员工进行培训以外，还要加大投资力度发展正式的培训项目。戴尔成立了培训和职业发展委员会，成员主要是公司有声望的合伙人，他们负责筹划和监督这些培训项目的实施。如今，培训和职业发展委员会为律师们提供全面的职业发展培训，包括面向职业生涯不同阶段的学会、每月例行的现场培训或视频培训、每年一次的手把手学习工坊，以及全公司范围内的导师指导。

•**学会。**学会会举办一系列培训，每场培训会持续好几天。学会对应员工职业发展的不同阶段。"夏季学会"向新员工介绍公司的价值观和文化。"第一年学会"包含了入职培训、文化适应培训和实操培训。"第三年学会"是帮助员工从新人发展为中层员工的关键培训。"第五年培训"是帮助员工发展为高级员工的重要培训，它既包含实用技能的培训又包含业务开发方面的培训。"新合伙人学会"则向公司新晋合伙人介绍公司的决策过程、经营体系和内部架构。

•**正式的培训课程。**培训和职业发展委员会每年为全体律师和职工提供许多种培训项目，包括现场讲座和全公司范围的视频学习。大部分培训项目还会放到公司的在线培训图书馆，以方便员工温习。每月都有四种正式的培训课程：

1. 核心课程为新成员介绍公司核心业务组的具体情况，同时对初级技能（如法律研究和写作）进行重点培训。

2. 跨学科课程分别为公司的五个部门准备了不同的课程，将法律方面的各种动态及时呈现给各部门的律师。

3 & 4.高级课程和辩论课，这两个课程提供交易事务和诉讼方面的实战技能及当前法律的发展。

•**手把手的培训项目。**公司花费很多资源举办持续几天的手把手的培训项目，如证词培训、庭审辩护培训。公司的合伙人作为老师，提供实时的指导、评论和示范。

•**导师指导。**每一位新员工与一位老员工或公司合伙人结对。新人可以向导师询问公司的情况，导师对新人的职业发展进行指导，也会在其他方面提供建议并且保守秘密。

公司十分重视培训，每年都投入大量资金和时间，开发、改进和实施培训项目。"我们认为这种投资很值得，"戴尔说，"这些培训项目提升了公司的服务质量并且促进了整个公司标准的统一。当全球任意一家分公司想要从其他分公司借调人员时，完全不必担心借调来的员工会出现工作能力不达标的情况。站在招聘的立场，这些培训项目也是很大的加分项。"

•**在线指导。**跟其他行业的公司一样，专业服务公司积极地利用能够在网上获取的各种资源，这样的培训方式很灵活。大大小小的专业服务公司都喜欢使用网络培训，因其既省钱又高效。随着公司变得更加国际化和多样化，受访的公司大多数都期望网络培训工具能够更加普遍。

•**企业大学。**有相当一部分公司选择通过自办的企业大学传授定制的课程内容，定向培养学生，其中有德勤（美国）、安永、博雅、翰威特、奥美、Peppercom、STV、Wipfli、扬·罗必凯。

德勤（美国）副总裁兼首席人才官凯茜·宾果（Cathy Benko）认为，人性化的实地培训项目有很强的持续作用，尤其对于那些业务范围较广的国际公司来说。德勤大学于 2011 年在达拉斯附近开办，它是一所学习知识和发展领导力的先进学校，这是德勤公司对员工史无前例的最大的投资。德勤公司

　　估计 40％的员工会在这所新学校参加正式的学习，以提升自己的各种技能。学校也提供其他的作为补充的的学习方式，包括网上培训和实地培训两种形式。德勤大学也将成为全球德勤专业人士的聚集地。

　　德勤公司计划将来在欧洲和亚洲开办类似的院校。相反，爱德曼大学几乎全部在网上授课。它的在线数据库既包括由公司各个办事处创设的内部课程又包括国际课程。在爱德曼每月两次的全公司大会上，高级专业人士会扼要地描述对创新案例的研究，并讨论新的项目和服务内容。这样的会议既包含各种视频又有在线问答环节，互动性很强。

　　•与学术界合作。有些公司不是自己办学，而是与知名学府进行合作，借助它们的平台提供本公司所需要的培训，包括以客户要求为导向的培训和职业发展方面的培训。比如，DLA Piper 公司每年允许 50 名合伙人到哈佛商学院进行为期一周的沉浸式学习。Dewberry 建筑工程公司与乔治梅森大学开展了合作，双方都受益良多。乔治梅森大学在 Dewberry 公司总部所在地弗吉尼亚州开设了一个工程硕士课程，而 Dewberry 公司的高级执行官担任乔治梅森大学一些高级课程的客座教授，这些课程同时也是 Dewberry 公司的远程教育课程。

　　福莱国际传播公司在员工职业发展方面的投资力度也很大，仅 2008 年一年就为员工提供了近 40 000 小时的培训。福莱除了与巴布森学院开展合作以外，还开设了内部网络平台进行一系列的网络研讨会，由业务小组的领导与大家分享"一线故事"，这些都是公司大型工程中遇到的各种真实案例。公司董事长兼首席执行官戴维·塞奈（David Senay）创建了一个向公司内部开放的博客，帮助员工随时了解公司动向及行业动态。

　　•一对一教练。作为对公司内部培训的有效补充，一些公司还从外部聘请教练与公司高级员工一起工作。无论对积极进取的专业人士还是对公司合伙人来说，这都是一项重要的福利，能够培育出公司未来的领导者（见专栏"贝恩公司的培训"）。

贝恩公司的培训

贝恩公司是世界领先的商业和战略咨询公司之一，连续几年名列最希望工作的公司排行榜的前几位。Vault.com 网站认为，贝恩公司的培训项目是最好的，贝恩公司能够留住全世界最有天赋的顾问得益于它的培训项目。"在贝恩公司，培训决定了我们的身份以及工作的内容，"该公司的全球首席人才官拉斯·哈吉（Russ Hagey）说，"培训是我们投资的核心领域，关乎公司的使命。"拉斯·哈吉在贝恩公司工作了 25 年。

贝恩公司的人才管理理念是招聘聪明、有积极性并且"有趣"的人。在工作过程中采用以团队为基础的学徒模式让新人快速成长起来，同时还有其他的培训方式作为补充，如正式培训、指导和教练。

•**正式培训**。贝恩公司为员工提供了连贯的学习项目，包括定期举办的全球培训和各地方办事处的培训。通过培训，从助理咨询师发展为合伙人需要六步。每隔一年或一年半，员工都要参加与自己所处的职业发展阶段相对应的培训。培训为期 3～10 天，为参会者提供与世界各地的同行见面并一起工作的机会。在晋升之前员工至少要参加两场正式的培训。公司的各个办事处每 3～4 个月都要为处于各个职业发展阶段的员工量身定制培训项目。

培训课程包括了普通员工想要当上团队领导所需的各种技能。哈吉说："我们围绕各种核心技能和分析方法展开教学，然后慢慢向员工渗透软技能，如客户开发、人才发展和团队管理等方面的技能。"公司合伙人会与负责培训的专业人士一起开发培训课程。公司每两年会根据从培训负责人、受训员工和公司各个部门获得的反馈信息对培训项目进行一次评价和更新。95％的培训项目由公司合伙人和有经验的经理负责组织实施，他们争相获得作为全球培训项目培训师的机会，因为他们认为这是一件光荣的事情。

公司各部门提供培训师候选人名单，公司根据候选人的技能和思维水平进行筛选，合格者接受公司的专门培训后成为培训师。公司每年有20%～30%的合伙人成为培训师，有10%～15%的经理成为培训师。

作为正式的培训项目的补充，贝恩虚拟大学是一个在线的知识库，包含了实用的工具和模板、视频课程、互动测验和其他互动模块。贝恩虚拟大学有500多个培训模块可供员工自学和充电。哈吉说，每位员工每月在贝恩虚拟大学都有50多次的点击量。

• **指导和教练。**在贝恩公司学徒式和持续学习式的培训方法中，正式的和非正式的指导扮演着重要角色。公司期望合伙人成为自己所在团队的教练和导师。同时公司还会指派合伙人或经理作为导师帮助员工更好地规划自己的职业发展。导师每年都会对徒弟的工作绩效进行两次正式的评价。对于合伙人，公司会安排高级合伙人或从外部聘请教练对他们进行有针对性的培训和指导。公司会奖励那些在人才发展和培训方面表现突出的人。

哈吉指出，公司从培训项目中受益。培训项目不仅加深了培训师和受训者之间的联系和友谊，使他们决心要一起留在贝恩公司工作，一同开发新客户，而且使公司的文化和价值观浸入到位于全球不同地方的各个分支机构。哈吉最后总结说："公司的培训项目包含着贝恩公司的DNA——贝恩公司能够吸引人才的文化魅力和能量。"

指导：提供生活和工作上的帮助

对于专业服务公司而言，指导是理想的培训方式，许多公司使用这种方法培训员工。安排导师帮助新员工和其他积极进取的专业人士更好地发展，应该是值得提倡的行为。但是许多受访的公司领导明确指出，想要培养这种紧密的职场关系有一定的困难。按时计费的薪酬制度和日常应对客户的工作压力使得这种培训方式很难得以推行，除非能够将指导制度融入公司的文化和绩效评价体系。

自发的导师指导模式很奏效——专业人士找一位合伙人跟他绑定，获得其帮助和指导。事实上，许多接受采访的领导者都说，他们在整个职业生涯中都曾从导师那里受益。但是并非每位员工都能找到资历深厚的导师，所以很多公司试图把导师指导模式写进公司的制度。那些实行导师指导制度的专业服务公司通过一系列措施努力让这一制度保持活力并产生效果。这些公司通常会给每一位员工安排一位导师。公司通过一系列的会议和活动，使导师和徒弟之间建立帮扶的关系并维持这种关系。活动结束后公司还会组织汇报会，让徒弟和导师一起讨论，评价活动的效果。为了让合伙人和高级专业人士更好地理解并承担起作为导师的职责，公司通常会安排他们参加一些相关的培训项目。公司进行绩效评价时会考察他们在培训员工方面的表现，并与他们的薪酬挂钩。

灵智广告公司建立了伙伴体系和导师指导战略，为新老员工提供全面的支持。正如该公司的全球管理合伙人唐娜·墨菲（Donna Murphy）所说："要想让新人适应公司的文化，就要让他们感觉在这里工作很舒服。"新人入职后，公司会为他安排一个伙伴，帮他熟悉工作和排忧解难。遇到问题就可以去找他的伙伴，就像加入妇女联合会或兄弟会时遇到一个大姐姐或大哥哥一样。对于中层员工，公司有精心设计的指导战略。公司会对伙伴和导师进行培训，每个季度都会组织他们开会一起讨论问题并相互交换意见。公司给包括整个高级领导层在内的所有中层及以上的专业人士配备导师和教练。

Skadden 公司开发了一个强大的导师指导项目。指派同一个部门的三名员工分别担任暑期实习生的伙伴、同事联络员和合伙人联络员。这三个人要用心使每一位新人都能够接触并参与到自己感兴趣的项目当中。在业务小组里，新老员工结成伙伴。对于新晋的合伙人，公司会给他们安排教练和导师，帮助他们完成角色的过渡。

另一家推行导师指导制度的公司是 Plante & Moran 会计师事务所。这里的导师指导制度很有特色，效果也十分显著。公司的高级管理层认为，公司之所以有极高的人才保留率，关键是得益于他们所创建的这个全面的支持系统（见专栏"Plante & Moran 基于团队的指导制度"）。

Plante & Moran 基于团队的指导制度

2010 年，会计师事务所和商业咨询公司 Plante & Moran 被《财富》杂志评为"最适宜工作的 100 家企业"之一，这是 Plante & Moran 公司第 12 次获得这一称号。作为公司创始人之一的弗兰克·莫兰（Frank Moran）深信，强有力的文化是公司成长和持续发展的关键。20 世纪 50 年代中期，在公司成立 30 年之际，弗兰克·莫兰发表言论称指导和培养下一代公司领导者是公司全体成员的核心任务。公司的这个愿景催生了一个独特的培训体系——团队伙伴体系。从初级会计师到合伙人，每位员工由至少两人组成的团队指导和支持其职业发展。

公司给每位新员工安排一个团队合伙人，直接负责他们的职业发展。由于年轻的专业人士同时参与多个项目，承担各种工作任务，向不同的合伙人汇报工作，所以公司会把他们的绩效评定结果交给他们的团队合伙人。他们的团队合伙人与他们一起分析绩效评定结果，帮助他们制定专业的职业发展规划，并监督和督促他们。合伙人兼人力资源主管克里斯·麦考伊（Chris McCoy）说："要保证让每位年轻的专业人士在不同的工作岗位上获得不同的工作体验，让他们能够掌握各种技能。"

　　给每一位新员工指派一位"伙伴"，这位伙伴比他早几年进入公司，但还不是合伙人，帮助新员工了解公司的文化。公司每年召开两次关于绩效评定和员工职业发展规划的正式会议，具有伙伴关系的员工会一同参加。在伙伴的帮助下，新员工可以很快融入公司的文化氛围。同时他的伙伴也提升了自己的培训和管理技能。"回顾自己的职业生涯，我拥有的一些最好的机会都是在我给一名年轻的员工当伙伴的时候，"麦考伊说，"那个时候我开始学习如何启发和引导其他员工，这对我有很大帮助。"

　　在新员工职业生涯的第一年里，团队合伙人和伙伴组成了新员工的团队。员工逐渐熟悉公司的环境并确定工作岗位之后，公司给他们指派新的顾问团队，通常由两个人组成，一个更资深的合伙人和另一个专业人士，两个人通常与该新人处于同一个小组。"你不能指定导师关系，"麦考伊说，"你只能指定一些负责新人职业发展的责任，希望他们能合得来，但是如果合不来，就要再做调整。"必要的时候，公司会对已经指定的责任关系进行再次考量并做出调整。

　　这样的体系意味着需要专业人士投入很多时间来指导新人。每位合伙人每年指导 6~12 名徒弟，在一名徒弟身上至少要花费 20 小时的时间，私下里至少也要花费同样多的时间。"在专业服务这样一个时间就是金钱的行业里，如何平衡花费在客户身上的时间与花费在培训员工上的时间是一个巨大的挑战。"麦考伊说。想要坚持使用这样的培训体系，公司领导必须主动改进绩效考核方法，而且意志要坚定，尤其是面临盈利压力的时候。

　　有些公司尝试通过逆向指导来充分利用现在涌现的越来越多的数字时代的人才。年轻员工精通社交媒体和数字工具，公司安排他们在这方面指导老员工。在这个过程中，他们也能够从有经验的专业人士那里学到很多东西。

绩效评定：定期给出全面的反馈

　　我认为员工离职的原因之一是他们不知道自己身在何处，他们感觉自己
几乎被抛弃了。他们一直努力地工作，却丝毫不明确自己职业发展的方向。

　　在专业服务公司这种学徒制的环境中，无论是初级员工还是高级合伙人
都野心勃勃、积极进取，渴望得到上级、同事和客户的认可，希望从他们那
里获得反馈。他们必须不断地学习，努力掌握并提高技能。这就需要正式的
和非正式的培训、教练和指导、绩效反馈。在小公司，初级专业人士接触到
团队领导和合伙人的机会比较多，所以公司比较容易关注员工的职业发展。
但是在一些大型的公司，合伙人与员工的比率达到了 1∶20～1∶40，要想关
注员工的职业发展就困难得多。

　　和培训方面的情况一样，绩效评定做得好的并非只有实力雄厚的大公司。
我们在小公司里也发现了杰出的绩效评定项目。杰出的绩效评定有两个共同
的特征：一是鼓励持续学习和共享的文化；二是通常全年都会有正式的绩效
评定。合伙人有很多工作要做，他们要找到客户、成交订单、为客户服务、
管理并促进业务发展，有时还要参与公司治理，所以忙碌的合伙人很难抽出
时间培训新人并对他们进行评估。在这个行业里，所有人在工作中都肯定遇
到过至少一个脾气暴躁、忙得不可开交的合伙人，这种情况下，"没有消息就
是最好的消息"，你不可能从他那里得到关于职业发展的指导。许多公司领导
指出，关键是要建立重视分享和注重方向指导的文化，清楚地说明公司对员
工的期待，并将绩效评定与薪酬挂钩，让那些促进人才发展的行为得到认可
和奖励。在经营最好的公司里，反馈成为一种常规的行为，公司会不断给予
员工反馈，比如，与客户会面后或者给客户做完陈述后，这时会场的情景还
历历在目，员工收到公司对刚才的表现所做的反馈会留下深刻印象。

最行之有效的绩效评定项目不仅包括年度的绩效评定，还包括不那么正式的年中评定、季度评定，甚至每月都要进行一次评定。而且公司每次举办活动之后都会对员工在活动中的表现进行评定。在 ghSMART 公司，员工每个季度都会得到公司首席财务官给出的正式的书面评定，每年合伙人会给出评定。Skadden 公司既有季度的短评又有深度评价，深度评价是指公司与合伙人进行的一对一的会议，根据公司员工对合伙人的反馈对合伙人进行评价，高级律师每年一次，初级律师每半年一次。

对于年度评定的时间安排，不同的公司有所不同，大多数公司都倾向于一次性对全体员工进行评定。为了分散工作量，有些公司不是在年末而是在公司的周年纪念日进行年度评定。但是，有些领导认为在公司的周年纪念日进行评定不利于从整体上掌握人才情况。

多样性问题凸显并将成为重大挑战

> 我们努力将多样化纳入公司战略。但问题是专业服务行业一直是白人男性的世界。不论是人才库还是客户群，都以白人男性为主。

跟其他行业一样，专业服务公司也在努力吸引并渴望保留多样化的劳动力群体。尽管付出了很大努力，但是在大多数专业服务公司里，高层职位仍旧主要由白人男性占据。我们发现，有些公司开始在吸引和保留女性及少数族裔员工方面取得了一些成功。

在德勤的多样化模型里，有天分的员工可以灵活安排自己的职业发展路径，按照自己的意愿协调工作与生活。德勤有很多专注于形成多样化劳动力的创新项目，其中有一个发展女性领导的项目。瑞生律师事务所也致力于员工的多样化，它开发了多种项目，其中有女性提升项目（注重女性员工的长远发展，投入资金为女性员工搭建更广泛的关系网络从而提升女性的工作能力)、致力于多样化的招聘委员会、全公司范围的导师指导制度、关注如何能够保留和提升具有不同背景员工的项目、多样化周末、关系网活动。Piper Jaffray 投资公司也在丰富自己的人才库，它拓展了传统的招聘渠道，既招聘新入行者又招聘有丰富行业经验的员工。它与猎头合作，广撒网，希望能够吸引背景不同、经验和知识互补的人群。

越来越多的公司意识到，如果招聘策略一成不变，就没有办法接触到更多的人才，也就没办法满足客户不断变化的需求。客户变得越来越国际化，这就要求专业服务公司要采用全新的视角并具备更加多样化的服务团队以应对世界各地不同的客户。许多公司领导者表示，专业服务公司在多样化方面面临的压力主要来自客户和公司管理方面，而且这样的压力会越来越大。专业服务公司为应对压力付出的努力程度不尽相同，但它们确实都在想办法应对这样的压力。一位执行官这样总结他们公司应对多样化压力的做法："公司十分关注多样化，但这是公司的弱项，公司已经深刻意识到了这一点。我们经常谈论多样化，也一直在努力应对来自这方面的压力。"

本章小结

人　才

- 几乎 100％的受访领导将人才管理放在公司管理事项列表的第一位。
- 经营最好的公司在人才管理方面具备七个值得关注的共同特征：

   1. 服务意识。

   2. 投入时间和资源。

   3. 从一开始就招聘合适的人。

   4. 仔细规划和管理员工的职业生涯。

   5. 投入资金搞培训。

   6. 建立人才管理的责任制。

7.　关注员工的多样化。

- 公司的文化、业务类型、品牌优势影响公司的招聘策略。所有的公司都采用了多种招聘渠道，包括校园招聘、实习生项目、社交媒体、内部推荐、校友网络和通过猎头公司招聘。

- 最佳的招聘方法包含多个步骤：

    1. 对空缺职位的岗位职责、技能要求和素质要求进行分析和总结。

    2. 确定面试小组成员并且在面试前做好规划。

    3. 明确对面试官的要求，规定他们应该采用哪些面试技巧。

    4. 通过讨论，意见统一后做出聘用决定。

- 最好的公司明确了员工在每个职业发展阶段要具备的能力和要达到的绩效考核标准，并将这些要求清楚地告知员工。它们有正式的培训项目和绩效评定项目来帮助和支持员工的职业发展。

- 专业服务公司在其培训项目中运用了一系列培训工具：在线指导、企业大学、与学术界合作、一对一教练。

- 成功的导师指导项目有正式的规划和严格的管理，它为每一位学员分派一位导师，并通过一系列会议和活动帮助他们建立和维系关系，活动结束后还组织他们对活动的效果进行评价。

- 那些绩效评定体系很有效的公司有两个共同的特征：一是鼓励持续学习和共享的文化；二是开展多种形式的绩效评定。

- 虽然专业服务公司在不断地努力和尝试，但是多样化仍是专业服务行业面临的挑战。

第 4 章

客户组合

战略、客户群体和关系管理

管理客户关系至关重要。没有什么东西是理所当然的。跟客户之间的关系就如同与配偶或朋友之间的关系一样，都需要你用心经营。

——拉尔夫·贝克斯特（Ralph Baxter）

奥睿律师事务所总裁兼首席执行官

如果你的服务面向的是错误的客户，你就不可能成功。

——比尔·赫尔曼（Bill Herman）

Planted Moran 公司前管理合伙人

如果你能真正理了解客户，明白你的公司在行业里或在本地区所处的位置，你就能够更有效地管理客户组合并创造更多的利润。

——赖克·哈里森（Rike Harrison）

Wipfli 公司首席发展官

对于专业服务公司来说，公司的客户群体实际上决定了公司的业务内容。客户不仅代表了收入的来源，也是公司吸引其他客户和顶级专业人士的磁石。他们帮助塑造公司的品牌，对公司的市场地位和声誉有很大影响。

很明显，受访的公司领导者同意将建立和维持强大的客户群体排在公司管理事项列表的优先位置。87%的受访领导表示，客户组合战略和客户管理是公司领导着重关注的内容，其重要程度仅次于愿景、价值观和文化以及人才管理（见图 4—1）。

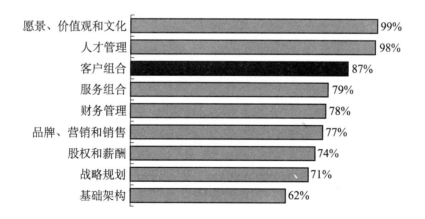

图 4—1　客户组合战略和客户管理排在领导事项的第三位

受访的领导者中有 55%给他们自己在这方面的表现打高分（见图 4—2）。但是大多数公司的领导表示自己最擅长管理个体客户，不擅长管理客户组合。

事实上，所有公司，无论是大型的跨国公司还是聚焦细分市场的小公司，

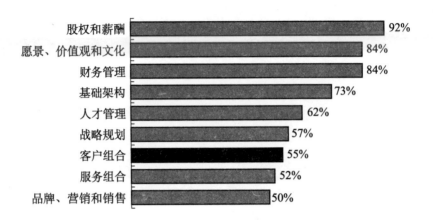

图4—2 半数领导者给自己在客户组合管理方面的表现打高分

在获取客户时都存在机会主义倾向。但是许多专业服务公司认为，它们获取客户时有点过度依赖机会主义，方法太随意，缺乏规划，没有目的性。公司不应该允许合伙人根据自己的判断拉业务，也不应该只是被动地回应出现的机会。公司在寻找客户时应该有战略规划。一直以来，专业人士都将寻找和服务客户看作自己个人的业务内容——整个专业服务行业内这种"独行侠"式的想法盛行。

专业人士往往不情愿终止与客户的关系，尤其是那些长期合作的客户。这表示他们不愿意客观地分析客户的盈利能力。尽管许多咨询公司常常会建议客观地分析客户的盈利能力并据以调整和升级其业务组合，但是也有许多公司没有做到这一点。

许多受访的公司领导意识到自己成了"下金蛋的母鸡"。他们过度依赖几个能给公司带来主要收益的大客户，这样会让公司变得脆弱。我们听说过很多发人深省的故事，比如，有些公司因为突然丢失了关键的客户而陷入困境。经营专业服务公司的人都明白，把太多鸡蛋放进很少的几个篮子里的做法很危险。但是当财力雄厚的长期客户向你走来时，你很难不被哄得乐开了花。小公司尤其倾向于发动公司全部人手为大客户服务，从而搁置了公司的长期规划，忘记了拓展新的渠道，发展新的客户。

专业服务公司在规划客户组合方面花费的时间和精力远远不及其他公司。

公司领导深信，公司拥有的客户越多越好，这种想法未必正确。

客户组合管理的五大要素

我们总是考察哪些领域哪些客户发展得最好，并且对我们有最大的需求。

制定有效的客户组合管理战略的最好方式，就是根据市场的反馈，对分析、聚焦、评估、文化变革、流程和技术进行全盘考虑。一个综合的客户组合管理项目首先分析市场的现状，然后采取行动，要随时进行评估并奖励好的做法。成功的客户组合管理有五大要素：

1. 主动规划和管理客户组合。如果一家公司制定的客户组合战略不能凝聚员工的力量而只是指望公司随机发展，这样的战略几乎是不可能成功的。采用这种方法的公司会有在哪个市场都占不到份额也捞不到声誉的危险。经营最好的公司有正式的全公司范围的客户规划和管理项目，定期批判性地评估当前的客户群体。它们寻找最有潜力的目标客户，培养和壮大给公司带来高收益的那些客户，对整个客户组合的盈利能力进行分析，发现不同客户的优势和劣势。

2. 总结良好客户体验的框架。那些聪明的公司会花时间描述它们是如何创造良好的客户体验的，如何让客户感受到公司的工作风格、理念、文化和价值观。想要创造良好的客户体验，公司需要探讨怎样才能够成功地吸引客户。首先分析客户的需求，在服务客户的过程中提高交流的效率，服务结束后从客户那里获取关于服务质量的反馈。公司还需要定期关注那些能够反映客户满意度、公司服务质量和投资回报率的指标。

3. 明确责任。整个客户组合管理项目要有总的负责人。虽然高层管理者掌握总体战略，但是业务部门的领导、各位合伙人及专业人士都有责任管理和维护客户关系，并从客户那里获取反馈和评价。公司的所有员工都要各司其职。

4. 建立奖励制度。公司应该把建立和维持充满活力的客户关系作为员工绩效考核的标准进行考核和监督，建立奖惩制度并将奖惩制度与薪酬挂钩。奖励员工提升客户体验的行为。

5. 鼓励客户参与。经营得最好的公司非常重视客户的反馈和想法。不论是开发和测试新的服务内容、改进服务质量、改善公司的结构和工作流程，还是管理客户关系，它们都会考虑客户的反馈和意见。它们定期联系客户开展正式的调查，获取客户意见，或者在定期的业务会面时通过非正式的形式获取客户的意见。有些公司在进行新的尝试，比如为关键的客户提供新的服务内容或以新的方式为客户服务的时候，非常注重客户的反馈。经常寻求客户的反馈能够加深客户与公司的联系和感情。

客户管理生命周期

令人吃惊的是，许多受访的公司与客户保持了很长时间的合作，有些合作甚至已经超过了一个世纪。比如，总部设在伦敦的 Freshfields 律师事务所，270 年前就开始了与英格兰银行的合作。有趣的是，长期合作关系不仅仅存在于以年度为结算周期的公司，如会计师事务所、广告公司和公关公司。那些按项目结算的公司（如建筑公司、咨询公司、律所和猎头公司）也能够维持长期的合作关系。那么这些公司是如何做到的呢？

依据我们在这个行业的经验，我们发现了客户管理生命周期中的五个步骤，包括从概念阶段获取、保留、更新的整个过程。从图 4—3 可以看出，第一步是定期规划和评价公司的客户组合。第二步是向新客户详细介绍公司的情况。第三步是按照清晰的流程培养和管理客户，维护和发展客户。第四步是从客户那里获取反馈以改善客户关系。第五步是定期评估客户的盈利能力。

图 4—3　客户生命周期管理的五步

第一步：　战略性地评价客户组合并进行规划

公司领导认为，最有效地建立和维护强大的客户组合的方式是主动进行规划和管理。但是，如图 4—4 所示，在受访的公司中，对客户组合进行了正式战略规划的公司仅占 1/3 多一些（36％）。虽然有超过一半（53％）的公司在年度计划中对客户组合管理有战略性的规划，但是它们指出这项工作由业务部门负责实施。由业务部门领导选定新的客户目标，除非发生了冲突，否则公司不会干涉。12％的公司表示它们对客户组合管理没有规划，也不进行评价。

从对现有客户组合进行评估开始

我们已经多次强调，对公司的客户群进行定期评价是有益的。对于小公司而言这项工作相对容易，但对业务复杂的国际化大型公司而言这项工作的

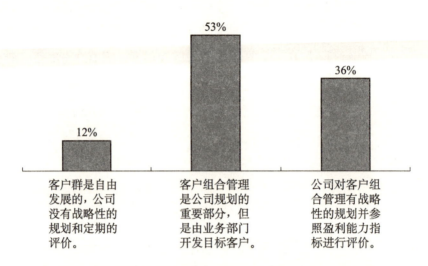

53%

36%

12%

| 客户群是自由发展的，公司没有战略性的规划和定期的评价。 | 客户组合管理是公司规划的重要部分，但是由业务部门开发目标客户。 | 公司对客户组合管理有战略性的规划并参照盈利能力指标进行评价。 |

图 4—4　机会主义的客户组合规划与战略性的客户组合规划

难度就很大。公司领导普遍认为，定期对客户组合进行评价至关重要。有几位受访的领导指出，他们发现传统的 SWOT（优势、劣势、机遇、威胁）分析是评价客户组合的一种可靠的工具，能够找出公司可以利用的优势和机遇，还能找出公司需要规避的劣势以及受到了哪些威胁。

公司通常首先评价客户组合的优势。它们观察客户组合并找出哪些客户最能给公司带来利润，最有可能对哪些客户进行交叉销售或增加其他服务内容。最后，它们找出哪些客户最能够帮助公司提高声望，强化公司的品牌形象。

评价完优势之后，SWOT 分析的下一步是找出客户组合的劣势。大多数公司都有这样一些客户，它们似乎没有什么价值，也不能给公司带来多大利润。但是如果从长远角度看它们有可能给公司带来利润的话，那么暂时的低利润是可以接受的。不太明显的一类劣势是，客户的战略和文化与公司不匹配。有些客户偏离公司的目标较远，与公司传统的专业能力不匹配。为这样的客户提供服务会使公司的市场定位模糊，使公司的服务内容变得不统一。还有些客户不配合公司的业务团队，总是无理地投诉，导致高级员工要花费大量的时间不计成本地讨它们欢心。公司应当考虑是否要继续服务这样的客户，因为服务这样的客户的机会成本是很高的。当然也要考虑到行业内普遍存在的不情愿放弃长期客户的情绪。显而易见，这将是一项非常困难的政治性工作。

SWOT 分析的下一步是找出新的机遇。几乎所有的专业服务公司都有很多机会能够通过现有的客户扩展新的业务。当我们与客户的客户谈话时，总能发现潜在的新业务。事实上许多领导也承认，他们没有很好地利用当前的客户关系发展新的客户。如果为客户提供了满意的服务，高兴的客户很乐意购买专业服务公司的其他服务。但是一般的情况是，专业人士不愿意开口询问客户是否还需要公司的其他服务。更糟糕的是，他们可能因为怕客户被抢走而不愿意告知客户本公司全部的业务范围。

经典的 SWOT 分析能够找出客户组合给公司带来的威胁。一家公司如果依赖于少数几个客户的话，是个很可怕的问题，但其他威胁也可能严重影响一家公司的盈利能力和市场地位。有些专业服务公司常常无法承受反复无常的市场和严峻的经济形势的考验，如咨询公司和猎头公司。经营得最好的公司说它们努力提供类别多样的服务，占领多样性的市场，这样无论市场是繁荣还是衰退，它们都能存活下去。有些事情很难预测，如经济危机的发生、某个关键客户突然被合并或被收购、某位合伙人突然带着公司大量的客户离职。但是顶尖的专业服务公司清楚地了解它们的客户组合的弱点，做好了应对风险的准备，能够尽量避免遭受突然的袭击。

确定聚焦点

我们要寻找什么样的客户？是价值几十亿美元的大客户还是中小客户？哪些行业最有前景？我们应该瞄准首席信息官还是首席财务官，或者两者都是目标？

如果客户非常不尊重我们的价值观和我们的员工，我们会放弃这样的客户。我们不会为这样的公司服务。

分析了公司当前的客户组合之后，下一步就是设想理想的客户组合，要与公司的战略、价值观和文化一致。对于规划理想的客户组合这件事，不同的公司有不同的看法。有些公司认为这样做没有必要，有些公司则进行了详细的规划。大多数公司领导认为太多的规划和约束限制了专业人士的冒险精神，专业人士希望在业务选择和工作方式上有更多的自主空间。其他一些公司，尤其是那些具有多样化业务的大型公司则认为，如果让业务部门的领导决定公司的客户组合，那么公司有可能会遭遇失败，同时也很难突出公司的重点业务，公司的规模越大业务类型越复杂，这么做的危害也就越大。

上述两个方面很难权衡，但是我们建议公司还是应该对理想的客户组合进行规划。最成功的公司无论大小，都围绕自己擅长的领域发展业务。公司的业务偏好又决定了它以什么样的客户为目标。市场也支持专业服务公司有计划地发展客户的做法。布罗德里克公司调查了几百个从专业服务公司购买服务的高级执行官，发现他们在选择专业服务公司时，总是将公司的业务强项和专业能力作为首要的考虑因素。这些高级执行官看重专业服务公司的敬业度、知识深度、团队的背景和实力，以及相关行业工作经验和资历。

聪明的公司会仔细筛选出理想的目标客户群体。它们依据一套预先确定的标准去评价潜在的客户并排序。首先考虑行业因素，然后是客户的规模、地理位置、市场竞争情况及其他一些因素，如客户的商业价值、增长潜力、创新水平、财务状况等。我们建议专业服务公司找出最有可能购买其服务的潜在客户，这样就可以确定营销和销售的重点（见表4—1）。

表 4—1　　根据业务范围为一个中型的地方性律师事务所筛选目标客户群

目标客户	经营	财务	IP	能源	公司举例	客户决策人
"即将上市"或国际化的中型科技公司（价值 5 000 万~10 亿美元）	√	√	√		欧特克公司 诺发公司 硅图公司	首席执行官 首席运营官 首席财务官 总顾问
总部设在本地区或在本地区有主要业务的大型跨国科技公司（价值 10 亿美元以上）	√	√	√	√	惠普公司 美国英特尔公司 思科公司	总顾问或直接上级
私募股权公司	√	√			Weston Presidio 德太投资 Genstar Capital	管理主管
风投公司	√	√			花旗创投 Capital	管理主管
大型银行或金融机构	√	√			美国富国银行集团 美国银行 嘉信理财公司	管理主管/高级副总裁
具有雄厚的能源资产的大公司、能源公司或具有废热发电设备的公司	√	√		√	迈朗公司 Chevron Duke Reliant	总顾问
总部设在本地区或在本地区有主要业务的大型跨国非科技公司	√	√		√	贝克特尔公司 麦克森公司	总顾问或直接上级

　　受访的公司领导说，客户既要能够给公司带来收益，又要与公司的文化相契合，这是非常重要的。波士顿咨询集团前南北美洲总裁史蒂夫·甘比（Steve Gunby）说："我们一直在寻找既能够充分帮助公司树立品牌又能够赋予员工能量的客户。"

第二步：吸收新客户

　　我总是打电话给客户以感谢他们给我们提供了业务。4/5 的人会对我说，"不敢相信你竟然为业务的事情打电话致谢。华尔街没有人这么做过。"业务结束后他们就踪影全无了。

客户对专业服务公司如此重要，但是几乎没有公司为新的客户举行正式的欢迎仪式，这样的情况让我们感到震惊和沮丧。

会计师事务所用严格的风险评估程序来评估接纳新客户存在的潜在风险。律师事务所由利益冲突事宜委员会对每一项准备接收的业务进行审核，以避免出现一家公司同时为双方当事人辩护的情况。但是，这些只是筛选客户的过程，不是欢迎仪式。

大多数公司依靠合伙人为公司介绍新客户。这种随意的方法既合乎情理也有效果。因为如果专业人士没有能力保留客户并开发新的客户，一般也就不能晋升为合伙人。很多公司会花费大量时间和资源培训专业人士维护客户关系的技艺。在很多公司里，合伙人能否与客户保持长期的合作并开发新的客户还会与他们的薪酬挂钩。

但是，即使是最有经验的合伙人也会承认，不论是对专业服务团队还是对新客户而言，合作的初期都是比较困难的。他们也认识到，确保合作能够顺利展开并达到令人满意的效果是很重要的，因为良好的开始是成功的一半。

公司为新客户举行欢迎仪式的目的是彼此熟悉、了解、建立信任感，向客户展示公司的价值、给客户创造积极的预期，使刚开始的合作关系最终变成长期的合作关系。卓越的专业服务公司在欢迎新客户时会安排一组细心挑选的欢迎项目，远远不止"让我们相互认识一下"这样的谈话和见面。他们把合作的初期视作蜜月期，为以后长期的合作关系做铺垫。比如，均富国际有限公司的美国分公司在与客户的合作关系建立初期引入客户体验项目，设定客户预期，记录进展情况，并向双方管理层汇报结果（见专栏"均富公司的客户体验项目"）。

均富公司的客户体验项目

税务、审计和咨询公司均富国际美国分公司致力于为客户提供高质量的定制服务。公司开发了一个以客户为中心的项目，名为"均富客户服务循环"。这个项目分为几个阶段，包括一系列活动，贯穿了合作的整个过程，有以下几个亮点：

- 预先与客户见面，讨论客户的预期成果。
- 根据客户的预期制作详细的服务计划。
- 定期见面，确保一切按照计划进行，并与客户分享对他们有用的情报，包括技术、监管、行业和市场的情报。
- 由独立的第三方每年对服务质量进行评价。
- 为客户开通专门的网络接口，与客户分享均富对与该客户相关的话题的看法、业务知识和行业知识。通过安全的外联网将这些信息分享给客户。

这个项目清楚地定义了成功的标准并确定各位员工的职责。给每位合伙人传送一份他的客户对服务质量的评价和打分报告。为每位部门管理合伙人提供服务质量月度报告。每年为全体员工提供一份报告，列出客户对他们的服务质量的评价和未来一年需要改进的地方。

"这个项目肯定会让公司受益。"爱德华·纳斯鲍姆说。爱德华·纳斯鲍姆是均富美国分公司的前首席执行官，现任均富公司首席执行官。自从2006 年该项目启动以来，客户满意度和忠诚度稳步提升。而且我们证实了客户忠诚度的提高与薪酬的增长之间存在显著的相关性。"该项目是公司在市场中获得竞争优势的重要组成部分，"纳斯鲍姆说，"这个项目使公司与客户的关系变得更加稳固了，提升了公司的品牌影响力，扩大了公司的市场份额。所以这些努力是很值得的。"

　　我们调查发现，一个好的欢迎项目具备以下几个特征：

　　•正式的项目启动计划。估计客户的预期，建立双方都同意的成功标准，向对方介绍公司的关键人物，找出热点问题。

　　•频繁的面对面会议。目标是对即将开展的合作进行规划并建立信任感。

　　•定期汇报进度。及时向客户提供关于项目的进度和初步结果的准确信息，增进双方的交流并消除初期的疑虑。

　　•抓住核心人物。找出核心人物并与他们保持联络，将他们作为重要的信息来源。

　　•主动从客户那里取得反馈。根据客户的反馈，找出存在的问题和障碍。

　　•让客户了解公司的专业能力。目标是向客户的关键人物介绍与他们接触的专业人士之外更多的专业能力。

　　•利用科技手段加强沟通。建立客户接口，引入在线培训，实现项目进度的网络共享，利用其他数字化工具实现更好的沟通。

第三步：　保留现有客户并开发新客户

　　受访的公司认为自己在维持客户关系方面比在规划客户组合方面做得好。如图4—5所示，41％的公司表示它们有一套全公司范围的正式项目，并且为公司领导所看重。

　　在受访的公司中，我们发现了几个管理和培育关键客户的优秀项目。虽然各个项目的流程不相同，但是它们有三个共同的要素。这三个要素也是这些项目之所以能够成功的基础，它们是：对客户组合进行细分、主要客户经理的角色、客户规则。

对客户组合进行细分

　　对客户组合进行细分是指根据客户的价值和潜力的大小将所有客户进行分类或分层。卓越的公司把细分看作关键的管理工具，决定了公司在人才、

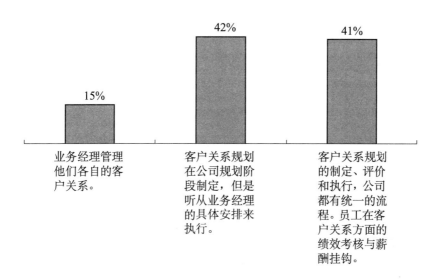

图 4—5　客户关系管理多数由合伙人推动

服务、培训、营销和业务发展方面进行投资的优先顺序。客户细分使公司能够看到公司客户群的整体面貌。

对客户组合进行细分之所以重要，是因为它提供了 360°的视角，让公司全面掌握在各个行业和各个地区的客户都有哪些动向。借助掌握的信息，公司能够评价每位客户的盈利能力和发展潜能，对不同类型的客户有了概括性的了解，如忠诚的关键客户或某个项目带来的短期客户。最后，对客户组合进行细分可以暴露可能给公司造成损害的服务缺口和能够让公司赚钱的服务机遇。尽管有这么多令人信服的好处，我们却发现许多公司不愿意将客户进行细分。这种不情愿背后的原因是，它们不愿意承认一个有时让人痛苦却又不得不承认的真相，那就是：并非所有的客户都是一样的。虽然公司领导和业务部门的领导凭直觉就能明白这一点，但是他们通常不愿意忍痛调整对盈利低的客户的资源配置和投资力度。

公司的客户既有战略型的重要客户，也有一般客户。公司对战略型客户投入的时间和金钱较多，它们受到高标准的对待。公司会为这些客户安排一些活动，如讨论会、每个季度一次的知识共享会议、公司领导的拜访、专门的联谊会和为它们免费提供重大体育赛事的邀请函。公司期望负责这些客户的经理花费大量私人时间去维护客户关系，客户经理也确实这么做了。

经营得最好的公司在对客户进行细分时使用的方法稍有不同，但大体上它们都将客户分为四类：

• **战略型客户。**这类客户是公司收入的重要来源，如果失去它们，公司的盈利就会受到实质性的影响。大型的国际专业服务公司的战略型客户通常是跨国企业。专业服务公司为它们提供的服务涵盖多个地区和业务领域。大多数公司会利用这样的客户来扩大自己的服务范围，包括跨业务线、服务种类和地区为它们提供服务。

• **核心客户。**这类客户是公司的面包和黄油，是公司忠诚而持久的客户，公司每年的最低收入由这样的客户来保证。它们对公司的服务有长期稳定的需求，并且随着合作关系的成熟，公司通常不需要投入太多的时间和精力维护客户关系。因为专业人士长期为它们提供服务，彼此都熟悉了，工作就比较轻松了。但是这种类型的客户关系在某些时间点容易进入停滞期。因此核心客户虽然有巨大的发展潜力，但它们不一定都是公司的"战略型客户"。

• **可预见的增长型客户。**这类客户是公司决定要给予关注的客户，希望在近期或将来与之有新的合作。它们可能是快速增长型公司、面向新兴市场的公司，也可能是追求战略转型或科技突破的创新型公司。

• **交易型客户。**对于大多数公司而言，有一部分客户是"从天而降"的，而不是公司主动去寻找的（见专栏"Black & Veatch 公司的客户组合"）。

Black & Veatch 公司的客户组合

工程、咨询和建设公司 Black & Veatch 管理咨询部的高级副总裁迈克·艾勒兹（Mike Elzey）说，战略性地规划和管理客户组合是一项重要工作。"协调多个行政部门和业务部门，共同规划对客户的获取、维护和开发是一项艰巨的任务。"艾勒兹说。为了集中精力和方便管理，公司将客户分为四大类：

1. 战略客户。公司所有客户中有 30% 是为公司带来高收益的客户。如果这些客户离开，会给公司带来损害。公司的目标是让战略客户为公司带来更多的收益。如艾勒兹所说："公司以多种业务服务客户的方方面面，成为受客户信任的业务顾问。"

2. 核心客户。公司所有客户中有 50% 是核心客户，公司已经与这些客户合作多年，并且建立了稳定的业务来往和稳固的关系。2009 年咨询部选择了 12～15 位核心客户，打算将它们升级为战略客户。艾勒兹和他的团队向每个客户表达了想要加深关系的愿望，并讨论公司可以增加价值的潜在领域。以这些讨论为基础，公司为每位客户制定了发展规划并测量和跟踪规划的进展。

3. 目标客户。目标客户约占公司所有客户的 10%，是公司计划发展的潜在客户。"这些公司是我们业务规划中的新公司，我们打算靠近它们、了解它们并将我们的服务介绍给它们，"艾勒兹说，"我们最终的目标是弄清楚如何能够先赢得一些任务，建立合作关系。"

4. 机会客户。剩下的 10% 不是公司主动进攻的目标，公司被它们有趣的项目所吸引，决定参与竞标争取这些客户。

公司安排了一个销售团队专注于从战略客户那里获取更多的业务，并且购买了一个客户关系管理系统以更好地服务公司的主要客户。艾勒兹将公司管理客户的过程称为"拉链式的配对战略"。"我们努力将公司和客户进行拉链式的对接,"艾勒兹说,"当然,要做到这一点没有说得那么容易,但是如果你能成功做到,效果会很好。"

主要客户经理的角色

客户经理负责给他的客户精心地安排服务。跨国公司的业务多种多样的,其客户也是多种多样的。对于这样的公司来说,客户经理是一个具有挑战性的角色。因为跨国公司经营范围很广,在世界各地有许多分公司,所以客户也分散在不同的行业和地区,这就使得有效地管理和监控客户关系变得非常困难。受访的领导说,关键是要找到两种客户管理方法之间的平衡,一种是由公司集中管理,另一种是分散的"谁猎谁吃"的方法。公司如果过多地使用集中控制和官僚主义的方法,容易形成瓶颈,错失机会,分散的方法则可能造成混乱和困惑。一位律师事务所的领导告诉我们,他最近才发现,全公司有1 000名律师服务的是同一个大客户。

对于客户所有权的问题没有最好的解决办法,如何管理重要客户取决于公司的文化和组织风格。很多公司表示,它们在客户管理这一问题上态度强硬,在这样的公司里,合伙人不占有客户。客户被看作公司的资产,而不是合伙人个人的资源。有的公司为了防止合伙人离职时带走客户,会为重要的客户安排至少两位合伙人共同管理。

它们说,这样做对公司和客户都有利,客户多了一个联络人,获得的服务也更有保障。我们采访了几家专业服务公司的重要客户,几乎所有的客户都强调说,它们很高兴有一个或两个联络人,这样可以通过他们向专业服务公司提出服务需要,寻求建议和获得指导。我们的建议是,专业服务公司应该更加侧重集中管理的方法,这种方法肯定会受客户喜欢,公司管理层也能够更好地控制客户群体。

在客户管理方面，有些公司更喜欢由第三方来管理。高层领导有意从那些不经常与客户打交道的业务部门挑选一位合伙人来管理客户。这样做能够从客观的、跨部门的角度审视客户关系，也有助于防止某位合伙人或某个业务团队占有客户。

对于大多数公司而言，公司的重要客户由客户经理或合伙人负责。重要客户主管是很多人垂涎的职位，通常由服务团队里最资深的专业人士担任。几乎所有受访的领导在他们的职业生涯中都管理过公司的一个或多个高级客户。大多数人都说，这是一种对未来领导的重要培训和培养。客户主管的职责包括充当第三方联系人和作为总指挥协调各种服务和各个团队。

一些广告公司和公关公司采用了总指挥的方法（见专栏"博雅公司的客户管理"）。这些公司设立了关键全球客户负责人这样一个岗位，独立于公司矩阵式治理结构之外。在这样的公司里，为公司带来主要收益的高端客户由关键全球客户负责人负责。关键全球客户负责人不属于公司的任何业务部门，不向公司的任何业务线汇报。他有权从整个公司挑选人才和调用资源，以保证服务的高水平和高质量。

博雅公司的客户管理

全球公关和传播公司博雅与其最大的全球客户有一个持续 15 年之久的合作项目，叫作 KCR（关键客户关系）。这个项目专门服务公司最大的国际客户，意在为它们提供最高水准的服务。根据合作关系的规模、发展、时长和深度确定公司的关键客户。约 20 个关键客户关系代表了博雅公司约 1/3 的收入。

关键客户关系项目的负责人包括公司高层领导团队的成员及其他来自组织的有丰富经验的专业人士。"他们唯一的职责就是让客户高兴。"博雅全球首席运营官理查德·鲍威尔说。他们不受公司任何地区分支机构、业务线和利润核算单元的约束，有权支配公司全球范围内的资源为他们的客户服务。

公司为每位关键客户专门安排了财务经理，时刻关注它们的盈利能力和其他财务指标。

通常，鲍威尔每季度或最多半年要与关键客户负责人一起对他们的工作进行正式的评价。关键客户负责人按照一定的流程向鲍威尔汇报工作进展情况、与客户的关系状况、财务状况及潜在的薄弱环节。

作为进一步的监管机制，公司为每位关键客户负责人安排一位助手，他们每周都观察客户的表现，并在必要时提供额外的资源或直接介入。

关键客户关系项目除了创造条件将最高水准的服务提供给最重要的战略客户以外，还是公司发展业务和培养新想法、新项目的实验室。关键客户关系项目负责人的一项重要任务就是与大客户一起开发新业务和新项目。他们通过每周的电话会议和定期面对面的会议，分享他们服务客户过程中取得的成功和面临的挑战，将他们在服务客户过程中进行的创新推广到全球各分公司。

"关键客户关系项目很成功，"鲍威尔说，"通过这个项目客户受到特殊的照顾，这维持和加深了客户关系，项目产生的新的服务理念也促进了公司的成长，公司成功地将自己定位为大型传播和公关活动的提供商。"

客户规划

在高端我们要有战略，在中间要有目标，在基层要有冒险精神并抓住随时产生的机会。我们永远不放弃在一线的创业精神。

我们正在努力将客户管理战略放在区域结构和业务结构之上，形成 3-D 矩阵，让客户管理战略借助不同区域和业务领域的专家更好地为客户服务。

整个专业服务行业中信息的不完整和综合管理方法的缺失让我们大吃一惊。公司安排所有为某一位大客户提供服务的合伙人开会，共同讨论这个客户。20 位参会的合伙人在发现他们与这个客户合作的深度和关系的广度之后都惊诧不已。有关某个客户的所有信息加在一起是有巨大价值的，但是，在此之前这一点没有被任何人所利用。正如一位合伙人所言："我们可能比客户更了解他们的公司。"这是行业里的典型情况。

财务顾问和金融投资公司 Duff & Phelps 公司规定，公司的经理要相互交流各自的客户规划，以确保能够协调服务供给和分析额外的业务机会。Peppercom 公司每周对客户关系管理进行一次评价，这是公司客户规划流程中的重要一步。管理合伙人兼共同创始人史蒂夫·科迪（Steve Cody）说，有了这样的规定，制定客户规划就不会无法落实了。在其他的公司里，客户规划制定完以后会请其他的同事评论，以确保规划客观并能充分利用各种资源。不出所料，采取分散管理方法的公司很少制作客户规划。当某一位客户与公司的几位员工都有合作时，公司很难进行总体的规划。

有远见的公司为公司每位大客户都制定了详细的规划。这些客户约为公司客户总数的 20%，公司大多数的业务都来自它们。为重要客户制定规划的目的是培养最佳客户、打造公司品牌。管理好这些客户将提升公司的声誉和增加公司的业务量（见专栏"安永的客户管理"）。

安永的客户管理

安永全球总裁吉姆·特利（Jim Turley）说："在安永，客户就是上帝。"作为一个重要的国际专业服务公司，安永的客户群庞大而且多样化，其需求不一。为了给所有客户提供一致的服务，安永采用多层级以客户为中心的客户管理方法为其提供高质量的服务。

• **客户细分。**安永根据客户的规模和服务需求，战略性地将它们分为几类，目的是根据客户的需求调整服务水平。正如特利所说："这样做是为了根据客户的提议按照客户要求的方式更好地为客户服务。"比如，主要的国际客户需要由相互协调的团队提供全球范围内无缝衔接的服务，而新兴成长型客户则需要熟悉快速成长公司需求的团队给予密切关注。客户细分使安永能够按照每个客户的需求提供相关类型的服务。安永每年都会重新审视客户细分情况，并根据客户需求的变化做出调整。

• **协调合伙人。**为每个客户安排一位合伙人，负责监督业务团队，并从整体层面管理客户。通常情况下根据合伙人的具体技能强项以及距离客户公司所在地近的原则来选择客户的协调合伙人。如果客户是一家跨国公司，那么协调合伙人会是来自公司总部的一位合伙人。对于公司最大的客户，公司要求协调合伙人要为客户制定年度规划，找出客户的需求并深化与客户的关系。客户规划要获得高层领导的认可。高层领导还会定期对服务质量进行评价和监控。

• **服务质量评估。**安永通过一个正式的、严格的 ASQ（服务质量评估）项目全年监控客户的满意度。ASQ 项目在各个地区实施，受到公司整体的监控。由一个独立于业务部门的团队与几位高级执行官一起评价客户关系管理的质量，包括审计委员会、董事会成员和高级管理层。ASQ 项目的负责人撰写一份书面报告，出现任何风险都及时与客户的协调合伙人进行沟通并迅速解决问题。对于最大的客户，公司每年都会对服务质量进行评估，对于其他的客户则会轮流进行评估。

特别强调，为扩大公司的业务范围，安永瞄准满意度高的客户，希望从它们那里获得更多赚钱的机会。客户管理项目服务于公司的这个目标，为公司和客户创造了双赢的局面。

一个强有力的客户规划清楚地表明了公司掌握客户资源的概况和服务需求概况，内容包括基于公司收入战略制定的服务进展导图，还有跟踪进度的流程，以及对照目标进行评估的流程。正式的客户规划都有清晰的责任划分，规定员工在为客户提供服务、加深客户关系、发展其他业务方面的责任（见图4—6）。

有些公司更喜欢使用非正式的方法进行客户规划，它们依赖自下而上的客户管理方式，让初级人员负责客户关系，这样保证合伙人能留在公司的矩阵式组织结构中，完成其传统角色的工作。但是，随着客户的需求变得越来越复杂，以及专业服务公司在各方面的发展，专业服务行业各领域里越来越多的公司看到了使用正式的综合方法进行客户管理和规划的价值。

第四步：获取客户反馈

很显然，从客户那里得到的反馈就像黄金颗粒一样，具有巨大的价值。

该说的说了，该做的做了，过了蜜月期，经过了最困难时期，一切都好转了，客户很高兴。当一切都结束之后，我们发现真正重要的是你转身问客户："您会再次购买我们的服务吗？"这是对满意度的终极考验。

建立客户关系目标
- 针对该客户的目标
  —12 个月的目标
  —长期目标
- 客户的目的
  —客户通过公司想要获得什么？
  —对客户进行访谈获得的反馈

列出客户与公司合作的清单
- 正在进行的当前项目
- 过去 5 年与该客户合作的其他项目
- 关键关系矩阵（谁认识谁）

了解客户业务需求
- 客户概况
  —组织结构图，10-K，其他文件
  —分析报告、动态新闻、竞争分析
- 各运营部门的当前业务需求和问题
- 影响公司当前和未来服务需求的市场环境及外部因素（监管、竞争压力、技术破坏）

找出目标机遇
- 可以向客户出售的关键服务
- 针对每项服务，应联系的决策者和影响人物

开展营销活动和业务开发活动
- 帮助建立合作关系的关键工具
  —思想领袖
  —活动
  —现场宣讲
  —通过实地拜访或召开会议介绍公司的其他服务和合伙人
  —其他

管理流程
- 选派团队和指派责任
- 指定每项活动的责任人
- 确定时间表
- 定期召开会议对进展状况进行评估
- 监控与跟踪
- 奖励优秀的表现

图 4—6   客户规划模板

倾听客户的声音是关键。作为对服务质量的监督，几乎所有的公司都要从客户那里取得反馈，但是它们获取反馈的程度和形式不同。几乎所有的公司领导都说他们工作中很重要的一部分就是跟客户在一起，不管是收费的还是义务的。高伟绅律师事务所的全球管理合伙人戴维·蔡尔兹（David Childs）指出："我认为所有的专业服务公司所面临的共同挑战是如何以一种有意义的方式与客户保持联系，这主要是因为专业服务公司的业务全部来自客户。"

获取反馈最普遍的方法是调查，不管是面对面还是通过电话或互联网。我们进行面对面和电话访问多年，更偏爱谈话的方式，不完全依赖于在线调查。然而有些公司的第一选择总是在线调查，如果发现有不尽如人意的地方，再进行第二步面对面或电话谈话。

专业服务行业里的许多公司通过定位清晰、执行规范的项目，在过程中定期从客户那里获取反馈，并通过分析数据发掘可以增进关系的机会。有些公司依赖领导层和员工做先锋来展开反馈流程，其他公司选择邀请第三方介入。大多数公司每年对客户进行一次回访。但是有些公司，如 ghSMART，每六个月对客户进行一次调查，要求客户就对公司的满意度打分，在五个分值中选择。其他一些公司每季度进行一次调查。

灵智公司利用快速应答系统每季度自动向所有的客户发出调查邮件。调查包含五个简单的问题，不同客户收到的问题不尽相同。系统对客户的回答进行综合打分，如果客户满意或基本满意，灵智联合主席会自动收到一份实时生成的电子邮件。该公司的全球管理合伙人说："出现这种情况的时候，我们会拿起电话说，'尊敬的客户您好，我们想要过去跟您见面，您方便跟我确定一下见面的时间吗？'客户接到电话会很激动，因为受到了关注。"公司每年还会对客户进行正式的调查。

在监督客户满意度方面。有些有先见的公司再次领先。比如，Wipfli 会计师事务所设立正式的项目，运用许多工具从客户那里获取反馈，这类正式项目包括客户顾问委员会、得失研究项目。客户顾问委员会每 4～6 个月召开一次会议，针对潜在的新服务内容或新服务方式提出客观的意见。Wipfli 会计师事务所还引入了客户满意指数，该公司的首席发展官乌尔丽克·哈里森（Ulrike Harrison）说，客户满意指数是一种范围广泛的客户分析。公司随机抽取 10%～15% 的客户进行调查，从公司和行业层面对数据进行分析，得出的反馈用于制定行动计划。客户的满意度会与员工的绩效评价挂钩。爱德曼公司也采用了全面的方法吸收客户反馈（见专栏"爱德曼公司的客户反馈项目"）。

爱德曼公司的客户反馈项目

在爱德曼公关公司，做好客户服务一直是公司的首要任务。2001 年公司做出了质量是第一目标的承诺，并任命珍妮丝·赖克斯坦（Janice Rotchstein）为首席质量官，负责服务质量工作。在她的指导下，公司创建了一个名为"卓越爱德曼"的项目，这个项目还获了奖。该项目旨在创建超越地理区域和文化界限的全球化客户服务战略。

卓越爱德曼项目是一个精心策划的获取并分析客户反馈的体系。公司在与客户合作的不同阶段都征求客户的反馈意见。这一体系的基石是首次见面要"确保有正确的开始"，客户关系建立初期或者因为变更联系人而需要引入新的服务团队时，都要注重服务质量。

当客户开始和爱德曼合作后，就自动进入了卓越爱德曼项目，新客户在第一年内要完成两次网上调查。长期客户每年在签约日接受一次调查。调查包含 40 个封闭式和开放式问题，其中有一道题目是推荐者净得分，涵盖服务质量、思维质量、绩效质量、人才质量和关系质量。爱德曼公司从地区和办事处两个方面分析全球的推荐者净得分。发起调查之前，公司会先将问卷在芝加哥和北京进行试验，以确保问卷能够在全世界使用。

在客户签约周年日当天，系统会自动发邮件给该客户的客户经理，由他选择一种语言并将问卷发出去。如果客户经理不同意发问卷，就会惊动赖克斯坦。"有些人对发问卷这件事有些紧张，"她说，"我告诉他们，调查结果虽然可能会暴露一些问题，但是这是维护客户关系的重要方法。"如果没有令人信服的原因，问卷会照例被发出去。

赖克斯坦说，客户通常会在两周内回复。她将评论内容进行总结后发邮件给客户经理、客户经理的上级主管、全球业务领导、区域总裁、人力资源主管，以及其他可能从反馈中受益的人。赖克斯坦每月会对全部的客户反馈结果进行一次分析并向高管委员会报告。不同地区的客户反馈报告会发给所有经理和客户负责人。

赖克斯坦说，卓越爱德曼项目是爱德曼服务客户的方法论中不可分割的一部分。"关键是意识和责任感。"爱德曼公司压倒一切的目标就是有意识地发现特殊的客户需求。爱德曼公司还发明了一组获取客户反馈的工具，为该公司在关注客户方面赢得了极高的声誉。

许多公司利用第三方从客户那里获取反馈。这样做的目的是彰显客观性和严明的公司纪律，并且保证对所有客户采用的是同一种调查方法。也有很多公司使用自动工具，如复杂客户关系管理软件，它的作用是掌握客户的基本情况和追踪客户关系的发展，利用取得的数据调整管理客户的方式。

第五步：评估结果

我们觉得我们反映客户盈利能力的数据不可靠，我们正在这方面努力。我多希望可以说我们这方面的数据足够真实，可以为公司提供指引，但事实上做不到。我们一直在努力使这个系统变得更好。

对于任意一位客户，我可以知道与这位客户合作的目前进度、合作的项目是什么、盈利状况如何，以及公司与该客户以往的合作情况。如果不能做到这一点，就没有办法好好地经营一家专业服务公司。

到目前为止，管理客户最具挑战性的是评估结果，包括评估服务的结果、基于财务状况和客户反馈采取行动、奖励好的表现并减少普通和差劲的表现。公司大体上通过三个维度评估结果：客户满意吗？合伙人做得好吗？公司赚钱了吗？

• **关系状态。**大多数通过正式渠道获取客户反馈信息的公司都清楚地意识到，利用获得的信息主动解决问题并对服务进行必要改进是至关重要的。因此，这些公司通常会与那些为客户提供服务的合伙人及团队共享客户的反馈，然后汇总所有结果与更多的合伙人共享。

• **合伙人管理。**评价对客户服务的成果最敏感和最重要的地方就是，评价合伙人在管理关键客户和维护客户关系方面做得是好是坏。合伙人的表现一直是一个沉重的话题，但是在如今竞争如此激烈的环境里，几乎没有公司能够容忍伤害重要客户的行为和结果，这代价太大了。虽这么说，但许多公司依然觉得将客户反馈及数据与员工的报酬相关联是一项巨大的挑战。然而，有些公司在这方面迈出了一大步。它们大体上将管理成果作为个人绩效的考量因素，并据此找出合伙人管理工作中有待改进的地方。那些有正式的客户规划的公司通过对比规划来评估管理效果，如 McCann 广告公司在每年评价合伙人的绩效时会参照客户规划，并且将评价结果与薪酬挂钩。Wipfli 公司为负责不同行业业务的小组生成客户反馈报告并要求他们据此做出行动方案填补重大的服务缺口，公司每个季度对管理效果进行监控，并将评价结果与员工的绩效挂钩。

• **盈利性。**为了完成完整的客户服务周期，从客户能否为公司创造利润的角度来评价客户与从关系质量的角度评价客户同等重要。一些公司表示，它们的确正式地评价了每位客户给公司创造利润的能力，但是这样的公司还是少数。总的来说，专业服务公司仍旧不能大胆地纯粹地从经济角度评价客户。如果客户明显没有给公司带来利润，公司也更倾向于稍稍调整资源配置而非切断与该客户的合作。

我们的确发现有一家公司试图通过一个名为"末尾 500"的项目来淘汰客户组合中表现差的公司。对于那些不能给公司带来多少利润的客户，公司要求负责该客户的合伙人必须参考几个指标评价客户关系的状态，如客户的经济状况、客户是否与公司的文化相契合、风险程度等。客户负责人要么证明出现这种情况是合理的，要么就放弃这个客户。公司领导者说，让合伙人对他们负责的业务进行战略性思考能够提升他们的领导力，同时公司也获得了实际的经济回报。公司发起该项目的第一年就发现，服务这些低回报客户等同于让 45 名员工白白干活。公司领导解释道："我们放弃了 100 位客户，突然就有了足够的员工，公司业绩也实现了漂亮的大幅增长。"

科技大大提高了数据收集能力。能够提供实时报告的电子屏幕清楚地展示了为公司带来高额利润的客户对公司的积极影响，同时也清晰地呈现了不能为公司创造利润的客户对公司的负面影响。

本章小结

客户组合

- 对于专业服务公司来说，客户决定了公司的工作内容。所以相较于其他类型的公司而言，专业服务公司获取和留住客户从很多方面来讲都更重要也更复杂。
- 有效管理客户组合包含五个要素：
  1. 主动规划和管理客户组合。

2. 总结良好客户体验的框架。

3. 明确责任。

4. 建立奖励制度。

5. 鼓励客户参与。

- 一个成功的客户周期管理流程包括五个步骤，从概念阶段到客户保留和更新，分别是战略性地评价客户组合并进行规划、吸收新客户、保留现有客户并开发新客户、获取客户反馈、评估结果。

- 成功的欢迎新客户项目有如下特征：正式的项目启动规划、频繁的面对面会议、定期汇报进度、抓住核心人物、主动从客户那里获取反馈、让客户了解公司的专业能力、利用科技手段加强沟通。

- 优秀的公司管理和培育客户有三个共同要素：对客户组合进行细分、主要客户经理的角色和客户规划。

- 征求客户反馈对客户关系管理至关重要。

- 许多公司发现，很难客观地评价客户为公司创造利润的能力。

第 5 章

服 务

战略、创新和知识共享

毫无疑问，管理专业服务公司需要具备的一项重要的能力就是激发和保持创新。这是管理好一家公司的关键，说起来容易做起来难。

——吉姆·奎格利（Jim Quigley）
德勤会计师事务所首席执行官

如果知识资本没有被产品化，那么就是仅仅建立了品牌，而不能创造新的服务组合。

——史蒂芬·莱恩史密斯（Stephen Rhinesmith）
奥纬咨询公司高级顾问

最好的服务是在工作实践中发展出来的，然后支持部门将其规范化并加以推广。

——保罗·莱利（Paul Reilly）
Raymond James 公司首席执行官

　　如果说人才是公司的血液，那么创新就代表着传输血液的动脉，因为创新维持着公司整个系统的健康和活力。在竞争激烈的市场，让服务保持鲜活并与客户相关十分重要。服务创新能够提升公司的品牌影响力，能够为客户增加价值，而且能够创造新的收入来源。另外，新服务是公司利润增长的催化剂，能够使公司扩大服务范围，进攻新市场。有活力的服务组合战略有三个相互独立的要素：服务相关性、创新、知识传递。

　　服务相关性是指整体把控公司所有的服务内容，确保市场对它们有需求，确保没有给竞争者留下空档或可乘之机，确保服务组合中没有弱项（低需求、低盈利水平、耗费专业人士宝贵时间和精力的服务）。强有力的创新项目能够确保新想法被及时发现和审议，如果想法可行就将其商业化以达到最终丰富公司服务项目的目的。最后，强有力的知识传递项目帮助公司的员工共享最佳实践、赢得客户的方法和有用的工具。

　　受访的领导者都充分意识到了制定服务战略和管理服务的重要性。约80％的领导者将服务管理和创新视作重要的管理工作（见图5—1）。虽然有52％的领导者给自己打了较高的分数，但只有5％将自己放在了图中的最高位置（见图5—2）。

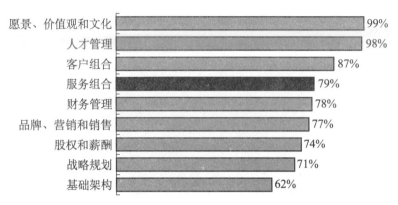

图 5—1 超过 3/4 的领导者将服务战略和管理放在管理事项的优先位置

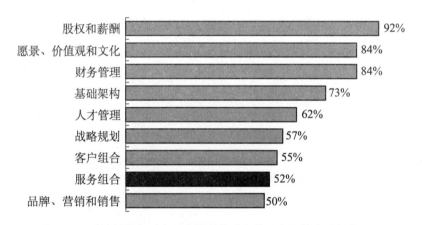

图 5—2 受访领导者对自己在服务战略和管理方面的表现评价不一

成功的服务组合管理的四大要素

我们面临的挑战是，抓住那些能够适应广大客户需求的想法，然后投入资本将想法发展为公司的服务内容。

就在此刻，仅仅这栋大楼里就有大概 20 场会议和有价值的讨论，每一场都有可能对我们当前的客户服务内容产生积极的影响。

想要创造奇迹就得先鼓励创新，然后对新的想法投入资金。诀窍就是发明一种方案然后用它 100 次，而不是做 100 件事情，每件事情都用不同的方案。

近几年我们，发现管理服务组合对于很多专业服务公司来说都意味着挑战。即便是在最成熟的专业服务公司里，管理服务组合通常也是被动的，而没有占据公司的战略优先位置。很少有公司定期评价它们当前的服务组合，而创建项目来获取和筛选创新的服务内容并将其商业化的公司就更少了。

当然，要做出改变是困难的。专业人士跟所有人一样，通常不愿意改变他们做事的方式，服务内容和服务方式根深蒂固。即使有非常有说服力的市场原因，要求他们必须升级或者放弃目前的服务方法和服务内容，劝服他们改变做事的方式也可能是一个痛苦的过程。对许多公司来说，撤销某项服务内容尤其困难。长期客户即使不再为公司带来很大利润也很难被放弃。将专业人士从低端业务转到高端业务不仅需要新的思维模式，还需要对他们进行再培训。摇动服务的小船可能是危险的，这样做会让公司面临失去高技能员工的风险，因为他们可能会执意按照自己的方式做事情。

那么该怎么办呢？通过对很多公司的采访，我们总结出了对服务组合进行战略管理的四大要素：

1. 战略性地规划和管理服务组合。 最好的公司将服务战略嵌入它们的长期规划和年度规划。定期评价和分析服务组合，评价服务的市场相关性，找出市场缺口，删减徒劳的服务内容。清楚地订立标准并严格按照标准做出艰难的抉择，舍弃那些不盈利或对市场几乎没有价值的服务内容。

2. 建立并遵循创新协议。 那些在这方面做得好的公司制定详细的方案说明怎样沟通新的想法。公司采取措施激发创新，捕捉新的想法并经过严格筛选后将可行的想法转化为市场需要的服务内容。

3. 用市场检验服务内容。 优秀的公司与客户及潜在客户进行对话，测试和验证当前的服务，发现缺口，然后填补这个缺口。有些公司让客户加入创新服务内容的项目，请客户提供建议，利用它们对一项新的服务内容进行测试、调试和验证。

4. 明确服务项目的归属者和责任人。 与其他活动一样，成功地管理服务内容要求明确服务项目的归属者和责任人。必须有人负责保持当前服务内容的新鲜并能够开发有潜力的新服务。

遵循服务战略循环

公司领导者认为，成功地进行服务内容的开发和更新是一系列活动的持续循环（见图5—3）。第一步是评价服务组合，找出缺口并舍弃不再与市场相关的服务。然后是构思、激发和捕捉新想法，这通常是一项复杂的任务。接下来是挑选最好的点子进行开发，随后，将想法转化为可行的服务项目。业务团队接受关于服务的培训后，正式地将这项服务投放市场。最后，共享知识和经验与服务战略取得持续的成功密不可分。想要做到持续创新，上面提到的每个步骤都很重要。

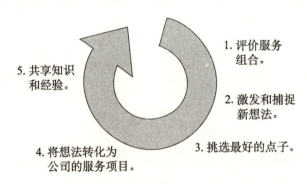

5. 共享知识和经验。

1. 评价服务组合。

2. 激发和捕捉新想法。

3. 挑选最好的点子。

4. 将想法转化为公司的服务项目。

图5—3　最成功的公司在服务战略上遵循一个包含五步的开发和更新循环组合

第一步： 评价服务组合

> 当前最好的服务项目五年后将成为随处可见的服务内容。我不想待在一列正在减速的火车上。

服务要与公司的愿景、战略目标及财务目标完全一致，这一点至关重要。正如本书第 7 章中所说，公司的服务既可以支撑公司的市场定位和品牌发展，也可能将其削弱。价值定位比较高的专业服务公司大概就不该提供利用率很高的寻常服务。公司领导层应该理解服务组合对公司的影响，包括对公司的结构和治理、招聘和培训、定价和盈利能力以及价值观和文化的战略性影响，并以此为基础管理服务组合。

第一步是列出公司当前的服务组合并对它们进行评价。从以下几个标准评价每一项服务内容：已创造的收入、收入和盈利趋势、市场需求情况、买方的影响力、竞争前景。

波士顿咨询集团开发了一个有用的组合分析工具。这个工具依据两个维度对服务进行定位：一是市场魅力，即这项服务的市场增长率；二是市场份额，即公司在这方面的市场竞争力。根据这两个维度，公司将服务分为四类（见图 5—4）。

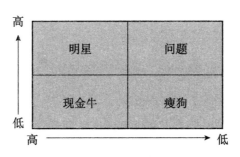

图 5—4 波士顿咨询集团的组合分析方法

- **明星服务**——公司在快速增长的市场内占有高份额。
- **现金牛服务**——公司在低增长的市场内占有高份额。

- **问题服务**——公司在快速增长的市场内占有低份额。

- **瘦狗服务**——公司在低增长或疲软的市场内占有低份额。

　　然后公司为每类服务分配资源。明星服务拥有最大潜能，通常是公司要投入资本、配备人力、进行研究、加大营销和销售力度的领域，目的是充分利用时机。现金牛服务应该受到小心呵护，因为它们带来的收入能够维持公司的现金流并支撑新的投资。问题服务需要严肃地加以研究和讨论，如果不放弃它们，就要定期监控绩效和进行再评价。除非有非留不可的原因，瘦狗服务应该被淘汰。

　　虽然这样做能够了解当前的服务概况并采取行动，但是未能找出缺口——公司可以向市场提供的服务。菲利普·科特勒在《专业服务营销》（*Marketing Professional Services*）一书中提供了一个矩阵，利用它既可以发现开发新服务的机会，也可以对那些已通过首次评定的服务项目进行改进（见表5—1）。

表5—1　　　　　　　　　　服务/市场机会矩阵

	当前的	改进的	新的
当前的	1. 市场渗透	4. 服务改良	7. 服务创新
地域的	2. 地域扩张	5. 专为分散的市场改良服务	8. 地域创新
新的	3. 新市场	6. 为新开发的市场改良服务	9. 总体创新

　　公司会使用这一工具首先评估当前的服务（单元1），寻找通过市场渗透或加深当前市场对该服务的使用而增加收入的潜力，比如，一家会计公司可能会专注于向纳税客户介绍公司的咨询服务。然后采取更有野心的方法，公司考虑将当前的服务介绍给新的区域市场（单元2）或者介绍给新的行业或新型买方（单元3）。对于多数专业服务公司而言，市场渗透或者交叉销售是一个有效的方法，但是区域扩张和新市场扩张是风险较大的方法，需要投入更

多的时间和金钱。

下一步是判定改善服务能否增加潜在的市场需求量。方法包括扩大或改变服务内容本身，或者对服务进行再包装以更好地吸引当前的客户（单元 4）、发展新的区域市场（单元 5），或开发新行业的买主或新类型的买主（单元 6）。

最后，公司将新的服务提供给当前客户或潜在的新客户（单元 7、单元 8、单元 9）。新服务可以是市场上其他公司可以提供而本公司不具备的服务项目，也可以是由创新机制产生的全新的服务内容。服务组合周期的下一阶段是激发和捕捉新想法，这为服务创新播下了种子。

第二步： 激发和捕捉新想法

> 我们之所以能够从拥有一个业务模块发展到拥有五个，是因为公司有人站出来说，"我想开发一项新业务。"

> 一开始，我们从一个想法或见解出发，从高度概念化的层面挖掘它，而不过多考虑它有没有市场。

专业服务公司进行服务创新有两大方法。它们可以通过在内部培养和发展新想法来开发新的服务内容，也可以通过购买或兼并其他公司或业务团队来补充知识和经验。

收购可能是既耗时又费力的事情，所以这种方法主要为大型公司所用，只有大型公司才有实力投入资源将新的服务与公司内部发展融合起来。希望要快速进入新市场的中型企业也会使用这种方法。除了创造全新的服务内容以外，创新还包含对现有的服务进行重新设计或升级以使它们更好地适应市场的需求；将公司服务重新包装或将几项服务打成服务包，或者升级提供服务的方式从而为客户提供更便捷和有效的服务。许多公司在服务管理中使用了上述所有这些创新方法。

对于公司管理层来说，激发聪明而有野心的专业人士创造性地思考他们的工作内容和工作方式应该是一件易事。可是受访领导认为创新其实并不容易，绝对既是艺术又是科学。对于有些公司而言，激发创新的项目可以是非正式的，如鼓励专业人士通过网上聊天工具提交新的想法，或者鼓励客户经理以团队为单位每周进行头脑风暴，提出新想法。有些公司则致力于创建正式的、系统的创新项目。

大多数公司选择在公司内部借助各种各样正式和非正式的工具开发服务内容。做得最好的公司将塑造公司的文化与创新服务内容相结合。营造鼓励创新的文化氛围很重要。但是，如果没有清晰的流程来捕捉和培育新想法并管理开发过程，大量有价值的新想法只会停留在纸上。正如 CSC 咨询公司首席创新官莱姆·拉舍（Lem Lasher）所说："最好的办法是假设专业人士天生是爱创新的，他们想要做新的东西。我们的任务就是在公司治理、公司结构和公司文化方面创造鼓励创新的有利条件。"

德勤会计师事务所积极地专注于将创新嵌入组织的 DNA。在与德勤公司的领导进行讨论的过程中我们发现，他们有许多正式和非正式的项目来支持和激发创新，并且在整个企业培植了创新的思维［见专栏"德勤（澳大利亚）的创新项目"］。爱德曼公司是公认的创新能手，在公司章程中专辟一章讲述开发新产品和新能力，鼓励全体员工参与创新。Peppercom 公司的管理合伙人兼共同创始人史蒂夫·科迪说，Peppercom 公司虽然没有正式的管理创新的流程，但是他会在每次职工大会上奖励那些给公司提供新点子的员工，奖品是飞机票和礼品卡。他以这种方式非常有效地促进了新想法的不断产生。无论用什么样的方法激发新想法，关键是建设与公司相适应的创新体系。

德勤（澳大利亚）的创新项目

"我们认为创新是能够贡献有价值的新想法。"德勤（澳大利亚）公司首席执行官贾姆·斯威格斯（Giam Swiegers）说。斯威格斯在 2002 年公司处于危难之时受命担任首席执行官。"公司当时的状况真的不容乐观——市场定位模糊、业务和品牌严重受损。"斯威格斯解释道。给公司止血并确保公司能够渡过难关后，斯威格斯决定集中精力通过创新让公司重新走向繁荣。2004 年，他带领由 11 人组成的执行委员会赴哈佛学习组织变革和革新的课程，专门学习传统组织应如何管理创新。"这个课程对我们的帮助就是让创新的概念有形化了。"斯威格斯说。参照在这个课程上所学到的东西，执行委员会与公司一些有影响力的合伙人一起开始挖掘有突破性的新想法。

随着人们越来越相信创新是有效的竞争优势，创意不断涌现，创新的理念深入人心。自从开始投身创新当中，公司就实施了一系列新举措，如创新头脑风暴会议，据斯威格斯说："依靠 4 500 名德勤人的智慧去解决问题，提供有创意的想法从而给公司业务带来积极的影响。"通过德勤创新学会这个在线资源，公司可以实现合作、共享知识，还能学习如何发起和运行内部创新项目。公司在两个重点招聘院校发起德勤创新挑战项目，让德勤专业人士充当学生的教练，给学生们提出挑战，激发出创新想法。

斯威格斯为那些希望激发创新的公司提供以下建议：

• **将改革与公司的文化、结构和流程相结合。**德勤（澳大利亚）公司激发创造力从小事做起，鼓励员工积极参与，然后通过技术和流程帮助员工沟通和共享新想法。斯威格斯描述了公司的一个项目，这个项目是由公司一位年轻的专业人士提出的：派公司的大学生新人拿着相机去采访公司的合伙人并捕捉他们关于创新服务的想法，然后做成 YouTube 视频合集。"公司的合伙人积极性都很高，纷纷提出了自己的看法，"斯威格斯说，"这个简单的提议结果证明，创造力是可以被有效激发的。"

• **营造不害怕创新的氛围。**鼓励和拥抱每一个新想法。创新的概念为大家所接受以后，斯威格斯对公司的很多事情都征集建议，比如如何实施招聘、如何管理文化等。有些建议在尝试之后被淘汰，有些则被保留下来。"失败是被允许的，"斯威格斯说，"我们的目标是快速淘汰那些不可行的，这样代价不会太大。"

• **像病毒一样传播。**德勤有效利用了社交媒体的力量来传播信息、捕捉和共享想法。比如，德勤数码在澳大利亚的领导就有26 000个追随者，在社交媒体上粉丝们关注他对创新的看法。该公司在全国的 Yammer 用户超过了 1 000 个。

• **从小事做起。**"一点一点来，"斯威格斯说，"在小范围内散播一些想法，让人们兴奋起来，然后再把想法推向全球；一旦在全球都失败了，就很难获得第二次机会了。"

德勤（澳大利亚）公司的创新战略十分奏效。自 2004 年发起该项目起，德勤在 18 个月后被市场选为全国最富创新性的专业服务公司，2006 年被贸易专业学生评为澳大利亚最受欢迎的雇主。"我们的最终目标是，采纳公司某个领域的好主意并把它迅速地运用到整个公司。"斯威格斯说。2006 年公司成立了创新委员会，探索所有有潜力的新想法，并将最可能市场化的想法推向下一步。"创新，"斯威格斯坚信，"如今是德勤 DNA 的一部分。"

有几家公司的领导说，他们将几种培育创新的方法结合使用。有些想法是从客户那里冒出来的，另一些想法是自上而下由公司的创新项目驱动的，依靠全体专业人士共同推动。我们所研究的公司中 60% 都认为，服务创新大多数时候是专业人士在客户工作中发现机会继而产生的（见图 5—5）。超过 1/3 的受访公司表明，它们在制度层面通过正式的流程和项目主动推动服务创新。

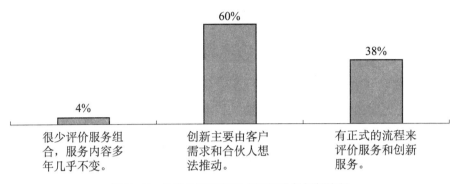

图 5—5　从随机的到有正式项目服务创新流程

　　大多数公司的高级领导层团队负责审视业务线，决定哪些服务需要保留，哪些需要升级，以及服务组合中需要加入哪些新的服务。有些公司将发现新服务写进员工工作描述中，并在绩效评价中考察员工在这方面的表现。主题事务专家，尤其是业务和服务线领导者，每年都要向领导层团队提交他们的新想法。

　　在创新方面完全被动的公司，大多数依赖公司中个体的带动。具有创新精神的专业人士有责任站出来提出新想法，并做好准备花费大量私人时间和精力领导这一项目。在有些公司，尤其是创造力强的广告和公关公司，想法的产生更加灵活，员工有自己实践一个新想法的自由。

　　有些公司通过各种渠道收集有潜力的新服务内容，包括供各级各类专业人士提建议的网站、创新论坛和全球性专业团队，他们负责通过观察周围环境寻找有潜力的概念，对客户开展调查，征求它们对服务缺口和市场机遇的反馈。在其他情况下，全球专家团队在实践中用未来预测法设计服务，采访某个领域的思想领袖，看看他们对新业务选择有哪些最有前途的想法。比如，SmithGroup 建筑设计事务所发起了一个名为"实验室 2030"的项目，内容包括采访美国前 50 的研究机构。利用这个项目得出的结论，SmithGroup 建筑设计事务所分析并找出了未来理想的实验室设备的组件，并开始与外部客户共享结果。

关于开发新的服务内容有几个让人印象深刻的正式项目。这些项目通常由一个敬业的团队开发并管理,他们有确定的、表达明确的方法论。公司鼓励员工参与这些项目并奖励好的表现。最好的项目将客户直接纳入新服务的构思和试验过程,包含大量的专利市场研究,还通过正式的项目挑选最好的想法并将它们转化为公司的服务内容(见专栏"CSC公司的创新办公室")。

CSC公司的创新办公室

CSC公司是一家全球性的商业解决方案、科技、外包公司,致力于不断提高产品和服务质量,紧跟日益变化的客户需求。CSC公司的创新办公室创建于2005年,它集中了当前的创新想法和项目。该项目的组建者、全球商业解决方案小组主席莱姆·拉舍(Lem Lasher)说,创新办公室管理着全公司的许多创新项目,与业务部门和专业人士一起共同努力进行服务创新。

创新办公室组织了一个前沿论坛,这是一个可供各种客户订阅的研究网络,提供包含客户想法的研究报告,组织行为论坛和战略研究活动。创新办公室还提供基于市场分析的客户研究,客户研究涉及公司员工感兴趣的任何话题。创新办公室还将经由前沿论坛产生并通过研究网络验证的想法转变为CSC的投资机遇。全球商业解决方案小组与公司其他业务小组一起,管理着六个全球创新中心,全球创新中心是客户和CSC员工一起研究创新解决方案的基地。

创新办公室直接向董事长和首席执行官汇报,全球有60位全职的专业人士骨干负责创新办公室的运行,涵盖了公司所有的业务线,它的重要职能之一是培育创新文化。创新办公室管理总裁创新奖项目,奖励提出创新想法和在创新方面取得成就的专业人士，并鼓励其他人进行创造性的实验，取得创造性飞跃。从全公司收集提名，经由CSC 28个业务部门的首席技术专家筛选，然后再由创新办公室咨询几百个公司内外的裁判员，最终选出获奖者。创新办公室每年还征集创新文章并创建其他奖项，员工和客户都可以提交科技文章或管理方面的文章。

　　创新办公室针对创新指标有一个平衡计分卡。办公室每季度将评分结果上报给公司的高级管理层。高级管理层会定期评价打分标准。他们每年都会采取无记名调查的方式要求员工给出他们对公司当前创新项目的意见并将合理的建议纳入打分标准。

第三步和第四步：　挑选最好的点子并将它们投放到市场

　　公司在挑选最好的新想法时所采用的方法因公司文化、规模和组织风格的不同而有很大的差异，可以是凭直觉，也可以是通过正式的委员会进行评价和分析后做出决定。将想法转化为行动可以说是创新流程中最难的一步，也是对领导者来说最头疼的。

　　几年前我的团队为我们的一个客户———一家国际咨询公司———做了一项工作。我们的任务是采访高科技领域中的《财富》1 000强公司的50名首席财务官，找出发展趋势，然后挖掘新的服务内容。任务开始的早期我们就清楚，主要高科技公司存在极大的未被满足的需求，会带来可观的收入。

　　我们为客户指出了存在的机遇，确定了新的服务内容，并提出了将其投放市场的计划。客户很高兴并且最终开发了这项服务，为其配置了一个团队并签订了不少合约。但是从概念到实施的道路十分艰难。他们没有正式流程去主动识别和创造机遇发展新的服务内容，而且即使需求出现了他们也没有正式的途径将新的服务投放到市场，必须有人愿意尝试去做这项工作。

基于我们的访问，我们规划出了把新的想法付诸实践并投放市场的战略，它分为十个步骤：

1. 确立可行性标准。一个可能的新项目首先要满足预设的适用性、适销性和盈利性的标准。关于适用性标准，通常包含下面这些关键问题：这个想法有多大？有跨业务的可能性吗？可以国际化吗？能够满足强烈和巨大的客户需要吗？能够持续吗？

关于适销性标准，可能包含下面这些关键问题：这个想法有可能提升我们作为思想领袖的品牌和声誉吗？易于向内部和向客户销售吗？会成为我们的主要竞争优势吗？我们能够快速而高效地将其推向市场，使投入的时间和精力都值得吗？有突破性吗？有可能提升公司的业绩吗？

从盈利性角度，往往要进行基准投资回报率分析。客观地评价直接开发费用、总收入预测、毛利及其他财务指标。如果一个想法获得了开发许可，就要对照目标细心跟踪和持续评估。

2. 制作企划案。新想法通过适用性审查以后，大多数公司会做一个企划案递交给评估委员会或公司的高层管理团队。企划案可以是好多页极其详细的陈述，也可以是简短的总结。不管采取什么形式，通常都要包含适用性评价、时间表及逐级要求。

为了推动公司内部创新，博思艾伦公司创建了正式的服务竞赛项目。当高级领导发现市场上有新的服务领域出现并可能成为商机时，比如系统工程和整合，如果他们能够做出好的企划案证明投资的合理性，就能从领导层那里获得投资。要这么做，他们必须花费时间思考方法论、人员要求并预测增长。竞赛项目有2～3年的时间，要么发展起来成为公司的服务项目之一，如网络安全，要么成为公司所说的"夕阳"：弄出了一点动静，但不足以更新公司的核心服务内容。合伙人都很积极地想要做出成功的服务项目，因为这可能意味着升职。

3. 挑选最好的想法。 负责筛选新想法的管理团队选择那些在适用性、时间安排、预算和资源等方面最符合公司标准的想法。

4. 检验市场接受度。 在这个阶段，公司将开发好的创新项目由内部评审转为外部评审。这可能包括各种活动：与客户进行头脑风暴，向客户顾问团或向其他专家咨询，研究竞争局面，预测可能的市场用途。

5. 确定项目发布的标准。 提交企划案，在开发流程获得批准后，下一步是确定时间框架和项目交付的时间节点。从开始规划到正式将新的服务投放市场的时间框架可能从数月到三年不等。整个过程中要有明确的衡量标准来评估项目进度。

6. 新服务试用。 这一步通常是在少数客户中实施这个服务，然后严格地评价结果。多数情况下还要再次与之前的适用性标准做对比。

7. 改善并描绘蓝图。 试用过程完成以后，下一步是调整服务内容并全面地描绘其蓝图。在这个阶段需要制定一个宣传新服务的营销计划。如果新服务项目能够挖掘品牌潜力和思想领袖潜力，就会成为营销宣传内容的一部分。

8. 培训团队。 培训团队是服务进入市场前重要的准备阶段，要确保充分调动内部支持和利用专门技术为新服务成功进入市场提供最大可能。向业务领导和他们的团队仔细介绍新服务，指导他们提供服务应该使用的方法，给他们需要的交流工具，帮助他们将新服务推销给客户。

9. 投放市场。 如果其他一切都就位了，新服务会顺利地投放市场。有些情况下，可能要先将服务介绍给有限的客户，然后才在全国或全球推广。要使市场影响最大化，强有力的营销宣传及按照进度实施至关重要。

10. 监控和更新。 定期跟踪和评价新服务，对照规划不断地测试它的市场接受情况和财务回报情况，了解客户对新服务的看法，并据此酌情做出调整。

第五步： 共享知识和经验

对于很多人来说，创新最难的部分是知识管理。40％的公司领导称他们为收集、利用、共享知识和技能而投入大量资金。但是，结果却不令人满意。令人意想不到的是，就连有些在服务创新方面很成熟的公司，对公司收集和共享客户服务的知识与经验方面的评价也很低（见图5—6）。

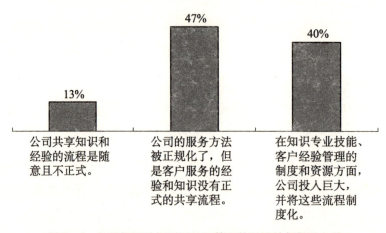

图5—6　公司领导认识到了知识管理的重要性却做法欠佳

当然，这对于专业服务公司来说有些疯狂，因为公司的资产每天都在流失。很多公司的知识资本和服务技能存在于专业人士的头脑之中，遗憾的是，对于很多公司来说，这代表着未使用的巨大的知识和想法的宝库。

为何知识管理如此难以掌控？

同服务创新一样，知识管理和知识共享也存在许多阻碍。有些专业人士不愿意与同事分享他们和客户打交道的经历，他们喜欢独自管理好自己的业务。他们将自己的客户关系和服务技巧视为个人资产，以便在想要跳槽时利用这些资本在新公司获得更好的职位。另外，专业人士通常不相信别人的技巧，倾向于靠自己的经验。比如发展客户时，他们通常只关注自己团队的经验而不利用公司其他团队的经验。

即使不是出于自私的考虑，忙碌的专业人士也不愿承担"又一项义务的官方任务"。许多领导认为，时间是知识共享最大的阻碍。一位高级合伙人告诉我们，容易的部分是建立制度，难的是让团队"喂养这只野兽"。最后，相当一部分受访者指出，对技术的熟悉程度是另一个挑战。有些专业人士跟那些从最初就接触新技术的人不同，他们不习惯"输入数据"的概念。激发自给自足的高级专业人士学习新技术的积极性是件困难的事情。

知识管理的四个要素

无论是哪家公司，只要能够获取隐藏在专业人士中间的知识，相对于竞争对手，这家公司将拥有绝对优势。

我们年轻的同事依赖键盘，因此当他们在电话里跟人说话时是在获取见解和想法并将它们输入电脑系统，这样大家都可以获取这些信息，这太棒了。

我公司的内部网站有员工需要的任何课题，还列出了各个领域的专家、参考书、书籍及文献目录。这里应有尽有。但是大多数人并不看公司的内网，因为它如今变得如此复杂以至于大家很难找到需要的东西。

那么，如何才能开发一个成功的知识管理项目呢？考虑到知识共享面临的挑战，我们很高兴发现了一些好的知识管理项目。所有这些项目有一些共同的特征：

•**创建共享文化。**或许最重要也最困难的一点是创建并加强参与和分享的文化。如果不鼓励员工合作和参与，再多的高科技工具也无法创造有效的知识管理项目。如果忙碌的专业人士不认可这种做法，他们就不会这样去做。正如奥睿律师事务所总裁兼首席执行官白睿夫（Ralph Baxter）所言："热情是唯一的答案。你必须让员工了解这样做是被期待、被要求的，这一点很重要。同其他变革一样——你必须让它成为每次谈话的重要内容。"

有些公司会奖励知识分享行为,这一点很重要。朗涛公司设立了"同一个郎涛"奖,奖励那些将公司的能力和知识利用得最好的团队。德勤会计师事务所的领导者设置了一个名为"年度最佳"的奖项,奖励那些将公司现有知识进行改变并将之推向市场,从而创造了价值的团队或个人。这些奖项的目的是让员工有动力积极地分享和利用知识。

·**人才、传统和现代科技手段结合。**最好的知识管理项目是人才、传统和现代的结合。麦肯锡公司前管理合伙人顾磊杰告诉我们:"有效的知识管理关乎人才、传统和现代。"有些公司领导者声称,他们拥有相互合作和相互支持的环境,不需要专门的流程和系统来共享知识。当需要帮助或建议时,直接打电话或发邮件给同事就能很快得到回答。还有些人说,他们公司的知识分享就像传统部族的传承一样,通过在工作中的培训、面对面的会议及正式的培训项目等形式,组织的知识一代一代传下来。

但是,即使是在小公司里,仅仅依赖关系网也有其自身的不足。专业人士会离开,合伙人会退休,而且每个人都特别忙,有价值的知识资本和服务知识会流失或从来都不曾被分享。一位首席执行官告诉我们:"站在大厅里喊,'有人了解这个事儿吗?'的日子早已远去。"利用便捷且丰富的科技手段可以充分满足员工交换信息和想法的需要。凯维公关公司通过它的创意催化网络展开全球头脑风暴,创意催化网络是一个内部网络,在这里员工描述一项新业务或客户情形,从全公司征求意见和想法,或者论证一个想法或概念。公司创新主管将所有的回复加以过滤,挑选出最好的想法反馈给咨询团队或业务团队。凯维公关公司总裁兼首席执行官唐娜·茵普瑞多(Donna Impera-to)说:"通过这样的方式,公司得到了更多新业务。"爱德曼公司的内部网络"融合"不仅提供新的商业数据和那些赢得业务的演讲,每月还提供最好的商业案例。另外,公司每周还给员工发送电子时事通讯和邮件视频,使专业人士对公司的业务有动态的、互动的了解。受德曼公司还强调了知识共享对提升公司业绩的重要性。

有些公司成功地利用社交网络媒体推动公司的知识共享。员工通过社交网络共享最佳实践和服务交付方面的做法。公司利用复杂软件在跨业务线的团队间共享知识资本，创建了一个共享的生态圈，这样的生态圈是自发形成的，随着时间的推移慢慢稳固下来。因为是自发形成的，科技只是一种支持手段，所以这些生态圈往往根基牢固，能够繁盛。

许多国际公司也意识到，如果没有一种充满活力的全球性的知识共享的方法，创新可能会被埋葬或受限于某个地理区域。因此，它们正在寻找方法让客户团队能够通过数字工具很容易地找到拥有专业知识的那个人，不管那个人在哪个地方。网上有顾问的简介，包括他们的工作事例、用人和价格战略，以及研究数据，这些都是 24 小时可查阅的。许多情况下，随着人们开始使用这些系统并意识到网络上的这些信息在赢取和履行客户合约方面的作用，知识分享继而会产生更多的知识分享。

正如寻找正式与非正式相结合的知识管理方法要考虑到公司的文化和组织风格，要找到正确的软件促使全公司的知识共享也应该考虑到公司的文化和组织风格。有许多昂贵的、完善的软件，很多公司都很想随便抓一个赶快用起来。但是，具备最完整和最成功知识管理体系的公司，首先要花费足够的时间调查软件的性能和适用性，找出最适合公司的一款软件，然后才会购买。这些公司明白，即使是最先进的技术，如果不能与公司的文化、服务价值和经营风格相匹配，也不能被充分利用并发挥其价值。它们还认识到，只有当科技为知识管理提供支持而非企图驱使知识管理时，才能被广泛地应用并得到充分地利用（见专栏"致同会计师事务所的知识管理"）。

• **保持简单。**最有效的知识管理项目还有一个特征就是简单。想要成功就得保证知识的输入和取用非常简单。复杂麻烦的技术和繁复的项目只会浪费时间和金钱。许多受访的领导都说，挖掘公司里的知识财富不一定非得是一个复杂的过程，可以简单到把员工聚集在一起形成一个质量改进小组，鼓励他们谈一谈改善服务质量的经验和想法。或者也可以在公司内网上创建团队网站，团队成员可以在那里分享信息，展示服务的概况和结果。

在这方面经验丰富的公司建议，不要购买复杂的知识管理软件包然后突然地将软件强加给员工，而是应该从小处着手，并且要有选择性。可以设计一个简单却有影响力的知识管理方案，它要真正适合自己的公司并且能够很快获得收益。有些公司就是简单地要求公司所有的专业人士向一个集中的网站提交他们的背景情况、专业技能、所完成的最有价值的任务和创新战略，以这样的方式开始知识管理。全公司每一位员工都可以快速了解全球任何一位同事的专长，他们对可以在自己的公司里找到如此丰富的知识资本心怀感激。其他公司邀请专业人士每周或每月向内部网站提交"最佳实践"候选人，轻松地展开知识管理。也可以设置一个特殊的年度奖项，颁发给有效进行知识管理的团队或个人。有些公司已经成功地运用了这种既强大又划算的方式来凸显知识共享的作用。

• **确保有可靠的负责人。**同其他项目一样，能否明确责任是成败的关键。有些公司有尽责的知识管理人员管理项目工具，确保信息及时更新，确保员工能够接触并使用这些信息。其他公司在业务团队中指定专人负责。知识管理项目的负责人可以是知识委员会、知识经理（按细分市场划分）、专业的支持团队、专门的知识管理办公室。最好的方法是以下两者结合：人员支持确保机器顺利运行，专门人员负责激励员工参与。

致同会计师事务所的知识管理

致同美国公司前首席执行官、现致同全球首席执行官艾德·纳斯鲍姆（Ed Nusbaum）说："在专业服务公司里，知识共享是必不可少的。"2007年，致同会计师事务所决定使知识管理正规化。"用同一种技术、共同的语言和确定的分享途径让公司所有人同步起来。"纳斯鲍姆说。

公司聘请塔玛拉·史密斯（Tamara Smith）为首席知识官，带领大家一起创建一个有效的管理项目。在史密斯的带领下，项目历经评估、规划和实施等多个步骤。

1. 对现状进行评估。史密斯同她的团队一起进行了 180 次访问，访问对象既包括那些能够进一步对知识进行开展的主题事务专家，又包括那些每天在工作中使用这些知识的人。他们还评估了公司目前的技术平台。最后，他们对公司 200 多个知识库中的 75 个进行了深度评估，潜入底层看看分享的内容到底是什么以及它们为什么会被分享，哪些信息最有用，这些信息是如何组织的，以及为谁所用。

2. 设定目标。史密斯与公司领导层及一个由来自各部门的 24 人组成的工作组一起设定致同会计师事务所知识管理项目的愿景和目标。他们决定专注于三个主要的信息模块：业务知识，全体员工的背景和能力简介，关于客户、行业及广泛的业务话题的实时新闻。"我们将这个项目命名为'关键资源'，制定了领导口号——寻找、共享、成功，"纳斯鲍姆说，"我们的目标是，使'关键资源'项目成为公司知识的源泉。"

3. 奠定基础。该团队设计了一个将所有知识进行分类的方案，对所有的信息进行了分类，分类的依据是：服务线、行业、地域、内部职能、业务事项、业务话题和内容类型，然后从使用者思考和使用信息的角度将所有的知识组织起来。通过这种方式使知识与当前的业务更灵活地衔接起来。公司选用"分享观点"（SharePoint）这个技术平台，并同埃森哲一起对这个平台进行了定制化，使它更符合致同公司的需要。

4. 确定业务社群。由于致同拥有多个服务线、行业、地方办事处和大量内部支持部门，因此组织知识和信息的工作量极大。为了顺利展开工作，史密斯带领大家确定了 85 个业务社群，分别代表有特定业务需求的人群。

5. 分阶段投放，从收集知识开始。公司计划每 4 个月完成 10 个业务社群，这样历时 3 年使所有 85 个业务社群全部运行。建立社群的关键一步是被史密斯称为"知识收集"的过程，即从整个公司收集有价值和可重复利用的知识。"公司内部网站上有 20 000 份文件，有 200 个分离的知识库互不相通，有 5 500 个个人硬盘驱动器和电子邮箱，各地方办事处网站有成千上万个共享驱动器。"史密斯说。为了使这些知识便于管理，他们正在逐个加以突破。项目的最后一个阶段将会是将个性化主页投放使用，每个人在那里都可以基于自己所在的社群，定制自己需要的知识，公司将每天为每个人发送关键的信息和知识更新。

基于自己在知识管理及业务、技术战略方面的经验，史密斯为正在考虑创建知识管理项目的公司提供了几点建议：

• **让分享知识成为每位员工的职责。**监控每位员工对知识管理系统的贡献和使用情况，并与他们的绩效评价挂钩。

• **分散知识管理团队的中央集权。**史密斯带领的团队中仅 5 人服从总部管理，其他人分散在各个业务线。

• **确保与公司的文化相适应。**"从来都不是'项目建立起来人们就会过来'。"史密斯说，"员工和流程占 80%，技术占 20%。知识和专业能力的寻找、分享必须嵌入现有的流程。"

• **跟踪并测量投资回报率。**公司追踪每个社群的知识使用情况并且在对员工进行定期的调查时"加入反馈和建议"这一项。"关键资源"也会有

“反馈和建议”这一栏。

　　·不要低估变革管理。史密斯强烈建议知识管理项目要逐步展开，总是先摘取挂得低的果实，因为那里有热情的支持者会帮助推动项目的开展。

本章小结

服　务

· 专业服务公司广泛地意识到了制定有效的服务战略的重要性，但是对自己在这方面的表现评价不一。

· 有效地进行服务管理和创新包含四个要素：

　　1. 战略性地规划和管理服务组合。

　　2. 创建并遵循创新协议。

　　3. 用市场检验服务内容。

　　4. 明确服务项目的归属者和责任人。

· 服务组合管理包括五个步骤，从分析服务组合开始到知识共享。想要形成可持续的创新机制，每一个步骤都很重要：

　　1. 评价服务组合。

　　2. 激发和捕捉新想法。

　　3. 挑选最好的点子。

　　4. 将想法转化为公司的服务项目。

　　5. 共享知识和经验。

· 将想法转化为可以产生收益的服务项目包括十个步骤：

　　1. 确立可行性标准。

　　2. 制作企划案。

3. 挑选最好的想法。

4. 检验市场接受度。

5. 确定项目发布的标准。

6. 新服务试用。

7. 改善并描绘蓝图。

8. 培训团队。

9. 投放市场。

10. 监控和更新。

- 一个有效的知识管理项目有四个关键的组成部分：

    1. 创建共享文化。

    2. 人才、传统和现代科技手段结合。

    3. 保持简单。

    4. 确保有可靠的负责人。

第 6 章

财务管理

规划、衡量和报告

财务管理是公司的基石。不论采用什么样的衡量标准，最终能够获得丰厚的利润才算成功。

——史蒂夫·哈蒂（Steve Harty）

百比赫公司北美总裁

衡量一家公司的财务状况最重要的标准是合伙人的人均盈利状况，因为这是最根本的。

——罗杰·科恩（Rodge Cohen）

Sullivan & Cromwell 律师事务所总裁

最重要的不是采用什么样的衡量标准，而是要超出客户的预期提供创新的方案。只要我们把设计做好了，钱自然会来。

——安迪·科恩（Andy Cohen）

Gensler 公司联合首席执行官

　　虽然在专业服务公司中大多数专业人士确实喜欢他们的工作，他们受工作本身的驱使多于受金钱的驱使，但是要始终明白：钱确实重要。在这样的环境里，人才就是公司的产品。专业人士可以为自己找寻一个更好的"家"从而更好地发挥他们的才干。他们选择公司时首先考虑的是公司的文化和价值观与自己是否匹配，但是薪酬包、股权潜力、公司财务稳定性和发展轨迹也是重要的考虑因素。

　　稳定、可观的净利润对吸引和保持最优秀的人才、推动发展和创新，以及为股东创造客观的投资回报来说至关重要，正如凯旋公关公司的高级合伙人兼首席执行官高卓（Ray Kotcher）所言："优秀的财务业绩和管理赋予你做其他事情的能力。"

　　财务管理位于高级管理层优先事项列表的前端。78％的受访领导者将财务管理放在重要的位置（见图6—1）。

　　由于财务管理的复杂性，最好的公司的领导者认为他们在财务管理方面做得相当不错，这并不奇怪。受访的公司领导者有84％给公司在财务管理方面的表现打高分（见图6—2）。

顶尖公司如何管理财务

　　如果挣了钱，做决定时就可以不考虑财务因素。不良财务业绩将迫使你做出违背自己意愿的决定。

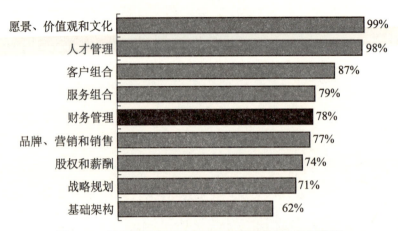

图 6—1　财务管理在领导者的工作事项列表中处于前端

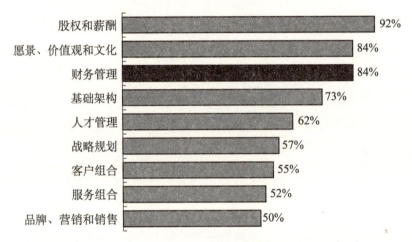

图 6—2　大部分公司给自己在财务管理方面的表现打高分

专业人士喜欢工作，但他们不喜欢去收账。

表面看起来，专业服务公司的财务管理很简单。一位公司的领导告诉我们："财务管理是关乎时间和人的一件事，衡量指标包括回报率、收入、利用率、变现率、支出。"但是专业服务公司的某些特征使得其财务管理具有挑战性。专业服务公司的环境是基于项目的，而且是短期的，在这种环境下，许多公司的领导几乎不可能预见几个月之后的财务状况，这就使得收入预测成为财务管理明显的挑战。市场的流动性和不确定性使得决定何时何地在业务线、区域和人才方面投资变得困难。必须快速做出决定才能把握住机会。但是在专业服务公司的治理环境中，合伙人和投资股东要共同做出财务决定，所以要做到快速很难。大多数专业人士不喜欢那些他们认为枯燥、官僚的程序，比如工时记录、记账和收账，这些事情妨碍他们专注于自己的客户。一位首席财务官承认他工作的难点之一就是让合伙人给客户寄出账单，或者更糟糕的情况是让合伙人打电话向客户讨账。

那么，最好的公司是怎么做的呢？我们在研究过程中发现了许多严格管理公司财务的好经验：

• **有效的规划和预算**。顶尖公司有明确的财务战略，帮助实现公司的收入目标，进而支持业务战略规划。它们将财务规划与年度经营规划相结合，财务规划由管理层团队和业务部门领导共同完成。

• **严格的追踪和报告**。在优秀的公司里，那些能够反映公司经营状况的指标，都会被全面、及时地汇报给公司领导。许多领导查看实时显示屏以获取公司财务状况的信息。

• **细心管理现金流**。最成功的公司的财务管理有效和及时，从收账和工作资本两方面密切关注现金流。一位首席执行官告诉我们："一家公司如果有现金，说明它运营良好。如果没有，说明它运营不好。"优秀的公司被充分资本化，它们往往同银行保持着紧密的联系。

• **预测和回顾**。有见解的领导在管理公司时，会将领先指标和滞后指标结合使用。综合利用传统指标（如收入、利润、利用率、变现率）与趋势观察数据（如人才保留、订单趋势、客户满意度、销售管道），通过后者，公司会发现可能遭遇财务问题的早期警示信号。

• **对合伙人透明**。根据我们的研究，大多数专业服务公司会将全公司的财务目标和财务结果与合伙人分享。公司的领导认为，开放、透明的报告环境对树立合伙人的主人翁意识很重要，能够鼓励合伙人的参与，增强他们的责任感。

• **责任制**。最好的专业服务公司让业务部门领导对自己业务线的财务业绩负责。它们为财务目标设立清楚的衡量标准并对照财务规划严密地监控员工的绩效表现，并把它与薪酬挂钩。

• **对人才和工具进行投资**。在我们的研究中，即便最小的公司也聘请了有经验的财务专业人士与合伙人一起制定公司的财务规划、预算，并追踪和评估财务规划的执行情况。财务专业人士可以是全职的、兼职的，或者提供外包服务的。最好的专业服务公司还使用复杂的分析工具为公司提供及时的信息。

财务规划和预算

> 我们的预算既是自上而下的过程又是自下而上的过程，并且我们希望两个方向的预算是一样的。否则我们就会开始谈判。
>
> 好的财务规划和财务管理能给公司带来好的财务结果。

我们调查的专业服务公司几乎都有强有力的业务规划和预算项目。大多数公司结合年度经营规划或业务规划编制年度预算，并且进行月度评价和季度预测。财务规划通常既是自上而下的又是自下而上的，由管理层和业务部门领导一起制定目标。财务规划通常要很多个月才能完成，包括三个基本阶段（见图6—3）。

• **第一阶段：管理层确定财务参数**。管理层通过分析公司以往的财务状况数据对市场状况进行评估，确定哪些服务和区域可能增强或减弱，从而决定整个公司的投资水平。他们以此分析为基础，确定公司整体和各个业务部门的增长和收入参数。

• **第二阶段：业务部门制定规划**。业务部门领导从管理层那里接受财务

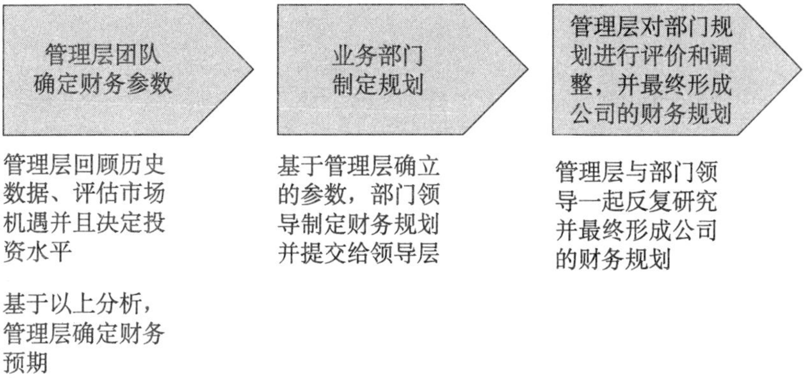

图6—3　制定财务规划的阶段

目标，为自己的部门开发详细的财务规划，设定总收入、毛利、总人数、利用率、营业费用、净利润的目标。然后他们将这些规划提交给领导层。

• **第三阶段：管理层对部门规划进行评价和调整，并最终形成公司的财务规划。**管理层评价部门规划并与业务部门的领导反复沟通以达成最后的一致意见。一位首席执行官告诉我们："如果预算得出的数据不对，我们会告诉部门领导他们需要做什么，是增加收入或利润，还是减少营业费用。我们知道杠杆是什么以及在哪些地方需要为部门领导指出正确的方向。

财务规划具备以下几点时，能够最好地发挥它的作用：

• 管理层制定的目标符合实际，并且是建立在可靠分析的基础之上的。

• 业务部门领导直接拥有发展预算所需的数据和资源，而不是被管理层微观管控。

• 业务部门领导与管理层之间的交流是开放且富有成效的，彼此能够有效合作。

预　测

在动荡经济环境下，我认为水晶球可能是预测收入的最好方式。

不同于人、热量、光、租金、升职和其他一些事物，我不想说成本预算是相当直白的，但它的确是很直白的。

我们调查的专业服务公司认为，对于专业服务公司来说，成本预测是相对比较简单的。50%～70%是人员花销，其余是不动产和办公室支持。80%的受访领导给他们公司在成本预测方面打最高分（见图6—4），但是在收入预测方面却只有12%的受访领导给公司打最高分（见图6—5）。

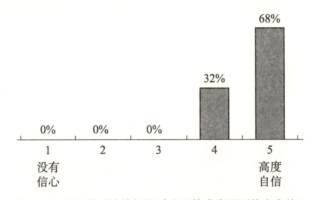

图6—4　大多数受访的领导对公司的成本预测能力有信心

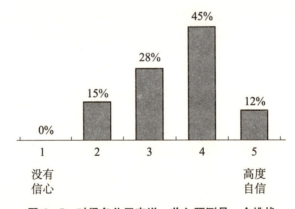

图6—5　对很多公司来说，收入预测是一个挑战

因为专业服务公司是基于项目的、短期的，所以财务预测相当困难。一位首席执行官说："财务预测几乎纯粹是靠猜测。公司相当多的业务是靠对事件做出回应，而我们不能预测什么时候哪些事情会发生。"许多公司说它们能够准确预测未来 60～90 天的财务状况，有些公司表示它们能够预测未来 3～6 个月的财务状况，但是几乎没有哪家公司有信心预测得更远。收入预测和预算是一个估计值。公司通过分析历史数据、评估目前的财务状况和预期未来的工作量、员工对工作的投入程度、投标存量及其他领先指标，收集所有可以获取的关于潜在客户需求的信息来做预算（见专栏"Black&Veatch 公司的预测流程"）。大多数公司每季度做一次预算，公司领导说，这是保证公司财务稳定的一个关键因素。

Black&Veatch 公司的预测流程

国际工程、咨询和建筑巨头 Black&Veatch 公司管理着超大型的、跨年度的、金额达几百万美元的项目，拥有相对稳定的可预测的收入来源，项目的实施进度也是可预测的。公司在 2003 年启动咨询部时就很不习惯短期的、高交易量的管理咨询服务。"咨询工作是以项目为基础的，并且不是连贯的，公司起初在这些方面遇到过困难，" Black&Veatch 公司高级副总裁迈克·艾勒兹（Mike Elzey）说，"公司希望我们在收入预测方面与其他分部拥有同等水平的准确性，这对我们来说是一个挑战。"

全公司都创建了细致的财务规划项目追踪管理收入和成本。"首席执行官和执行委员会根据他们看到的市场参数制定财务规划，"艾勒兹说，"然后我们按照规划执行，推动指标的增长，实现财务目标。"公司要求所有的分部制定年度预算，每月对预算进行管理，有必要的话每个季度重新进行预测。艾勒兹说，为了增强预测能力，他们分部必须建立许多不同的机制。他从很多方面预测预算，包括当前的工作量、预期的工作量、员工对工作的投入度、项目结束日期、投标管道和中标的可能性，以及员工对潜在的新工作的需求量。

> 每位员工和每个业务单元都要分析这些因素，共同形成分部总体的财务预测，确定年度和"合理的"月度收入预期。从普通咨询师到高级管理层，每个人都要参与到财务预测中。记录员工工作量的准确详尽的工时表附在报告之后作为原始数据。艾勒兹每周一会评价上周的生产能力和财务预算。每个分部的领导分别在每月的固定时间会见公司的首席执行官和首席财务官，一起评价该分部的运营、财务结果和销售渠道。
>
> 公司领导层和财务团队在这个流程上花费了许多精力，付出了许多努力。艾勒兹说，它增强了稳定性，有助于更好地管理公司。"有了这个流程，我能够更准确地预测招聘需求和预见经济衰退，能够更有效地规划每个人的工作、休假和培训时间，"艾勒兹说，"推行这个流程非常艰难，但却是值得的。"

监控业绩的度量指标

大多数公司领导者使用多个财务指标追踪、衡量和管理公司的财务状况。一位首席执行官告诉我们："只要你能说出一个指标，我们就可以对它进行衡量。"我们调查的公司大多数使用相对标准的一套指标。如图6—6所示，93%的受访领导将收入放在关键指标列表顶端，下面依次是盈利性、利用水平、变现能力、成本、边际利润、定价策略、杠杆比率、执行效率。

公司领导将这些指标按照不同类别进行分类并加以分析，分类标准包括公司整体、合伙人和专业人士、业务和地域单元、客户和工作任务。公司领导对每个指标的侧重程度因业务类型而异。比如，在高杠杆经营的模式中，

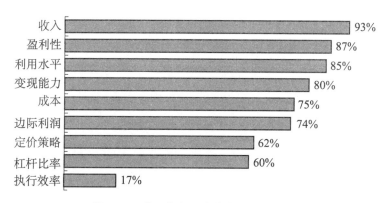

图 6—6　公司领导观察的主要经济指标

许多人都为一位合伙人工作，利用率就至关重要。而对于低杠杆经营、价值更高的服务类型，则需要重点关注每位专业人士的收入。

收　入

创收能力对于公司的成长和生存是根本的。通过当前客户发展出新客户和新服务是一个有力的指标，用以衡量公司的长期生存能力、市场品牌影响，以及专业人士找到并开展新业务和培育长期客户关系的能力和技巧。扬罗必凯集团首席执行官彼得·斯特林厄姆（Peter Stringham）说："广告公司都是在逆水行舟——不进则退。"公司管理者密切追踪收入数据，有些甚至采用每日报告的形式。但是，有见解的公司领导意识到，收入只是财务健康和财务管理的第一步。如果不能最终产生的净利润分配给股东，那么即便是十亿美元的收入也毫无意义。

盈利性

如果你获得了工作却没有形成利润，那你就完了。

你想要知道的真实的数据是盈利能力。

利润和盈利能力高于一切。

根据所有权结构的不同，专业服务公司最重要的衡量标准是合伙人人均盈余或每股盈余。合伙人人均盈余或每股盈余等于每股收益或传统公司的净资产收益。合伙人的时间和精力代表了公司的股权投资。

财务上成功的公司将收入转为每股盈余的比例较高。我们调查的公司中，净利润数据在不同的细分市场以及细分市场内部都有差别。建筑和工程公司公布的利润从3％到15％不等；广告和公关公司的利润15％到20％不等；咨询公司的利润从10％到35％不等；律师事务所和会计师事务所的利润从20％到40％不等。

马克·斯科特（Mark Scott）在《专业服务公司》（*The Professional Service Firm*）一书中把将收入转为每股盈余描述为一个包含多个步骤的管理流程（见图6—7）。

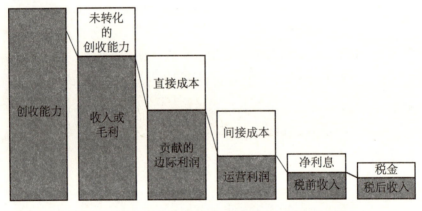

图6—7 专业服务公司中创收能力转化为利润的简化步骤

• **创收能力**——流程始于确定公司总体的创收能力，其依据是专业人士的数量和层次、他们能够创收的平均率或收费水平，他们在客户工作方面的利用率或获取收入能力。

• **变现能力**——变现能力指创收能力转化为收入的部分。根据斯科特所说，变现能力衡量的是专业人士是否得到了有效利用，服务价格是否与市场的支付意愿相匹配，公司的收费和筹资流程是否得到了有效管理。

•**贡献**——公司将专业人士人均收入转为人均贡献的效率。收入减去直接成本就得出贡献。在专业服务公司里，直接成本主要是指参与业务工作的人员的工资成本。

•**执行利润**——将专业人士人均分摊的间接成本从贡献中减去便得到专业人士人均利润。间接成本包括资产、支出、支持部门费用和所有债务的利息。

成功的公司创造足够的总收入，总是按接近最大创收能力的水平运营，能够有效配置专业人士和业务，仔细管理成本，进而为股东创造财富。在经营得最好的公司中，从收入到利润的转化率很高。

利用水平

利用水平，即专业人士积极为客户提供有偿服务的时间，是受访的专业服务公司领导十分关注的数据。利用水平乘以专业人士单位时间的收费率或费用等于生产力，生产力是专业服务公司增强盈利能力的主要因素之一。

在以人为主的公司中，员工的计时收费意义重大。但是据 Invision 建筑公司总裁兼首席执行官迈克尔·布罗沙（Michael Broshar）说，利用水平不能说明一切。人数也是等式的一个重要部分。在基于项目的公司中，确定每个项目所需的人手是困难的。人手太多会加大成本降低利润，太少则影响服务质量和获取新任务的能力。

目标利用水平在职业等级之间有差异。最低等级专业人士的利用水平高，如果可能的话通常接近 100%。随着等级的上升，利用水平会下降，合伙人的目标利用水平可以低至 40%，甚至 30%。痴迷于全部职业等级的高利用水平通常意味着没有给合伙人留下足够的时间去进行营销和销售，他们就不能够扩充渠道。让所有员工利用他们全部的时间为客户提供有偿服务是诱人的，但是长期来看，可能对工作和收入造成过山车效应。

报告中的利用水平数字通常并不能反映花费在一个客户身上的实际时间。合伙人可能决定在某个客户身上多花些时间来确保与客户的关系有个良好的开头，尤其是新客户。再者，间接人员费用，即为客户提供服务过程中产生的一些不按时计费的员工的费用，通常并未计入每项业务。这就导致统计数字低于实际利用水平或收费数据，进而可能导致公司在以后的工作中做出不正确的定价或员工配备决定。大多数领导经常观察利用水平数据，通常是每周或每月一次。一位首席执行官总结道："如果不能找到正确的供需平衡，会引发重大问题。"

定　价

> 我们在努力探索定价的策略。所有客户都想要折扣，我们的许多竞争者都等着抢我们的工作呢。

> 我们忽视了很重要的事情——定价策略和边际利润。

> 我们从战略高度看待定价，但不是在全球层面来定价，而是针对具体情况定价。

公司的定价策略不仅仅是管理公司的财务杠杆。实际上，它是专业服务公司领导层的一个关键决定。定价是一个强大的品牌推广工具，支持或决定一家公司的市场定位。如果一家专业服务公司将自己定位为基于效率的公司并提供利用水平高的日常服务，就不能与定位为基于专长的那些专业服务公司收取同样高的费用，因为后者"针对特定问题提供特定的解决方案"。

确定一项服务的价值和价格并不容易。专业服务的购买者经验丰富，十分了解要购买的服务，许多人甚至之前就在专业服务公司工作过，他们知道该如何购买自己需要的东西。有趣的是，我们发现，在正常的经济市场，消费者购买服务时首先考虑的不是价格。我们在 2008 年的一项调查中采访了购买咨询服务的人，包括在美国和欧洲的《财富》1 000 强公司的 240 名高级执行官将咨询公司在行业内的专业地位作为首要的考量因素 (43%)（见图 6—8）。其他的考量因素依次是咨询公司的功能和技术专长 (23%)，对业务的理解程度 (13%) 和合作风格 (13%)。服务费用以 1% 的比重居于最末的位置。

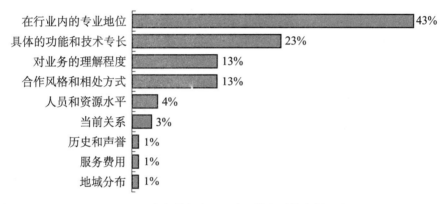

图 6—8　客户从咨询公司购买服务时的考量因素

　　市场低迷的时候客户购买服务时会更多地考虑服务费用。2008—2010 年的经济危机对专业服务行业是一次巨大的冲击。许多公司被迫重新审视它们的定价、人员和服务方法，以及服务组合。很多公司被迫裁员并放弃那些仅拥有边际回报率的服务。传统的按小时收费的行业，如律师事务所和会计师事务所，被迫改为收取固定费用。预付费用的行业（如广告和公关公司）也受到威胁，它们以更低的费用提供更多的服务，或者干脆将以往的收费模式改为分期收费或按固定项目收费。为了生存下去并留住员工，一些公司选择"虚报低价"的收费策略，企图通过这种方式留住长期客户，让专业人士可以撑到经济复苏。一位首席执行官告诉我们："通常我们对每个项目的定价包含 15%~20% 的净利润，但是在这样的市场（2009 年），5% 看起来已经相当不错了。"

　　根据价格而不是质量和价值做出购买决定会造成负面影响，会计师事务所对 20 世纪 80 年代中后期经济下滑的反应证明了这一点。那时"八大"会计师事务所一起在行业内掀起了一场价格大战，它们以低廉的价格提供审计服务，希望以此吸引新的客户购买公司昂贵的税务和咨询服务，结果适得其反。公司在这些低廉的服务上耗尽全部资本，让审计变成了客户眼中普通的服务。会计师事务所行业花费了几年的时间对审计服务重新定位和定价。

经营得最好的公司，无论采取计时收费、按固定费用收费，还是预付费用收费方式，都保证定价与成本之间的紧密联系。它们仔细为每项服务定价，价格反映了公司的盈利目标。它们参照规划，跟踪、管理和衡量每个项目的实施情况，并依据总收入和贡献对负责客户工作的合伙人进行评价和奖励。

我的公司有过惨痛的经历，才明白了定价策略的重要性。因为公司对服务内容没有合理的定价方式，又没有有效的管理方法，所以做了几笔赔钱的买卖，栽了跟头，吸取了教训。之后公司引入了两个简单的规划和预算工具，对服务进行定价和管理，这对我们公司非常有效。表 6—1 中显示的项目规划模板是服务定价和项目管理的有效工具。这个模板对应项目的时间轴和活动内容，以及在项目每一阶段每个团队成员的责任。表 6—2 中的预算工作表是定价和制定预算的第二个工具。将项目规划模板中的数据导入这个工作表，就可以合理地为项目定价。虽然我们根据项目收取固定费用，而不是按小时计费，但是我们对项目的定价方法是用预测的工作时间乘以每位专业人士的直接费用（基础工资加上工资单工资和保险）。与我们调查的许多公司一样，我们公司以成本的 3～4 倍为定价，这是因为要考虑工资、管理费用和边际利润。

表 6—1　　　　　　　　　　　布罗德里克公司的项目规划模板

任务规划	责任内容	参与者	工时	第一周	第二周	第三周	第四周
项目启动							
内部启动							
制定工作规划							
制定调查提纲							
与客户召开项目启动会议							
确定调查框架							
内部访谈							
制定内部访谈指导							
安排内部访谈时间表							
进行内部访谈							
开发目标数据库							
了解目标市场情况							
从客户那里获取目标数据							
分析数据库找出缺失的数据							
完善数据库并提交							
必要时补充数据库							
制定外部谈话指导							
起草客户提纲							
制作问卷							
就讨论的话题获取客户的支持							
获取客户对关键问题的支持							
市场评估							
其他阶段……							

表 6—2 布罗德里克公司的预算规划表

说明：这个表格用来起草或规划项目。公式会自动计算结果。项目一旦启动，将实际情况与该表对照，以监控项目实施情况。

	计划	%	
建议收费	$		
人员费用	$		
净收费			
目标利润			
用时总结			
第一阶段：内部评估	**用时**	**费用**	**完成时间**
项目主管			
高级经理			
员工			
行政人员			
合计			
第二阶段：外部市场调研	**用时**	**费用**	**完成时间**
项目主管			
高级经理			
员工			
外包的调研机构			
数据库协调人员			
分析员			
行政人员			
合计			
其他阶段……			
计划与实际对比表			
	占计划用时百分比	**占已经用时百分比**	**剩余时间**
项目剩余时间			
人均剩余时间			
项目主管			
高级经理			
员工			
行政人员			
合计			

杠杆比率

杠杆比率即参与每项工作任务的合伙人人数与专业人士人数之比，比值因工作类型不同而不同。比如，业务范围广泛的咨询公司，在杠杆比率方面差异会很大。在 IT 相关业务中项目团队与合伙人的比率可以高达 30∶1，战略业务则可以低至 1∶1。

管理杠杆比率的关键是确保工作类型与团队技能水平相匹配。没有经验的员工不能承担董事会级别的战略咨询项目，因为购买这类服务的客户找寻的是公司最有经验的头脑。大规模的长期项目（如系统集成或外包项目）就可以并且应该由收费低、经验少的专业人士负责，因为这样的项目需要的方法更加常规化。如果管理恰当，两种类型的工作都能赚钱。Plante & Moran 公司前管理合伙人比尔·赫尔曼（Bill Hermann）说，公司让每个部门根据自己的工作类型自行决定恰当的杠杆比率和定价模式。赫尔曼说："有两种方式可以获得贡献毛利。要么是长时间的低价服务，要么是短时间的高价服务，但是每个人得到的总额相同。"

几位受访的领导谈论了不允许合伙人囤积工作的重要性。大多数公司在确定合伙人薪酬时既考虑按时收费时长又考虑他们与客户的关系持续的时间。合伙人往往害怕他们的计时收费时间或他们与客户的关系会受到初级专业人士，甚至是其他合伙人的威胁，所以不愿意将工作委派给公司的其他人。

不能合理利用合伙人会对公司造成一些负面的影响。如果高身价的合伙人浪费他们宝贵的时间做廉价的工作，初级专业人士却没有得到有效利用，就很可能导致没有人负责营销和业务开发，进而导致渠道短缺，指导和培训公司未来领导者的工作被搁置。所有这些都可能严重影响短期的合伙人人均利润以及公司的长期生存。

执行效率

大多数专业服务公司都是流程回避型的。

我们开始思考做那件事情需要投入什么，我们已经准备了什么，能否更高效地完成它。

我们很失望地发现，只有 17％的受访领导将执行效率列为衡量财务健康时观察的首要指标之一。正如在第 1 章中讨论的那样，这是这个行业的弱点。不同于工业和服务业，专业服务公司通常几乎没有兴趣提高它们向客户提供服务的流程效率。

只要客户没有怨言地付款，计时收费的公司就没有动力提高效率。按常理推断，按项目收取固定费用或收取年度聘请费的专业服务公司应该对控制服务成本非常感兴趣。即使将公司所有的服务项目涉及的活动效率稍微提高一些，公司的利润都会有明显的提升。但是几乎没有哪家公司真正理解或花费力气去评估服务成本。有些公司，尤其是杠杆比率低的高端品牌，给出的借口是，没有哪两个项目是一样的，标准化或完善工作流程是不可能的。我们不这么认为。事实上，公司 80％的工作，即便是一项"自成一类的"咨询服务或者是一个"拿公司做赌注的"诉讼案件，都有既定的路径。

早期警示信号

使用正确的分析方法很重要。如果你用同样的方法看同样的数据，就不能发现其中的问题。

如果你不能在完成这个订单之前接到其他订单，就意味着你"要停业了"。

了解历史是次要的，重要的是能够预测拐角处将发生什么。

顶尖的专业服务公司的领导在评估公司财务状况时，既看领先指标又看滞后指标。滞后指标衡量公司之前的财务状况，如收入、利用率、变现率和成本。这些指标对于经营一家公司而言很重要，但是这只是等式的一部分。领先指标，如客户平均收入增长下滑和人员流动，提高了预测公司未来财务状况的能力，能够帮助公司在严重的问题发生之前做出调整或改变方向，或者帮助公司抓住刚刚冒头的机会。一位管理合伙人说："到 7 月中旬才告诉我公司 6 月的第二周具备的能力，这没有什么意义。"

　　公司领导告诉我们，为了对财务健康胸中有数，他们监控许多危险信号和早期警示信号。大多数指标围绕公司的四大组成部分：客户、合伙人制、人才、管理（见图 6—9）。普华永道全球总裁戴瑞礼说："要记住，财务管理只是公司管理的一方面。在普华永道，我们采用计分卡的方法。我们首先关注的是人才战略——我们在招聘、人员流动和员工满意度方面做得如何。其

客户	合伙制	人才	管理
订单量下滑	合伙人离职	员工满意度和热情下降	现金状况不好
客户平均收入增长下滑	公司领导对关键战略问题不能达成一致，导致员工无法行动	计划外的员工流失	收入和利润下降
变现率下降或客户没有按时付款	各区域之间在业务开发和客户服务方面不能良好合作	难以吸引高级人才，败给竞争对手	利用水平下降
客户关系不稳定，客户满意度下降	合伙人的薪酬高于贡献		对负面指标应对不及时
储备的客户工作量减少	对不能提供应有贡献的合伙人，公司既不能帮其提升，其本人也不自愿离开		潜在法律风险和合同债务增加
渠道中的投标减少			与银行关系不稳定或糟糕
输给竞争对手的情况增加	广泛的业务收集		服务的需求降低之后不肯撤资
交叉销售减少	知识资本的开发衰退		递延成本，人为的延迟收款
客户流失率高	合伙人不了解财务方面的要求		

图 6—9　财务出现问题的警示信号

次，我们讨论服务和客户关系的质量及价值。最后，我们看看经典财务业绩指标——收入、成本结构、盈利能力、边际利润等。"

从图 6—9 列出的警示信号可以看出，受访的公司领导监控许多重要指标以确保客户能够高兴，肯付钱，购买公司更多的服务；人才愿意加入公司并留下来；合伙人团结一致、做出贡献；公司财务状况稳定。

报　告

许多公司的领导希望报告工作能够更加简化并提供综合的信息。受访的公司领导提出，许多报告的数据质量很差，而且不同系统之间的数据衔接不畅，这些问题通常会导致报告像电话本似的那么厚。即使那些数据收集比较有效的公司也认为报告内容常常没有内在联系，不能帮助公司领导做出决策。公司的领导认为收集数据只是第一关，更困难的是评论、分析和综合各种报告，进而了解其中的关联和整个公司的内部关系。一位首席运营官承认："我们拥有大量的财务信息。问题是我们该如何运用这些数据做好管理工作?"

大多数公司的领导每月会收到关于公司财务活动的报告，但是有些领导说，他们会更频繁地对数据进行评价。高伟绅律师事务所全球管理合伙人戴维·蔡尔兹每天从伦敦总部收到公司运营的详细信息，每月或每周从其他办事处收到报告，每周收到关于整个公司情况的快报。美国瑞生律师事务所使用一个财务和业务管理软件"精英企业"（Elite Enterprise），这是一个联网用户平台，可以收集全球多个办事处的大量数据。据该公司首席运营官李安·布莱克（LeeAnn Black）说："能够全面实时地获取财务信息是我们公司公开透明和'一个公司'理念的核心。让合伙人能够每天在桌边看到各种财务数据，这对于公司的文化、运营和业绩有非常重要的作用。ghSMART 公司首席财务官罗恩·佐比（Ron Zoibi）准备了一个单页的公司状况快报分发给公司每位员工（见专栏"Gensler 公司的指标管理"）。

Gensler 公司的指标管理

作为全球最大的建筑公司之一，卓越的设计和创新是 Gensler 公司国际领导地位的标志。指标对管理公司全球 35 个办事处固然重要，但是理解指标背后的含义才是最重要的。"数字只是事实，它们不是本质原因，不能解释一个项目是否可行或者客户是否高兴。"联合首席执行官安迪·科恩说。铭记这一点，Gensler 公司对于从财务报表中得来的数据，不仅仅是看一眼或了解短期绩效的概况，而且根据这些数据制定公司的战略规划和预测，以达到公司的双重目标：一是运用这些持续的数据源调整公司短期的经营。二是从全球经济的视角成功为公司掌舵。

Gensler 公司采用全视角的方法利用财务报表中的数据并管理这些指标，包括：

• **灵活性和焦点**。Gensler 公司不断收集大量的数据并将这些数据从许多角度切割，从而了解公司当前的运营状况、全球趋势和市场信息。在设计行业被称为工作室的由 25～30 人组成的团队，是公司的组成单位。每一个自我管理的工作室有一套指标，把这套指标提交给公司的各个办事处和各个地区，在公司的 16 个业务线内部及业务线之间按照服务项目或者客户关系来跟踪收入、增长和其他指标。作为一个全球公司，在某个时期，Gensler 公司可能有 8 个或者更多的办事处同时为某一个客户服务，所以全面了解公司与每个主要客户正在进行的项目、花费和收入是十分重要的。

• **透明**。公司很乐意公开指标。在每月的全体办公会议上公开公司的重要财务指标以及新项目和潜在项目。"年末，管理层会坦率地评价公司的盈利、损失及公司的总体状况，所以公司的每位员工都能够理解数据，从全球视角了解公司的情况。"科恩说。

● **用户友好的系统**。只有当输入公司财务报表的数据既完整又准确时，管理层获得的数据才可能是完整和准确的。因此，Gensler 公司不断更新收集数据的工具和技术，使它们用起来尽可能地简单和轻松。公司的目标是尽量缩短录入数据的时间，提升输出结果的价值。

● **预测**。按照不同的项目、工作室、办事处、地区、业务和客户分别跟踪指标能够帮助我们持续监控公司的运行情况。但是，据科恩所言，大多数数据是"透过后视镜"获取的。在科恩看来，看到数据背后的情况并根据数据预测未来的需求，以及公司应该如何战略性地前进，是指标管理更重要的作用。公司除了查看预计收入之外，还仔细总结失败教训和成功的经验。除此之外，公司还将全球指标加入规划流程，如失业率、GDP 和各国的经济增长率，时刻着眼于找出公司能够专注的领域，以实现 Gensler 公司"通过设计的力量重新定义可能性"的愿景。

Gensler 公司指标管理的最终目标不只是评价公司短期的绩效，而是促进公司长期的增长和帮助公司实现愿景。"为了保持在设计行业的领先地位，我们不断衡量相关的指标，"科恩指出，"关于在业务方面的增长战略，我们努力研究全球趋势，找出公司的哪些服务内容有市场，哪些需要改善。"

公开透明和责任制

公司的财务信息对合伙人是公开透明的，他们了解全部的信息。

公开透明不只是财务管理方面的决定，也是公司文化层面的决定。随着公司的扩张，地理区域更加分散，公司就趋向于告别完全的透明。虽然透明有助于稳固公司与合伙人的关系并加强团队合作，但是也会造成内部竞争和分歧。

我们的调查发现，大多数公司会向合伙人公开公司整体的运行状况，但是在有些大型的专业服务公司，合伙人只能看到他们自己的项目、客户、办事处或业务部门的数据。有些公司的领导说，公开财务数据完全是好的，但是如果合伙人不理解报告或不知道如何应对不利的指标，那么向他们公开财务数据通常是没有意义的。确保专业人士能够看懂这些数据，懂得它们的含义，知道解决问题应当采取什么方法，这是首席财务官和培训项目的任务。由员工所有的Black&Veatch公司有一个人人参与的为期一天的培训项目，名为"基于价值的管理"。这个项目的目标是提升员工对财务数据的理解水平，促进使用一致的术语和指标管理公司。为了吸引员工参与并简化学习过程，公司开发了一个棋盘游戏。"这实际上很有趣，"公司高级副总裁迈克·艾勒兹说，"这是一个很好的工具，能够帮助专业人士弄明白如何解读财务报告并从中获取有价值的信息。"

我们调查的顶尖的专业服务公司认真落实财务管理的责任制，对照目标评价绩效，并且将绩效与薪酬挂钩。71%的受访领导认为他们对收入目标和成本目标的管理很严格（见图6—10）。

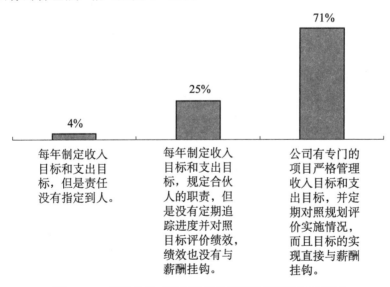

图6—10　受访公司对财务目标的管理实行严格的责任制

在大多数专业服务公司里，领导层会定期与业务部门主管及合伙人会面，讨论项目进度并在必要的时候做出调整或提出建议。许多公司在季度例会上制定预算，在月度例会上报告绩效结果（见下面的专栏"ghSMART 公司的预算、报表和评价流程"）。

---

ghSMART 公司的预算、报表和评价流程

ghSMART 公司总裁兼首席执行官杰夫·斯玛特说："在意识到公司需要一位首席财务官之前，我早已聘请了一位首席财务官。从开始就一直有一位资深的财务官和我一起管理公司，这很重要。"首席财务官罗恩·佐比 2003 年进入公司的时候，公司只有三个全职的员工：斯玛特、佐比和一个行政助理，另外还有屈指可数的几个自由的兼职顾问。2010 年公司已经发展到拥有 27 个全职的顾问和支持人员，收入超过 1 000 万美元。在过去的 5 年里，公司每年的收入和利润平均增长 25％。

佐比说，公司的财务规划和预算是一个自下而上的过程，背后的文化是"选择自己的路"，佐比说。每年他都会询问所有的顾问："你们今年想要做什么？"公司的骨干每年最低的创收大约是 60 万美元，合伙人是 150 万～200 万美元，但是完成这个数额后，顾问可以自由选择他们的职业发展目标。斯玛特是一个难搞的招聘官，他只招聘"非常有进取心的人"。另外，合伙人的薪酬完全基于他们个人和公司的绩效，所以，通常没有人会为自己设定最少额。战略领导层团队汇总每位顾问的创收目标，对数目做适当的调整以反映市场状况和客户预测，以及公司的增长期望和野心。

佐比"一年 365 天"对照计划跟踪执行进度，每周为总裁兼首席执行官准备一份报告，每月分发给公司全体员工每人一份快报，每季度为每位顾问准备个人报告。"我们认为五个关键因素推动着公司的发展，我们很希望向员工公开这五个因素。"佐比说。公司追踪的五个关键因素是：客户满

意度、团队满意度、EBITDA（未计利息、税项、折旧及摊销的利润）增长、顾问人数增长以及顾问人均创收。公司每六个月对客户和团队满意度进行一次测试，佐比本人通过电话或邮件与每一位客户取得联系，讨论服务内容，并让他们给公司打分，分值为 1～5 分。ghSMART 公司的每位员工都会收到一份匿名的满意度调查问卷，让他们从团队的角度分析公司的做法有哪些优缺点。公司每季度提供的员工个人报告包含以下几方面的数据：客户的满意度、员工收入贡献、客户组合和目标实现情况，员工的专业发展，即"员工想要升职需要做哪些事情"。公司将员工个人报告中的数据放到公司的季度总结报告中，这样所有的员工都可以进行评论（见图 6—11）。

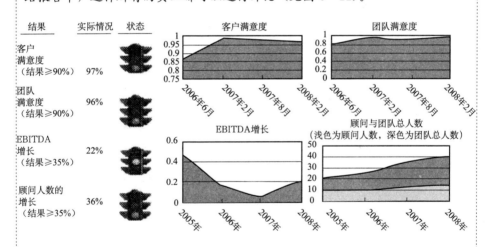

图6—11 ghSMART公司状况报告

佐比与公司的每位顾问单独对话，至少每季度进行一次，对他们的规划和执行情况进行评价。"这是为了使他们更好地发展，"佐比说，"这样做不是为了惩罚或者强制他们更加努力或放慢脚步。完全是为了帮助他们紧紧围绕自己的目标开展工作，或者对目标做出适当的调整。"

佐比和斯玛特都认为，拥有高兴的客户、满意和充满激情的员工以及稳定成长的团队是实现 EBITDA 和收入增长的法宝。

本章小结

财务管理

- 80％的受访领导认为财务管理是公司管理的高度优先事项。

- 经营最好的公司有七个显著的共同特征：

    1. 有效的规划和预算。

    2. 严格的追踪和报告。

    3. 细心管理现金流。

    4. 预测和回顾。

    5. 对合伙人透明。

    6. 责任制。

    7. 在人才和工具方面进行投资。

- 年度财务规划和预算有三个步骤。

- 成功公司的领导为了监控公司的财务状况，会观察许多指标。

- 为确保客户高兴，吸引人才加入公司并留下来，要做到合伙人团结一致，公司财务状况稳定，公司的领导监控各种指标。

第 7 章

市场定位

品牌、营销和销售

品牌就是公司在客户心目中的位置。

——弗兰克·伯奇（Frank Burch）

欧华律师事务所全球总裁

我们面临的真正的挑战是如何利用营销将服务推送给客户。

——戴瑞礼（Dennis Nally）

普华永道全球总裁

专业服务公司的每一位在外工作的员工都是公司品牌的代言人。

——玛丽·勒奇（Marie Lerch）

博思艾伦咨询公司营销和传播副总裁

对于专业服务公司而言，定位是指它代表着什么。定位以公司的愿景、价值观和文化为基础，代表了公司对市场的承诺。定位说明公司是做什么的、如何做，以及有什么不同于其他机构之处。品牌是客户心目中公司的形象，本质上是客户对公司的打分，以及市场对公司兑现承诺、满足市场需要的能力的打分。建立强有力的品牌就是要随着时间的推移不断设定期望、实现或超出期望，如此反复循环。

营销是寻找、定位、接近客户或潜在客户，建立知名度并获取和保持业务的过程。它包括一套完整的活动，包括市场调研、市场细分、市场战略和规划、品牌管理、营销传播、销售支持、项目追踪及管理。销售是找出潜在客户、建立信誉、完成业务、维持并拓展客户关系的过程。它是通过各种方法壮大公司业务的连续循环。

在整个行业里，围绕公司定位、品牌建设、营销推广和最终销售服务存在很多争议。我们在采访过程中听到了很多关于这些概念的不同的定义，关于公司内部如何开展和管理这些活动，我们听到了更多不同版本的描述。受访的公司领导确实认为市场定位、品牌、营销和销售是公司成功的重要条件。77％的受访领导将它们放在公司管理事项的顶端（见图 7—1）。但他们对自己在这方面的表现的打分却参差不齐。虽然 50％的受访领导给公司在这方面的表现打分相当高（见图 7—2），但是大多数公司表示它们最擅长品牌管理，在营销和销售方面的表现时好时坏。又或者，如一位首席执行官承认的那样："我想说我们在这方面的投入还远远不够。"

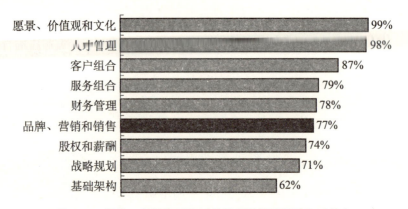

图 7—1   品牌、营销和销售对公司领导的重要性位列第六

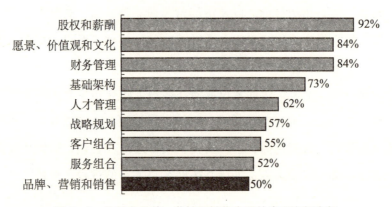

图 7—2   公司在品牌、营销和销售方面的表现有好有坏

成功的市场战略的五大要素

　　品牌就是我们工作中所坚守的价值观和诚信。公司从上到下每一位员工都是公司品牌的代表。

　　我们有意形成一种观念,那就是:品牌就是我们的客户和其他人如何认识我们——我们必须确保我们时时刻刻都在尽我们所能提升客户对我们的看法。

　　大多数公司的品牌不够具体，是泛泛的、空洞的。所以，我们必须说出我们做什么、不做什么以及怎样做，我们的价值主张是什么。这就是为什么品牌不只是夸夸其谈。

　　我们发现，一个成功的品牌推广和业务开发项目有几个基本要素。具体来讲，最有洞察力的公司做到了下面这些：

　　• **知道自己是谁以及要做什么。**定位是一个成功的品牌的基础。与公司管理的所有其他要素无异，公司在市场中的定位必须来自专业服务公司领导力模型的轴心：共同的愿景、价值观和文化。公司在与客户、员工以及它所服务的社区和市场进行的所有接触中，都展现了公司的内在形象，即作为一个组织，它的个性、人才、热情和方向。清晰的定位既能吸引顶级的人才又能吸引顶级的客户，并且使公司慢慢建立起一个独特的品牌。

　　• **让员工成为公司的品牌经理。**在专业服务公司里，专业人士是公司的产品、发言人和捍卫者。实质上，他们走在大街上就告诉了全世界这家公司是做什么的，它代表什么。顶尖的公司会花费大量的时间对它们的团队进行技术和人际关系技巧方面的培训和指导，细心灌输和强化公司的价值观。专业人士与客户打交道的方式，与它们建立的合作关系、信任和工作关系，为客户创造了一种独特的体验。博思艾伦公司的副总裁瑞吉·凡·李（Reggie Van Lee）说："公司的服务内容和给客户创造的体验能够区分一家专业服务公司。"

　　• **做计划。**有些公司拥有几个天赋极高的业务能手，他们总是能创建一个稳定的、持续的客户组合。但对于大多数专业服务公司而言，从长远来看，这种方式并不奏效。最好的公司选择往后站，评估和测试市场，找出机遇。它们将精力集中于最有效的目标客户和服务项目，规划出实现这些目标所应使用的方法。它们向客户讲述公司的故事，建立起信任，然后去销售服务。公司的员工一起制定计划，达成一致，并对计划的进展进行追踪和管理。

　　• **与市场对话。**对于销售服务而言，"建立了公司，客户自然就会过来"

并不是一个好主意。当我们发现专业服务公司默默地接近自己的客户和联系人，去发现它们需要什么、它们可能购买什么时，我们总会很惊讶。最高效的公司总是进入市场与客户交谈，发现新的服务概念，评估和报告市场趋势，寻求建议和方向。感知客户业务的脉搏能够激发思想领导力，创建新的服务项目，使公司的专业人士成为领域内的创新思考者和专家。

• **责任到人。**责任是整本书中反复出现的主题。它确实是我们在调查中从顶尖公司学习到的重要一课，无疑是一项最佳实践。市场战略和规划必须指定具体的角色和指派具体的责任，有具体的目标和时间表以及一个正式的评价和监控流程，并最终将绩效与薪酬挂钩。

品牌的力量

欧华律师事务所全球董事会主席弗兰克·伯奇（Frank Burch）恰当地将品牌描述为"公司在客户心目中的位置"。事实上，所有受访的领导都理解并重视品牌对专业服务公司的重要性。产品公司出售有形的产品，那些看得见、摸得着或尝得到的东西。而专业服务公司出售无形的服务，所以它们的任务很艰巨，面临巨大的挑战。它们出售的是人才、技能、见解和想法。因此，对于专业服务公司而言，品牌本质上是提供价值的承诺。在竞争激励的赛场上，销售无形产品不容易，因为在客户看来，选手似乎没有什么差别。

确定市场和品牌定位

建立一个成功品牌的关键是定位。本章开头讨论了，定位就是定义公司是做什么的、如何做，以及有什么不同于其他机构之处。客户为什么要购买公司的服务？它们希望得到什么好处？要想成功，专业服务公司就必须在市场上占据一个可靠的位置。确定公司的定位包括许多方面。

业务范围

公司必须确定要在行业咨询师大卫·梅斯特（David Maister）所称的专业服务业务范围的哪个区域中开展业务。梅斯特在《管理专业服务公司》一书中找出一个连续体上的三个点，它们分别代表不同的定位和服务内容选择，即基于效率、经验和专业技能的业务模式。基于效率的业务，如系统整合，对常见问题提供有效的解决方案。它们通常是一些利润低、利用率高的任务，由一组相对初级的专业人士，使用成熟的常用方法提供服务，通过大量收费低的任务获得利润。

基于经验的业务为某种类型的问题提供个性化的解决方案。根据梅斯特所说，这类问题不需要采用昂贵的"从一张白纸开始"的方法。这些业务的人员利用水平通常比较低，合伙人与专业人士比率为 1∶50 到 1∶10，而基于效率的业务中，合伙人与专业人士的比率为 1∶30 到 1∶40。这种类型的业务收费和利润更高，需要一组有经验的专业人士来承担。

基于专业技能的业务为独特的问题提供独特的解决方案，比如为一家《财富》100 强公司制定转型或并购战略。这类任务要求一个一流的团队，而且服务的人员利用水平很低，合伙人与专业人数的比率通常是 1∶1。因为客户愿意为"业内最聪明的头脑"埋单，所以这类服务的收费和利润很高。

确定公司的业务范围关系到公司的方方面面。比如，作为一个基于专业技能的顶级服务的优先提供者，其市场定位和定价必须通过市场认可的高价值的服务来强化，这些服务由资深的顶级专业人士提供，通常是一对一的服务。这种定位高、定价高的服务的目标群体、收入和购买者，与那些提供低价服务的专业服务公司不同。高端品牌的公司在公司内部创造一种独特的文化和价值观，对专业技能也有很高的要求，这些都会影响它们对人才的招聘和保留。为了吸引有经验的一流专业人士，它们给出的薪酬也高。在这种业务模式下，公司主要通过发展思想领袖和知识共享来创造价值并积累信誉，创建品牌并进行营销。业务开发很有可能全靠合伙人和股东进行。

然而，溢出品牌模式的净利润与低价、高人员利用水平、基于效率的业务模式没有差别。只要得到良好的管理，两者的每股盈余都能够很可观。但是它们要求的战略和团队有很大的不同。受访的一些大型公司涉足各种类型的业务领域，这些专业服务公司的领导承认，在同一个屋檐下将各种业务全部管理得很有成效可能会是一个挑战。

服　　务

专业服务公司必须确定公司的服务内容的重点、范围和深度。对于普通的公司来说，确定公司要生产什么产品是最基本的。律师从事法律工作，建筑师提供设计方案，猎头负责招聘，但事实上并非那么简单。当然，专业服务公司确实是从专业人士经过多年学习和培训而获得的专业技能出发，所以基本的服务内容是确定的——律师确实从事法律工作，而不是搞工程。但是律师事务所可以选择的服务领域有很多。我们数了数，一家有 10 名律师的律所涵盖 15 种不同的业务领域，一家有 2 000 名律师的国际律所有 60 个专长领域。

服务组合通常由公司创始人的具体技能和他感兴趣的领域决定。创始人有的可能对公司并购感兴趣，有的可能对税务感兴趣，还有的对诉讼感兴趣。随着规模的扩大，公司会增加新的服务内容，这有时候仅仅是因为新招聘的员工擅长某个领域或对它感兴趣。最好的公司对市场趋势、客户需求和竞争环境进行战略性分析和讨论，并以此为基础有规划地开发服务内容。在第 5 章曾提到，有洞察力的公司不断与市场进行对话，测验公司当前的服务内容，发现缺口和弱点并开发潜在的新服务。选择卖什么和找出卖给谁基本上是一个鸡生蛋还是蛋生鸡的问题，很难讲应该先考虑哪个。事实上，这两个问题通常是相伴相生的。

确定细分领域

有些公司选择将自己塑造成某个细分领域或者某种类型服务的专家。一家咨询公司可能只针对零售业；一家建筑公司可能只专注于机场设计；一家猎头公司可能会瞄准首席执行官和董事会成员。专业化是区分于竞争对手的一种好方法，简化了确定和开发市场的程序。

区域范围

公司打算面向全球还是附近的社区？不同的选择影响公司的定位战略，以及其他很多方面的战略，包括我们在专业服务公司领导力模式中列出的几乎所有的方面。当然，许多公司随着时间的推移由地方性公司发展成了国际企业。只要做出适当调整，仍旧与公司的愿景、价值观和文化保持一致，公司地域范围的扩大对公司发展是很好的。

市　　场

瞄准潜在客户是一项十分重要的工作，许多公司做不好这项工作。有些人认为，任何有购买能力的人都可能是公司的客户。有一次，我们问一个擅长劳动法的律师事务所，哪些人是他们的潜在客户。当得到"任何一家有五位或更多员工的公司"的回答时，我们知道自己还有很多工作要做。如果你不能精确找到公司服务最有可能的购买者，就不可能发起有效的营销和销售计划。尤其是在预算和资源都有限的情况下，每一分钱，合伙人可用于开发业务的所有时间都必须用在最佳客户身上，瞄准最有希望的市场。通过分析业务领域、地域、收入、目标公司和目标公司中负责采购的人，找出最可能购买公司服务的潜在客户是公司定位流程中的关键一环。我们已在第 4 章中详细论述了评估公司当前的客户组合、客户细分和瞄准有前景的市场的步骤。

服务交付和购买体验

当公司的产品是一项服务时，客户从公司的品牌就能看出他们能够接受到何种服务以及他们将会以什么样的方式接受这项服务。这既包括"我能得到什么",又包括"我以怎样的方式得到"。在专业服务的舞台上,对于客户来说,体验,即方式,与服务内容同样重要。是"卷起袖子"的态度还是我们在下面的专栏"世达律师事务所的品牌管理"中提到的"克服一切困难"的思维方式,公司与客户打交道的方式和建立的伙伴关系会为客户创造完全不同的体验,合作的前景也会大不一样。决定为客户创造何种服务体验是公司定位的一个十分重要的部分,究竟是高效、快速、随时随地、实用,还是其他?

世达律师事务所的品牌管理

"对我们来说,品牌就是我们的声誉。"世达律师事务所执行合伙人埃里克·弗里德曼(Eric Friedman)说。公司的品牌形成于1984年公司创建之时,那时候公司在华尔街只有一间小小的办公室和四名律师——马歇尔·世达(Marshall Skadden)、莱斯利·阿尔普斯(Leslie Arps)、约翰·斯莱特(John Slate)、乔·弗洛姆(Joe Flom)。他们专门解决当时华尔街那些保守的律所不接手的棘手任务,如对上市公司的敌意收购。世达律师事务所赢得了打破常规、富有创业精神的声誉。现在,公司已经发展成在全球拥有24个办事处和2 000名律师的国际律师事务所之一,也是少数几家年创收超过20亿美元的律所之一。

公司继续秉承创建初期的价值观,严格地管理它在市场上的品牌和声誉。说到信息传播,世达关注四个方面:当前客户和潜在客户、内部观众、潜在招聘对象,以及更广泛的法律、商业和社区。因此,公司的品牌战略和管理集中在以下几方面:

• **提供最高质量的法律建议和创新的解决方案。**尽管世达律师事务所以都助客户处理最具挑战性的、决定公司成败的业务而闻名，但是公司创始人的愿景是为每一位客户提供最好的法律服务。这是公司品牌不可分割的一部分，贯穿所有的业务线和地区。

• **客户服务**。公司创始人非常坚定地承诺为客户提供无与伦比的服务，这一决心直到今天都丝毫没有动摇。"其他公司也做出了同样的声明，"弗里德曼说，"但是世达的理念一直以来都是——希望将来也一直会是——为客户解决问题。"弗里德曼认为，这一理念是公司品牌特性的一个重要部分。比如，公司有一项政策："员工每天都必须回完所有的电话——没有例外。"只有回复完他们当天接到的所有电话之后他们才能去睡觉，没有人例外，不论是合伙人还是普通职员。

• **招聘**。弗里德曼说，品牌的保持和管理从招聘开始。世达开辟了大型公司招聘的新路径，即不要仅盯着排名前五或前十的法律院校，而是放宽视野去招聘真正有才华的人。据弗里德曼说，"我们的目标是招聘那些个人品质能反映公司理念和品牌的律师。我们要找的是非常聪明、善于解决问题的律师。我们追求技能、经验、背景和观点方面真正的多样化。"

• **培训**。在世达律师事务所，培训被认为是在公司所有层面传播公司品牌的非常重要的工具。培训项目包含正式的课程、团队环境下工作中的学习、一对一的指导。为确保植入品牌信息，世达营销团队与公司的职业发展、招聘、人力资源团队紧密合作。

• **公共服务**。社会责任是世达的核心价值观之一，这一点受到广泛的认可。除了举办众多的公益活动之外，世达将大量时间和金钱投入到两大公共服务项目中。从1998年开始，世达律师事务所奖学金基金会每年为25名年轻律师提供为期两年的奖学金，帮助他们全日制从事公共利益法律方面的工作实践。纽约城市大学法律研究所的世达荣誉项目是一个花费1 000万美元、为期10年的项目，为不同种族和社会经济背景的有天分的学生提供资助和支持，让他们获得进入竞争激烈的法律院校所需的教育和资金，并在那里取得成功。

关于品牌的传播，已在世达工作 20 年的全球营销和传播主管萨利·弗尔德曼说，公司如何在公司内外传播信息与信息本身同样重要。"世达坚持对卓越的承诺并将这一理念传达给我们的客户、律师、职员和新人。我们的品牌不只是一个信息，它是公司的核心。"

随着市场竞争的日趋激烈和许多服务类型的商品化，品牌和品牌管理变得比以往任何时候都更加重要。"专业服务公司面临的挑战是始终保持自己的特色并传播最好的价值主张。要想生存并发展下去，公司必须保持与市场的关联，而且我们的品牌必须体现这种关联性。"弗尔德曼说。

遗憾的是，仅仅在会议室里雄心壮志地发表服务理念是不够的。光是说说并不能将它变成现实。公司设定的服务理念必须符合公司的实际。如果设定了错误的预期，最终做不到的话可能会自食其果。确立公司的服务承诺，首先要诚实地评估公司的文化和所处的市场环境，找出会和市场产生共振的价值观和特征。有些公司，如灵智广告公司，定期开展匿名调查，让员工畅所欲言，收集他们对公司优劣势的看法。得到的回馈既用于提升员工在公司的生活质量，又用来定义客户体验（见专栏"灵智公司的文化调查"）。

灵智公司的文化调查

灵智公司拥有多样化的全球医疗传播网络，有 60 家机构和 2 000 名员工。公司 2003 年启动了一项计划，要将网络中所有的机构进行整合，统一计算损益，从而整合整个公司的资源，利用最好的想法和服务为全球客户服务。全球管理合伙人唐娜·墨菲（Donna Murphy）说："虽然所有机构都是同一家医疗网络的组成部分，在同一家母公司之下工作，但是它们各自独立运营。我们需要将所有人纳入一个管理结构之中。"

财务统一之后，灵智开始在全公司创建一致的文化。为了制定战略和帮助计划的实施，公司求助于一个外部的咨询师，咨询师建议他们首先要发起一次文化调查，从而摸清公司的脉搏。通过焦点小组、面谈、网上调查，这次文化调查获得了公司文化的一个概况。调查的目标是找出并利用公司的强项。通过从各层级员工那里获得的真实反馈，了解公司在哪些方面做得好，哪些方面需要改进，以及在实现战略目标方面做得如何，从而创建更加强有力的文化。

为了鼓励员工坦诚地说出真实的信息，公司细心策划文化调查项目。从项目启动到呈现结果需要大约 2 周的时间。第一步，领导层发送一封简短的邮件描述调查的原则和范围。员工登录一个专门网站完成一份由外部咨询师监控的 15 分钟的匿名调查。公司通过这种方式邀请员工参与。为支持首次公告，公司发起了内部宣传活动，频繁发送邮件并在办公室立标牌，以此来激发员工的兴趣，鼓励更多人参与。

在进行调查的同时，公司将各层级的员工聚集起来组成地区的焦点小组。还与来自不同业务部门和地区的 50 名员工进行一对一的交流。

经过一系列地区会议的讨论，他们分析调查结果并送交管理层，报告对数据分析结果进行说明、发现问题所在、提出未来战略框架。高级管理层选出三个最突出的文化问题进行处理并制定解决问题的计划。公司向各地方办事处发送调查的结果。大多数情况下，为了方便员工提出问题和建议，各地方办事处的领导会将调查发现和未来计划在大厅展示。

"结果非常令人满意。"墨菲说。将多样的机构网络融合成一个合作的、统一的公司，灵智公司在这方面迈出了意义重大的一步。员工感觉与公司作为一个整体的联系更加紧密了。公司的努力也获得了外部的认可。《医疗营销传媒》授予灵智公司"2010 年度最佳网络"奖，《广告周刊》授予它"2009 年度最佳医疗机构"称号。

渗透和建立品牌

客户在选择服务供应商时，非常看重专业服务公司的声誉、以往的记录、之前合作的经历，以及同行对它们的评价。

我们希望成为顾问人选，是求职者眼中的理想雇主，是好的企业公民。

根据我们的研究，顶尖公司在建立品牌时专注于几个关键的部分：内部团队和求职者、客户、公司服务的市场和社区。英国 Freshfields 律师事务所首席执行官泰德·伯克（Ted Burke）解释说："我们必须给所有与我们接触过的人留下深刻的印象，通过这种方式建立公司的品牌。我们必须告诉他们，我们是做什么的、如何做，以及我们的价值主张是什么。"

员工是公司的品牌大使。专业服务公司提供的价值直接来自公司专业人士的知识、技能和行为。第 3 章中强调，为了能够挑选到最契合自己的价值观和文化的人才，公司在招聘方面投入很多资源；为了嵌入自己的价值观，公司在培训方面也会投入很多资源。被视为"理想雇主"、吸引该领域内的顶尖人才，是品牌建立的重要部分。

专业服务是靠口碑的生意。满意的客户会告诉同事他们的体验，当被问及对某个专业服务公司的印象时也很乐意给出他们的意见。建立一个强有力的品牌的关键当然是客户服务。每次与客户互动时都要践行公司的服务理念。在我们的研究中，大多数公司都细心维护它们与客户的关系，经常联系客户，询问客户对服务是否满意，还有什么需求。它们仔细研究客户流失的原因，确保服务内容和服务方式中存在的任何瑕疵都得到改善。

"世达律师事务所的品牌管理"专栏中提到，社会责任是许多公司理念和哲学的关键组成部分。它也是公司市场定位以及展示专业能力、价值观和文化的强大工具。比如，利用对培训、教育和创新的深度投入，普华永道会计师事务所创建了一个广泛的知识共享项目，名为"普华永道开放大学"，免费让全球的业务主管、培训师、学生和监管者接触公司昂贵且不断发展的培训课程。

这样的企业学习和教育资源的共享借鉴了麻省理工学院和耶鲁等顶级大学免费开放其课程课件的做法。普华永道开放大学项目启动时即拥有关于多个行业的 150 个课程，通过网络广播、播客和 eLearn 传送。普华永道的创新领导麦卓·贝斯特（Mitra Best）说，公司计划根据市场需求扩大知识库，使普华永道成为免费开放企业教育方面的创新者。

确保信息清晰一致

Sullivan & Cromwell 律师事务所总裁罗奇·科恩（Rodge Cohen）对所有的专业服务公司提出了一个警告："公司花费多年建立起来的品牌可能瞬间就瓦解了。一两个错误就有可能毁掉你的品牌。"

我们之前讨论过，重要的是要让公司的每一个人，不论是支持人员还是总裁，都了解公司的定位：公司代表什么；我们日常如何相处，以及如何与客户和社区打交道；在回答他人的问题时我们使用什么样的语句来回答；公司在所有书面材料中和口头交流中如何包装自己。要确保整个公司的一致性，有两个重要步骤：

• 清楚地表述和传播公司的定位，所以每个人都知道公司的定位是什么，以及他们在传播公司的定位时所起的作用。

• 确保服从规则。

第 2 章中讨论过，最好的公司在表述和灌输价值观方面投入很多时间和精力，并且通过绩效评价、薪酬、升职或解聘等措施来体现这些规则。对于许多公司而言，价值观的教化过程包括要求员工遵守公司的品牌管理规

定。有些公司把品牌规则写下来。比如，瑞生律师事务所发给公司"每位
员工"一个简单而幽默的小册子，列出了公司的品牌原则，新员工和全体
员工要定期学习这些原则。SmithGroup 公司七年来一直致力于确保"任何
时候客户与我们接触时，都获得相同的体验并且得到相同质量的服务"，公
司总裁兼首席执行官卡尔·勒林（Carl Roehling）说。公司每年组织一次室
内讨论会，讨论公司的品牌战略和服务政策，并且制定公司的制图规则和
公关规则。

定期测试公司的品牌强度

> 定期收集详细的回馈并确保我们在尽全力回应客户的需求，这很重要。

不论规模大小，每家公司都应该定期检查大众对公司品牌的认知，感知
公司的服务和工作能力，直面竞争对手。在我们的研究中，有些公司拥有正
式的品牌测试项目，项目由第三方定期开展，通常每 1.5～2 年进行一次。有
些公司通过非正式方式测试公司的品牌。一位公司领导要求公司所有的合伙
人定期乘坐飞机，测试邻座是否听说过他们的公司，如果听说过的话，对公
司有什么看法；合伙人被要求汇报测试结果。有些公司进行半正式的测试：
合伙人与一批选定的客户谈话，每一位合伙人问相同的问题，并将结果记录
下来，然后共享并讨论这些信息。

有些公司认为，要想得到关于公司的市场地位的客观看法，最好的方式
是进行第三方盲测，不让受访者知道开展这项调查的公司的名字。但是要注
意，这需要有一个顽强的调查团队来说服忙碌的高级执行官花费时间回答来
自某个未知实体的问题，而且得到的回答通常都有所戒备，不是很有揭示性。
公司可以直接打电话给客户，请他们坦率地给公司的品牌和服务打分，这样
做有诸多好处。客户喜欢接受回访，而且这是一次很好的接触机会。以我们
多年为专业服务公司开展此类调查的经验，我们可以证明，购买专业服务的

高级执行官不害怕分享他们的观点。

如果公司有年度客户满意度调查项目，我们建议加入一个品牌测试部分。大多数品牌测试都包含公司知名度、服务使用情况、建议等方面的问题。关键是每年都要问同一套问题，这样才会有比较，能够发现进展。

市场营销

一直以来，我们在营销方面做得都很差。我觉得现在我们做得好多了，但是还不够。

太糟糕了，简直太糟透了。但是今年我制定了一个营销计划，我会坚定地按照计划实施。我们真的需要这么做。

问题是我们的基因里没有营销和品牌意识。

专业服务公司对于营销的看法不一。有些人认为营销就是销售：要完成销售额需要做什么？其他人认为营销是业务开发：要想找到正确的目标人群并与他们对话，需要做什么？还有些人认为，营销意味着品牌和知名度：如何让目标人群认得我们？有些人认为营销是公关，有些人认为是做广告，有些人认为是包装。实际上，如果做得对的话，营销是所有这些方面而又不止这些。这一章开头我们给出的营销的定义是寻找、定位、接近客户或潜在客户，建立知名度并获取和保持业务的过程。Booz 公司首席营销和知识官汤姆·斯图尔特（Tom Stewart）认为，在专业服务公司里营销的作用是"非常传统的，即创建并维护品牌，建立一个保护伞，合伙人可以在下面做他们的工作"。他描述了一个营销推广的案例，从认识客户开始，提升能力使公司处于行业领先地位，最终销售产品，对于专业服务公司而言，接下来要做的是持续的客户关系管理。

一家公司对营销的看法通常取决于它的业务发展阶段和所处的环境状态。

市场繁荣的时候，几乎不用考虑销售支持，因为重点是建立品牌知名度。经济不景气的时候，重点是销售——获得并完成交易。如果是一家成熟的公司，它的营销重点应该是客户关系管理、维持和强化品牌力量，以及支持业务开发活动。

销　售

> 不是什么高深的事，就是获得来到客户面前的机会。

> 公司所有的人都销售。没有任何人只做销售工作——找出潜在客户然后陌生拜访，公司的每个人都在销售。

> 我们为客户提供的服务，其性质是非常敏感、非常靠近内心的。他们希望与他们接触的人了解这些问题，能够给他们可靠的建议，并且会为他们做这项工作。

销售，或更委婉地说，业务开发，在专业服务公司是一个棘手的话题。许多人认为，只有专业人士才能销售公司的服务。一位总经理告诉我们："要销售，你必须了解服务的内容。客户必须能够确认销售给他们这项服务的人自始至终都会在。"我们完全同意这一观点，但问题是，许多专业人士不能找到并完成一份交易。

公司常常依赖几个能力极强的人开发新业务并创造收入，即那些天生具备销售能力的专业人士。专业服务公司要求所有专业人士为公司的业务开发出力。然而，尽管专业人士的薪酬与创收能力挂钩，许多人仍不习惯做这项工作，他们不擅长销售。

公司的高级专业人士承担着巨大的压力。他们的工作内容包括开发新业务、完成自己的工作、管理客户关系，很可能还要管理公司的业务，招聘、培训和指导员工，创新服务内容，而且多数情况下，还要参与公司的治理。

虽然专业服务公司在技能培训方面的投资力度很大，但很少有公司花费大量时间进行销售培训以及更重要的业务开发培训。寻找新的业务开发机遇，尤其是从来没有使用过公司服务的潜在客户，通常是销售中最困难的部分。而且潜在客户资历越深，困难越大。

有些公司用不收取费用的内部销售团队开发市场，管理和支持公司的业务开发流程并使其正规化。销售团队中通常有丰富销售经验的资深销售人员，他们开发新业务，并与专业人士一起，通过销售管道培育潜在机遇。或者公司会直接把销售人员分配给公司的主要客户团队，帮助专业人士与客户建立关系并发现新的机会。虽然我们喜欢销售支持团队的概念，但是他们是否有效尚无定论。一位首席执行官承认："我们正在解散我们的内部销售团队。提供服务的人不去拜访销售团队找到的潜在客户，不跟踪销售人员谈好的客户，他们不想受到这件事的干扰。"内部销售团队在产品化程度最高、利用水平最高的一类专业服务公司里作用最大。在本章之前提到的基于经验和基于专长类的公司中，内部销售团队的效果并不好。

通常全公司的销售活动是单独进行的，与公司的业务重点和业务目标几乎没有关联，更别提营销功能和营销活动了。如果销售活动能够融入多种渠道的营销计划和营销项目，销售的影响力就会大大增强。营销帮助公司提升品牌的知名度和可信度，激发客户对公司和它所提供的服务的兴趣。销售发现线索并完成交易。两者相互支持和提升，成为管理公司的强大工具。为实现最高的投资回报，营销和业务开发活动需要被放在一个屋檐下，由一个领导管理。

制定营销和业务开发计划

营销和业务开发计划是公司战略规划的重要组成部分，应该纳入公司的年度规划和预算周期。在我们的研究中，虽然有许多公司要求业务部门领导制定详细的营销和销售计划，但是行业内的大多数公司没有对这些活动进行积极的规划。

图7—3展示了一个营销计划的金字塔。金字塔的上端是关于服务组合、市场和服务承诺的市场战略决定，这些已经被讨论过了。金字塔的下端是营销和业务开发计划。让专业人士以一种有组织的方式进入市场，向目标市场销售服务和服务承诺，其终极目标是销售。

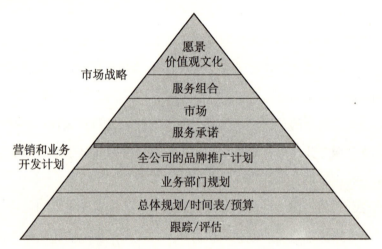

图7—3　制定市场战略的步骤以及制定营销和业务开发计划的步骤

全公司的品牌推广计划

营销和业务开发计划流程的第一步是制定全公司的推广计划。加深对关键对象的认识，即我们之前提到的专业人士、客户、目标市场和社区。提高公司的品牌知名度和声誉，我们建议公司以这些关键对象中的一个或者几个为对象，每年举办一两个具体的新活动，以提升公司的地位。这些活动可以是花费少、易执行的项目，也可以是国际性的大型项目。重点是要积极地思考并进行规划。下面是一些例子。

　　• 针对专业人士：公司对内部团队的奖励或认可项目；与大学一起创办合作项目，改善招聘情况（请阅读第 3 章中的校园招聘）；担任工业贸易协会的领导，提升公司在专业社区中的影响力。

　　• 针对客户：定期召开针对客户的关于重要议题的现场信息发布会；专为客户举办特别的网络广播或活动；代表客户进行假日慈善捐赠。

　　• 针对目标市场：一个向市场贡献知识的领先思想或项目能够提升市场对公司能力的认识（如一本书）；与相关的商业媒体合作开展大规模的媒体推广项目；在年度行业会议上的演讲。

　　• 针对社区：公益活动；对地方基金的推动；参与公民委员会。

业务部门规划

　　全公司的品牌推广计划获得批准之后，公司立刻为业务部门制定营销和业务开发计划。专业服务公司典型的矩阵结构中的许多构成成分以及这些成分之间存在的自然张力对规划形成了特殊的挑战。有些公司分别为每个业务领域、区域和行业制定规划，分别单独执行。结果一只手不知道另一只手在做什么，将会导致一系列多余且可能引起尴尬的活动。专业服务行业任何人都听过这样的故事：同一家公司的不同团队约在同一天与一位有可能购买他们服务的首席财务官见面推销服务，直到他们在客户的会客厅相互撞见时才恍然大悟。

　　想要取得效果，规划必须由市场驱动而不是由公司的内部结构驱动。客户不关心你在公司里的位置，只想知道你能为他们做什么。树立知名度和提供销售服务的正确方法是与可能购买公司服务的首席财务官进行一次精心策划的会议，讨论公司能够提供服务的种类，并且严格执行后续的规划。但是对于一家业务种类多样、地域分布广泛的专业服务公司而言，围绕业务开发形成统一和完美的协作是很难的。根据业务重点制定营销规划是进入市场最有效的方式。我们经过反复研究证实，购买专业服务时，行业专长是仅次于技能的重要选择标准。但是在大多数专业服务公司中，地域和业务领域主宰了矩阵，控制着损益，实际上是公司内部治理的最佳力量。"行业"通常是权力链中的第三个力量。

我们不是建议公司重组矩阵层次，将焦点集中于行业。我确实建议各业务部门和区域照常制定其年度运营规划和预算，但是规划中的营销和业务开发部分要按照目标行业进行集中。各行业领导将各个业务部门的集中规划编制成一个全公司的行业规划，明确要争取的具体目标买主。找出客户和潜在客户，建立来自各个业务领域的一组恰当的服务项目。来自各个业务部门和地区的一组行业专家被挑选出来并获得任命，确定首要的行业问题和话题，采取各种营销和业务开发策略进入市场（见下面的专栏"安永的行业项目"）。行业领导必须有权力调派和管理行业团队，所以我们建议行业领导采用虚线汇报的方式。

安永的行业项目

安永（美国）20 世纪 60 年代在硅谷设立办公室的时候开始关注新生的科技领域。"我们的合伙人见证和感受了硅谷从一个领先的农业区域转变为全球科技中心，兴奋是会传染的。"史蒂夫·阿尔马西（Steve Almassy）说。他领导公司的科技业务 15 年，现任公司行业部门全球副总裁。在过去的五个十年中，科技业务与科技行业一同成长。2010 年，全世界范围内安永的科技专业技术人员已经超过了 10 000 人。

阿尔马西说，每次安永对客户进行调查时，行业专长在最重要的因素中总是排在前三位。他认为，很重要的一点是，如果想要在某个领域出名，专业服务公司就要有强有力的行业业务能力。基于自己多年的创建成功业务的经验，阿尔马西列出了启动和配置一个行业项目的几个关键步骤：

• **成为资深专家。**"要投身行业之中。"阿尔马西说。为了在新兴的科技领域为客户提供服务，安永的专业人士必须快速学习他们能够学到的关于行业内的公司和业务的任何东西。客户要求专业服务的提供者对领域内的经济和动态有扎实的知识储备。"公司必须有能够完成工作的资深行业专家，"阿尔马西建议，"否则就不具备可信度。"

• **为员工的热情提供渠道。**一个新业务的核心往往是几个专业人士在某个特定领域充满激情地提供他们的专业知识。比如，现在在安永有一个草根小组自发地聚集在一起，希望培育公司为新兴的清洁技术领域提供服务的能力。当合伙人开始分享专属于这个行业的知识和解决方案时，这个小组自然就冒出来了。"对于想要学习一个新的行业、探索行业内问题并开发解决方案的专业人士来说，进入一个新的领域对智力的挑战是非常令人兴奋的，"阿尔马西说，"建立一个勇于创新的兴趣小组很重要。"

• **创建并培育强大的网络。**培育全球员工的网络关系对于知识共享和传播至关重要，这是能够在全球范围内调动专家的关键。当你有了连接点时，就能更好地推动全球的品牌和质量提升。"发展拥有共同目标、步调一致的强大行业关系网络，有助于形成行业机器以便更好地捕获新机遇。"阿尔马西说。

• **定位为思想领袖。**"我们掌握一个行业脉搏的方式是进行调查研究和对话。"阿尔马西说。通过一系列有战略规划的调查、白皮书、报告和客户活动，安永的科技业务确立了它在创新知识领域的地位。比如，安永（美国）在 1986 年启动了一个名为"年度企业家"的项目，嘉奖行业内成功的成长型企业，今天这个项目在 50 个国家的 135 个以上城市举办，被广泛认为是全球企业家的重要活动。

> • **获得立足之地。**太过专注于基础架构，会使公司来不及进入一个有前途的市场。以最快的速度找出行业内"专家"和思想领先的人并尽早与他们建立联系。整合现有的资源，找出一些关键客户并赢得一些初步任务，一个客户一个客户地建立起你的品牌。

总体规划、 时间表和预算、 跟踪和评估

管理团队总结了公司进入市场的价值主张，复杂得让人头疼。

制定出行业规划之后，制作一个包含全公司品牌推广计划和各个行业计划的总体规划，以及总体预算和时间表。与年度规划一样，必须有人负责规划的执行，必须跟踪并定期对照规划评估执行情况，评价结果必须与薪酬挂钩。

规划中非常重要又非常困难的部分是评价项目结果。有多少文章和会议争论如何计算营销花费投资回报率这个永恒的难题？相信我，多得数不清。合伙人时不时盯着内部营销团队产生的间接费用问这样的投资得到了什么回报。这很难给出具体的回答。一位首席营销官承认："如果明天有人告诉我，'除非你能够向我们呈现所有那些活动的直接投资回报率，否则我们就会中断所有的客户服务、娱乐活动和时事通讯'，那么我会焦头烂额地从一分一厘的角度展示它们的价值。"

在过去的几年里，我尝试了许多计算投资回报率的衍生方法。有段时间我甚至挨个询问合伙人，他们有没有接到任何电话或者与任何客户谈起过我们最新的时事通讯邮件。然后是"为每位合伙人指派一名研讨会与会者进行跟进"的计划。我会每周追踪合伙人，看看他们有没有完成任务。但当我们在研讨会结束两周后的一个午餐会上，从一个与会者那里拿下一个百万美元的订单时，合伙人却拒绝将这次胜利的任何功劳归功于营销，这让我受到了

打击。

正式的线索生成项目易于评价，但是评估公关、广告和直接邮寄项目要困难得多。即便这些项目的目标是明确的也很困难。我们使用过的最好的评估方法是追踪每一个行业或部门与目标的接触、投标和订单数量。比如，我的公司被客户要求设计一个为期一年的营销项目，提升客户在北美的财务服务机构的首席财务官、首席运营官、首席行政官和分公司领导中的知名度并创造机会。我们与客户一起找出 25 个机构和 350 个个人作为这次活动的目标。在为期一年的时间里，我们选择五个渠道接近目标人群：

- 启动活动包括行业调查、报告、网络广播。

- 围绕通过调查找出的热门话题，每个每季度一次的邮件发送和网络广播传送。

- 覆盖五个城市的圆桌简会。

- 实地拜访，确保我们的目标人群接收到了我们的观点并愿意展开讨论。

- 公共关系拓展项目，与出版机构和行业协会合作，发表文章获取发言机会。

我们的目标是通过各种渠道每个月接触全部 350 个目标 2～3 次，使他们在每个月都能读到一篇文章、收到一份领先思想出版物、收听一次网络广播、参加一场圆桌简会或者接到一个邀请会面的电话。每个月记录并汇报所有与客户的直接接触——通过网络广播或者参加圆桌简会，以及会面。

该项目的实付费用是 35 万美元（不包括我们的管理费用），但是我们认为营销结果值这些钱。每一位潜在买主在一年内与我们"接触"36 次，每位潜在买主的总花费是 1 000 美元。公司总共举办了 40 次面对面会议，获得 6 次投标机会，完成 3 笔业务，总计收入接近 70 万美元。在活动的结尾，还有相当多的潜在投标机会正在酝酿中。虽然没有测量提升品牌知名度的间接收益，但是整个公司的拜访量急剧增长，活动之后的一年，收入超出目标 20%。

精心策划项目并执行到位将会获得有形的回报。关键是设定期望，设定符合实际的目标，然后逐个市场仔细跟踪和评估结果。

领先思想：最强大的业务增长方式

它是管理层和其他人密集重复的信息，几乎每个人都这么说。

对于专业服务公司而言，领先思想或许是公司定位、建立品牌和销售服务最强大的工具。"领先思想"一词的意思是，对市场关注的关键问题有独到的、有价值的见解。它表明能够提出这样见解的公司值得追随。换句话说，值得聘请来为公司解决最难缠的问题。领先思想的发表形式包括文章、白皮书、博客、网络广播、播客、调查和邮件。无论是作为一个独立项目还是与其他营销方式融合在一起，发展和传播领先思想在许多方面发挥着作用：

•**建立知名度。**领先思想使得公司被市场所了解，并且将品牌与前沿思想相连接。将公司定位为某个领域的思想领袖是与竞争者相区分的有效方式。

•**聚焦服务内容。**开发领先的思想是一个很好的与客户和潜在客户对话的理由，因为从对话中可以发现趋势、了解服务需求和购买意向。所收集的市场情报是创建领先思想的基础，使服务聚焦于客户需求。

•**促进业务开发。**领先思想最大的好处之一就是它对业务开发的影响。一个精心策划的领先思想创建项目以很多方式提供接触客户和潜在客户的机会。可以借着为项目收集信息的由头，拜访客户和潜在客户，从它们那里获取信息。可以在与客户或潜在客户见面时展示未完成的作品，并分享信息或者以此为基础举办小型的发布会或者讲座。与客户分享公司的领先思想能迎来新的机会，获得更多业务。对于潜在客户来说，这是介绍公司并开始合作的一个"非销售"渠道。

要想成为一个有效的营销和业务开发的工具，领先思想必须是持续的。一个领先思想作品可能会引起一些人的兴趣，但是知名度、品牌建立和业务开发方面的助益来自一贯的坚持。制定一个项目规划很重要，规划的内容包括定位目标、清晰的目标受众、话题和信息传达、交付手段、清楚的跟进流程，以及时间表和预算（见图 7—4）。至少要等到一年后才能开始评估项目的成果。所以，我们建议，如果没有准备好持续地开展一个领先思想项目，就不要启动它。

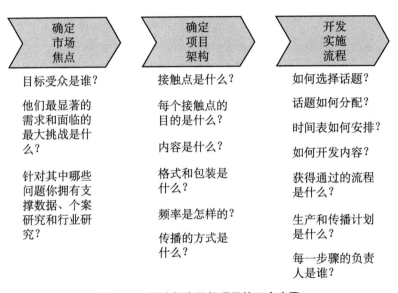

图 7—4　创建领先思想项目的三个步骤

　　最善于利用领先思想的公司通常会使用多种内容传播渠道，每种渠道有一个不同的目的和重点（见图 7—5）。举个例子，每月更新的简短的观点连载或博客，加上更新周期更长一些的白皮书系列，可能还有年度行业调查和报告。必须认真规划项目的架构，设计它的目的、内容、格式包装和发布频率。

　　比如，光辉公司利用前瞻性的研究和见解将公司的人才和战略连接起来。公司的知识资产宝库是公司与客户展开信息量丰富的、咨询对话的基础。光辉的领先思想方案之一是一个季刊《简报》，它对关键话题发表观点，并分发给全球 35 000 多个执行官。Gensler 公司的网站是一个在线的行业见解宝库，

	观点连载 +	市场见解 +	行业调查
目的	建立知名度； 支持销售流程	将公司定位为行业 思想领袖； 建立品牌和声誉； 支持业务开发	品牌扩张； 将公司定位为有 深度的知识专家； 展示服务内容； 支持业务开发
内容	话题性、实用性、 操作性	围绕行业需求的 话题的见解； 对行业领导进行 专栏访问	行业反馈； 公司见解
格式	4页； 1 200~1 500字； 侧边栏个案举例， 两张图表, 说明, 描述性的页眉	8~12页； 4 000~5 000字的 专访； 侧边栏举例； 4~6张图表、介绍 和描述性的页眉	4页； 1 200~1 500字； 侧边栏最佳实践； 引用； 介绍和描述性的页眉
包装	四色 通篇图表主题； 双栏	与观点相连； 四色 图表主题； 双栏	与观点相连； 四色； 图表主题； 双栏
传播	通过电子邮件 每六周发送一次； 挂在网上	每季度发布； 通过电子邮件； 挂在网上	年度发布； 通过邮件和定期 邮寄； 挂在网上

图 7—5　领先思想项目计划的例子

包含调查、研究和白皮书，代表了公司对设计的思考以及对行业和社会的影响。Booz公司通过领先思想项目和渠道利用它的知识资本，公司的出版物《战略＋商业》是一个创办于1995年的季刊，有超过365 000名的在线和纸质读者（见下面的专栏"Booz公司的领先思想"）。

无论公司规模大小，领先思想都是一个有效的工具。即便是个体创业者也可以通过将自己定位为行业的专家和思想领袖而创造一个让人印象深刻的公司并拥有稳定的客户源。

Booz 公司的领先思想

曾任《哈佛商业评论》编辑的汤姆·斯图尔特，2008 年作为首席营销和知识官加入了国际管理咨询公司 Booz。斯图尔特的工作就是管理公司的营销和知识管理团队，并与合伙人一起将 Booz 公司建成全球认可的领先思想的基地。斯图尔特将自己的角色描述为监管一个想法的生命循环，从构思到发展和出版，再到商业化和推广，最终到捕获、储存和再利用。

他的团队分为四个小组：

1. 知识资本主管。与合伙人和业务部一起发现想法，然后就像一个典型的产品经理一样，推动想法的发展和进入市场。

2. 编辑和出版专业人士。撰写、编辑并制作公司的外部出版物，包括公司的代表性杂志——《战略＋商业》。

3. 营销和传播经理。支持区域和地方办事处的工作人员。

4. 知识共享和合作经理。维护公司的知识管理系统。

斯图尔特说，与竞争者比起来，Booz 公司知识资本的规模是"惊人的"。想法存在于整个公司的各个层级，包括重点解决一个具体的客户问题和提供好的咨询服务，也包括努力理解变化的世界，甚至去改变它。公司主要以两种方式管理想法：

1. 全公司范围。Booz 的"先见日志"包含一些话题，如向低碳、可持续的经济模式转型，话题范围涉及能扩大公司影响力或与客户事务相关的各种领域，对公司来说，很重要的一点是培养一组专家。营销和知识管理团队在开发和营销"先见日志"话题方面投入大量资源。

2. 按业务划分优先级。公司要求行业业务人员和功能性业务人员找出他们认为对客户来说最重要的想法。"有时候很难让一群非常聪明、非常有想法的专业人士就优先级达成一致，"斯图尔特说，"但是如果没有重点，那么有多少位合伙人就会有多少个想法。"斯图尔特与这些小组一起商讨，确定哪些想法最有可能被用于服务内容、品牌建立和销售。

营销和知识管理团队通过各种项目和渠道充分发挥想法和概念的价值：《战略＋商业》杂志；《视角》（发表对各种话题的观点的出版物）；定期向订阅人发送关于具体业务或行业的电子时事通讯；调查、报告和白皮书；演讲；播客和网络广播；活动；网站内容；报纸或媒体投放。使用媒体的种类多少取决于话题的范围、受众，以及其内容在业务开发和品牌建设方面的潜力。

"公司规模越大、越有成就、越被尊重，就越不能把品牌当作理所当然的事情，依靠过去获得的荣誉，"斯图尔特说，"一个强大的领先思想项目不仅展示了公司处于领先地位，它还应使公司保持在领先位置上。"

营销专业人士的角色

品牌开发和品牌管理是首席营销官的主要工作。支持业务开发也是首席营销官工作的主要内容。而战略更多来自总裁办公室。我并不是说首席营销官一点都没有参与制定战略。

我认为营销没有得到应有的重视，主要是因为专业服务公司把重点过多地放在了服务交付和财务上。

我很喜欢在我所工作过的四家公司做营销工作。我很喜欢做各种不同性质的工作，每一天都不一样，不断地被非常聪明、要求很高的人所激励。但是毫无疑问，这是一份很难做、经常让人感到沮丧的工作，这也是营销专业人士流失率特别高的原因。

大多数情况下，问题在于公司领导对营销人员的要求和作用有不一样的期待。对于很多公司来说，营销是策略性的，包括新闻发布、服务项目介绍手册、活动组织、网站开发、新闻通讯和出版物制作，以及回应合伙人的问题。通常这些活动的发起和执行是没有经过规划和协调的，这也是它们往往效果不好的原因。营销专业人士生气、烦躁，然后不干了，或者合伙人层面认为这一切都是在浪费时间，浪费辛苦赚来的钱。

要想找到并留住一个好的营销专业人士，公司必须给营销职位一个很重要的地位。这个人应该直接向公司首席执行官汇报，参与公司的年度规划、长期战略性业务规划和市场营销规划制定，得到领导层的重视和支持。营销岗位的职责应超越传统的传播功能，应包括更广泛的品牌管理、客户组合和关键客户的规划和管理，以及业务开发和销售支持的工作。这样，这个职位吸引的专业人士的层次会与以往大不相同，他会很投入地工作，留任时间更长，为公司带来更多价值和有形的结果。2007 年博思艾伦咨询公司、美国广告商协会和服务于资深营销人员的美国贸易协会联合开展的一项研究显示，那些将营销职位提升到可能的最高水平的公司，公司收入和盈利能力的增长是最明显的。对于所有专业服务行业以外的公司来说，营销和销售在公司中都扮演着不可或缺的战略性角色。专业服务公司必须明白这一点。

对于那些尝试了很多次却没能招聘到合适的营销专业人士来启动营销项目的公司，我们建议公司领导层在招聘前先制定并巩固市场战略，对规划有一个相对清晰的认识。因为目标和方向决定了管理和推动规划实施对营销专业人士的技能水平的要求。另外，正在考虑这个职位的专业人士会提前确切地知道这个职位的工作职责。太多新上任的营销专业人士将他们的时间集中用于建立一个内部团队或者重新设计公司的 Logo 和包装，花费数月或数年的时间努力弄明白应该做什么。成功的关键是让新到任的营销人员尽可能早地专注于客户和市场。这样营销的投资回报率会实在得多，无论合伙人还是市场营销人员的满意度都会大大提高。

营销部门的工作重点

一位高级合伙人问我，究竟有没有一位客户是受到营销的影响而选择我们公司的。如果这是普遍的想法，那么要经过很长的时间我们才能获得自己想要在公司扮演的那种角色。

我们确实有营销资源，但那是帮助准备销售材料或帮助他人写文章用的支持性资源。

一家典型的专业服务公司的营销部门有很多事情要做。除了要推动营销规划中的活动、达到规定的目标以外，每天还要应对许多大大小小的计划之外的危机事件，比如，一个重要的投标机会从天而降，必须立即处理；一位记者想要对公司进行报道；一个重要客户威胁说要放弃合作；一位高级合伙人需要为客户弄到一个大型体育赛事的门票。营销部门要掌控好全局并做好每件事情，是不容易的。

在过去的几年内，我们管理、观察和帮助建设了各种规模和各种形式的营销部门。营销部门的人数和预算自然取决于公司的复杂程度和收入。大多数公司将收入总额的2%用于营销部门的现金开销和人员工资。一个成熟的专业服务公司的营销部门应该有五个工作重点（见图7—6）。

1. 市场战略和计划。公司的营销领导应该与合伙人一起参与并引导本章前面详细介绍的规划流程，负责跟踪、评估进度并将结果汇报给管理层。

2. 品牌管理。营销部门的一个重要工作内容就是培育和维护公司的品牌，它包含许多职责。首先是站在一定的高度撰写一个关于公司定位和形象传播的关键陈述，是公司在与市场的所有互动和交流中想要呈现并持续加强的关

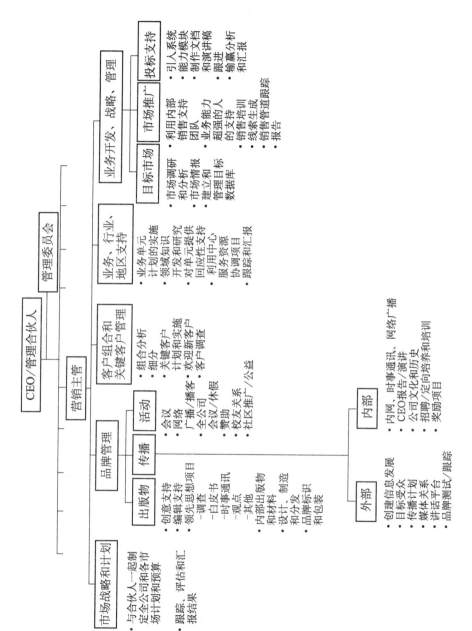

图7—6 专业服务公司营销的重点工作

键陈述。品牌信息应以何种方式传播给所有的利益相关者（包括客户和潜在客户、公司的专业人士和应聘者、股东和市场），推荐明确划定在公司内外所有与品牌有关系的点。营销团队专注于品牌管理的几个重要方面：

• 出版物——包括创意支持、领先思想项目的创建和实施、写作、编辑、设计和制作、公司材料的分发。

• 传播——包括针对内外部受众的信息创建、传播计划、媒体关系和品牌测试、内部传播工具和项目，如内网、时事通讯、网络广播和培训。

• 活动协调——包括公司重大会议和客户活动、全公司范围的会议和休假、校友关系、社区推广。

3. 客户组合和关键客户管理。 营销部门应该参与公司客户组合战略和管理的规划、决策。我们在第 4 章中讨论过，许多顶尖公司定期投入时间和资源分析客户组合、收益和盈利能力。公司依据价值和潜力进行客户组合的细分，并为每个细分的客户组合建立正式的投资项目。营销应该支持这些项目的管理，与相关的合伙人及其团队密切配合一起进行计划、执行、跟踪、评估，并报告单个客户、每个细分类别的投资状况，以及全公司范围的客户情况。

4. 业务开发。 让公司的营销专业人士与最有潜力的潜在客户见面交流，并支持销售的流程，是一项高价值的营销活动。我们公司最近对一家咨询公司的营销团队进行了诊断，包括其结构和流程。任务启动的第一步就是访问公司约 40 位主要领导，收集他们对公司内部市场营销力量的意见。出现最多的抱怨就是营销与增加收入没有实在的关联。他们确实理解品牌管理的重要性，当公司的名字出现在新闻中时他们也很高兴。然而，最终对主要领导的评估和他们薪酬的确定取决于他们所做的客户工作。他们想要从营销团队那里获得正确的方向和支持。

我们讨论过，对于大多数专业服务公司来说，销售额是对合伙人和计时收费的专业人士的唯一衡量标准。从这个角度讲，营销部门的作用应该归入投标支持——整理简介、能力综述、客户名单及其他材料。许多年前我在普华永道和 Brobeck 公司都带领过忙碌的投标支持团队，有时一天能够扭转几个投标。我们经常穿梭于各个办公室使标书内容更具战略性、写文档和演示稿并帮助团队练习。有时我们甚至陪同竞标人员一起到会，站在门外等候以防幻灯片出现差错。如果成功获得了订单，我们以全公司的交流和办公室聚会的形式庆祝胜利，如果公司没有被选中，我们会在后面找出原因。公司合伙人很看重公司的服务项目，因为它们与增加收入紧密相连。

为了有效支持公司的业务开发活动，营销团队必须清楚地了解目标市场并准备好所需要的信息和工具，以获得市场机会。业务开发活动应该关注三个主要的方面：

• 追踪目标市场。开展调研和分析以发现市场趋势和机遇、监控竞争者的市场情报、建立和管理目标数据库。

• 市场推广。在计划中包含具体的活动，以创造与潜在客户见面的机会。这样的活动包括会议、论坛和演讲、正式的销售线索生成项目和内部团队的运用。市场推广流程包括销售机会的跟踪和销售管道管理。

• 投标支持。开发一个高效的投标项目的获取和管理系统，用来处理各种投标要求并制作文档和演讲稿。投标支持流程包括输赢分析、汇报和跟踪。

5. 业务、行业、地区支持。在大中型的专业服务公司中完全集中化的营销部门成效不理想，尤其是在那些有多条业务线、多家办事处的专业服务公司。如果营销团队离得太远或者太官僚主义的话，具有创业精神和独立性的专业人士不会与他们合作，他们会到别的地方寻求帮助或者自己做营销工作。我们经常发现勇猛的营销人员埋头在业务单元中工作，他们是由合伙人招聘过来专门负责其项目的。最好的情况是公司集中的支持性服务资源可以为分散的营销专业人士所用，因为营销专业人士分别与不同的业务、行业、区域一起工作，所以是分散的。地方的营销专业人士通常进行双线汇报，既向业务单元领导汇报又向营销领导汇报。这种营销专业人士以两种模式工作，一种是主动的，一种是被动的。他们主动地执行业务单元的营销计划，同时管理区域团队的日常活动。他们可以利用集中的服务资源以开展活动，如公关、活动、投标、出版物和数据库管理。

本章小结

市场定位

- 专业服务公司认识到了品牌、营销和销售的重要性，但是对自己在这方面表现的评价却好坏不一。
- 一个成功的市场战略有五个要素。最优秀的公司这么做：
  1. 知道自己是谁以及要做什么。
  2. 让员工成为公司的品牌经理。
  3. 做计划。
  4. 与市场对话。
  5. 责任到人。
- 要想取得成功，专业服务公司必须有明确的市场定位。确定市场定位包含几个关键决策：
  1. 在各种业务范畴中我们如何定位自己？
  2. 我们应该卖什么服务？
  3. 我们定位于哪些市场和哪些地区？
  4. 如何定义我们的服务交付方式和客户体验？
- 领先思想是帮助公司成长的最有效的方式。
- 一个成熟的营销部门应该有五个工作重点：
  1. 营销战略和计划。

2. 品牌管理。

3. 客户组合和关键客户管理。

4. 业务开发。

5. 业务、行业、地区支持。

第 8 章

合伙制

股权、甄选和薪酬

必须有许多比金钱更有效的激励方式，才能将一群睿智的、最优秀合伙人凝聚在一起。

——埃文·切斯勒（Evan Chesler）

Cravath 律师事务所首席合伙人

真正的挑战是如何能够在以绩效为基础、以绩效为驱动的组织背景下营造出共同掌权、相互协作的合伙制文化。

——罗德侠（Paul Laudicina）

科尔尼管理咨询公司总裁、高级管理者

我认为成功的秘诀在于保持所有合伙人对其工作及公司的热情。

——艾利克·弗里德曼（Eric Friedman）

世达律师事务所执行合伙人

　　"合伙制"一词在专业服务领域具有非常特殊的含义。合伙制的概念绝不
仅仅是一种所有制结构，它既是一种行业思维模式，即所有人因共同的愿景
和事业而凝聚在一起的核心理念，同时又具有一系列截然不同的治理特点。
以合伙制驱动的治理模型建立的基础具备前文中已探讨过的专业服务公司的
诸多特点，如共同价值观、协作和团队合作、伙伴关系、深度参与决策过程，
以及与其他合伙人或所有者共享股权。

　　19 世纪以来，对专业服务公司而言，合伙制已经成为一种传统的法律组
织形式，并且这种组织结构直到今天仍被很多律师事务所和会计事务所采用。
只是在近几十年里，才有一些公司从法律上的合伙制转型为法人制。但不论
选择何种所有制结构，大多数公司都努力保持合伙制中的伙伴精神。正如贝
恩咨询公司的副总裁史蒂芬·托尔曼（Steven Tallman）所说："从法律上来
说，我们是公司，而从行为上来说，我们更像是合作伙伴。"我们研究过的集
最佳特性于一身的很多优秀公司，虽市值达几十亿美元，并且员工人数达上
万名，却仍然在努力保持这种伙伴精神。

　　不难看出，急剧的增长和膨胀，特别是在全球范围内的增长，给合伙制
治理模型带来了极大的负面影响。相对于只分布于几个地区的 50 位合伙人来
说，试想一下，当公司有 500 位遍布世界各地的合伙人时，如何才能维系好
基于共同决议、平等决策和深度参与的管理过程呢？与我们谈话的公司领导
者告诉我们，在过于强调公司和过于强调共识之间找到一种合适的平衡关系
一直是他们想要努力解决的问题。

营造这种特殊的伙伴精神对于小型专业服务公司来说可能是异常艰巨的任务。在提供咨询服务的过程中，我们调研过很多这样的小公司，它们的合伙人可谓是团结协作的鲜明对立面。让十个独立合伙人就铺什么样的新地毯一事达成共识通常是不可能的，更别提愿景和战略了。

稳固的伙伴关系的六大特点

> 在这个地方，令人惊奇的事情之一，就是我们接手了一家如此优秀的公司，并随着时间的推移又将它传给了一代更加年轻有为的合伙人。

优秀的公司是如何营造合伙人风气的呢？在研究过程中，我们发现了这些公司在创建并维系这种持久的伙伴关系方面至关重要的六个共同特征：

• **因共同的愿景和价值观凝聚在一起。** 正如第 2 章所阐述的有关"共同愿景、价值观和文化"的内容，在我们采访过的领导者中，99％的人都将愿景、价值观和文化列为公司管理中最重要的方面。正如我们提出的小型专业服务公司领导模型中所强调的，愿景、价值观和文化是一家专业服务公司取得成功的根基和核心，而伙伴关系必须深深扎根于这些目标和价值观中。而合伙人的个体行为（包括对客户和对其他专业人员），会最终决定一家公司的走向。如果合伙人存有与组织目标不一致的个人优越感和个人目标，就会有潜在的分歧出现。只要公司在盈利，即使存在分歧，合伙制度依然适用；可一旦陷入经营困境，这些与公司不在同一立场的合伙人往往会毫不犹豫地弃船而逃，另寻他处去施展拳脚。

• **营造整体化、团队合作和互相协助的环境氛围。** 合伙人必须愿意跨越职务上和地域上的界限而凝聚在一起为客户提供服务，共同工作和管理公司。我们所研究的公司不惜投入重金，通过培训、指导、绩效评估以及制定薪酬方案等措施，只为在公司的合伙制度内创建一种团队合作的文化。特别对那些服务于跨国客户的大型全球性公司而言，团队、服务、流程及通用标准的整合是关键的成功因素。

•**将资深团队视为公司的主人**。在专业服务领域存在这样一种现象：不论实际上采用了哪种所有制结构，资深团队都被视为公司的合伙人或公司所有者。员工经历了多年极具挑战性的任务、不分昼夜的工作、高强度的培训之后，能够成为一名合伙人，或者负责人、总经理、副总裁等，拥有这些被赋予的头衔是一种备受重视的荣耀。不论是在小公司里直接参与决策的合伙人，还是在大公司里通过授权的管理团队间接参与决策的合伙人，都贡献了自己的血汗和资本，努力维系并壮大公司，并最终分享公司利润的果实。

做合伙人是一项艰巨的任务。作为公司的主人，合伙人承担着发现工作、完成工作并管理壮大其业务和团队的职责，需要不断地更新和拓展他们的技能，贡献出智力资本，并参与到公司的管理和特殊项目开发中。肩负着在金钱和情感上兼具严肃性的职责。

•**创建一种共享权力和"专属俱乐部"的工作氛围**。总有一条非常结实而稳定的共同的纽带存在于运营良好的专业服务公司的合伙制中。成为一名合伙人跟加入一家专属俱乐部或类似组织很相似。你会因为一位合伙人同事而自然而然感受到一种权力共享和亲密的关系，你们有共同的事业、技能和利益。如果加以适当的催化和管理，这种关系会产生一种坚固的根基，这正是公司的生命所在。麦肯锡公司就是专业服务公司中一个很好的例子，它创建了一个忠诚的团队，包括专业人员以及热忱的校友圈子，他们非常热爱公司并为与公司的关联而感到骄傲。在小型的、地域上比较集中的公司里，这种纽带关系更容易被创建并维系。但随着公司在规模上的壮大和地点上的分散，任务也变得越来越难，需要更加积极地去管理。

•**以适当的方式对贡献予以奖励**。从初级的团队成员到资深合伙人，所有这些专业人士需要并珍视来自团队伙伴、客户和其参与领域的业内肯定。最好的公司深知这一点，于是用心地创建股权共享和薪酬结构、评估和反馈体系、奖赏方案，对员工给予肯定，并适当激励他们的合伙人团队。

• **培养管理者身份** 在我们的研究中发现，供职于顶尖级公司的成员在自己的合伙人都是期望得到长远发展的。他们视自己为公司的管理者和监护人，有责任把控公司的前景趋势，对公司的价值观和文化善加维护。因此股权结构和所有权制度被建立起来，用以保证公司公平有序地完成从一代人到另一代人的移交。

选择一种所有制结构

对于专业服务公司而言，其中一项关键性决策就是如何依照法律创建公司结构。对结构的选择会给公司带来很多战略上的影响，因此需要谨慎决定。所有制结构会影响公司所有权及其传承、利润分配及留存收益、业务的扩大、招聘及留任、融资渠道、税收及责任。

专业服务公司的所有制结构是多种多样的，从私有公司到合伙制，再到股份有限公司——不论是否上市。从世界范围来看，绝大多数专业服务公司是私有制或简单的合伙制，仅由几位专业人士合伙管理并保持了较小的规模和地域上的集中。如果打算扩大业务，多数公司会有序展开并经过谨慎考量。但是，正如我们在研究中举出的例子，很多集优质特性于一身的公司选择了积极成长型的发展道路，将业务扩展至全国乃至全世界。这种壮大模式通常伴随着各种同时进行的兼并、收购，以及通过展开紧锣密鼓的招聘和雇佣而实现的快速的内部扩张。

很多依据法律规定可以实施此种制度变更的专业服务公司①都已在其所有制结构上发生了重大变革。有一些公司选择上市，抑或全部或部分地吞并业

---

① 某些特定行业限制公司上市，或者不允许任何公司外部的人持有公司股份。比如，美国的会计师事务所和律师事务所是不允许成为上市公司的。

内业外的其他公司，或被这些公司并购。我们研究的很多公司都随着时间的推移变更了其在法律上的公司结构，这反映了公司从创始阶段开始的成长轨迹，或者说反映了公司对所有制形式的重新思考。

所 有 制 结 构 的 利 弊

大多数我们访问过的公司选择了两种主要的所有制结构，如图 8—1 和表 8—1 所示。超过一半（59％）的公司选择了 C 型股份有限公司制度，其中有私营公司也有上市公司，而 23％的公司选择了有限责任合伙制（LLP）。7％是有限责任公司（LLC），剩下的一小部分是瑞士联盟（Swiss verein）公司、员工持股计划公司（ESOP）和 S 型股份有限公司。

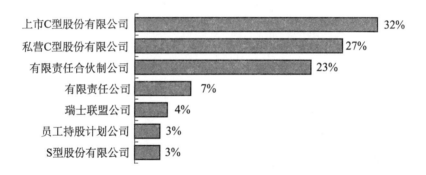

图 8—1　所调研公司的所有制结构分类

表 8—1		所调研公司的所有制类型细分		
细分	上市 C 型股份 有限公司	私营 C 型股份 有限公司	有限责任合伙 制公司	有限责任 公司	其他类型
会计师事务所 （美国公司）			100％		
广告/公关	71％	24％		6％	
建筑/工程	15％	62％	8％		15％
咨询	42％	31％	4％	15％	8％
猎头	25％			75％	
金融	67％	17％		17％	
律师事务所			89％		11％

正如表 8—1 所示，不论选取哪一种所有制结构，都有其固有的利弊。参与调研的所有美国会计师事务所和大多数律师事务所都属于有限责任合伙制。多年以来，美国的法律一直禁止会计师和律师这样的专业人士以公司制参与管理，因此，几乎所有的大型会计师事务所和律师事务所都以普通合伙制创建并运营，其中明文规定合伙人对于所有公司债务具有无限个人责任。而当法律最终得以修订并允许专业人士组建公司时，许多公司是排斥这种改变的。从合伙制转型为公司制是一个纷繁复杂且耗费巨大的过程，涉及公司所有财产的核实，并可能使公司遭遇潜在的重大税收项目。

经过一些会计师事务所、律师事务所和其他专业服务公司的努力游说，一种名为"有限责任合伙制"的所有制结构终于在 20 世纪早期得以成型。这一结构摒弃了纷繁复杂的转型过程，并允许公司承担类似于有限公司那样的有限责任。在最初的合伙制结构中，有限责任合伙制公司的利润都会考虑到纳税的原因而在合伙人之间进行分配，避免了在公司制结构中出现的双重纳税问题。在美国，有限责任合伙制的弊端是合伙人的责任在各州有不同的规定，有些州提供全面的保护，还有些州只提供有限的保护。除此之外，不同国家就有限责任合伙这种合伙制度所给出的不同定义和特点界定都给专业服务公司组建大范围的全球性联盟增加了复杂性，如四大会计师事务所。通常这些公司必须采用多种所有制结构才能调整地域上的差异。

有限责任公司和 S 型股份有限公司制度对于中小型专业服务公司而言都是很好的选择。在这两种所有制结构中，有限责任公司在所有制形式上和操作方面都提供了更大的灵活度。有限责任公司在其所有制形式上没有过多的限制因素，更加易于操作，因为它不会受到类似于 S 型股份有限公司那样的法律程序的限制。有限责任公司可以由股权所有者自治，这意味着是股权所有者在运营公司，也可由管理人员管理，他们享有公司委托给他们的管理责任，但不一定是公司的拥有者。有限责任公司的股权所有者可选取他们认为合适的方式进行利润分配。说到弊端，那就是没有剩余的股份留作他用，因此对于外部投资者来说不是一种有吸引力的所有制结构。而且根据收入还要缴纳自雇税。

S 型股份有限公司制度已经存在多年并拥有久经考验积累起来的判例法为依托，从而能够有效保护员工、董事及股东的权益。在这种类型的公司中，盈利和损失都会分摊到每位股东身上，如同有限责任合伙制和有限责任公司这两种制度一样，能有效避开双重课税的发生。不过，S 型股份有限公司也有其缺点，其股东不能超过 75 名，而且不可以是非居民外国人，也不可以是其他公司制公司或有限责任公司。S 型股份有限公司还必须遵循与 C 型股份有限公司相同的程序和记账流程等。S 型股份有限公司的董事或者高管人员必须参与公司的管理，而且在股权所有者之间的利润分配方式上没有任何灵活度可言。即使股权所有者认为以其他方式分配利润更加公平合理，利润仍然必须依据固有的股权比例进行分配。

对于寻求发展壮大、希望吸引投资人并力争上市的公司而言，C 型股份有限公司制是一种非常合适的组织结构。C 型股份有限公司向股权所有者提供有限责任的保护，对于股东和子公司的数量没有限制性规定，同时允许通过售卖股票简便易行地完成所有权转让，被一些公司视为一种比个人所有制和普通合伙制更加专业化又合理合法的实体类型。就其弊端而言，正如前文所述，与其他形式的组织结构不同的是，C 型股份有限公司是一种纳税较多的实体类型，意味着股权所有者需要同时在公司层面和个人层面上缴税。也就是说，虽然公司的收入已被征税，但是当利润以红利的方式分配给股东之后，股东们又同时成为个人所得税的纳税义务人而需要再次缴税。除此之外，C 型股份有限公司涉及的管理更加纷繁复杂，包括股东大会、各种档案、各种公司日常记录的留存管理等（见表 8—2）。

表 8—2　　　　　　　　　　　　　**不同所有制结构的利弊分析**

实体类型	优势	劣势
个人所有制	无须所有制形成手续 同合伙制的课税方式	无限责任 投资人不感兴趣的所有制结构 对还有其他雇员的公司不适用 所有收入需要缴纳自雇税
普通合伙制	灵活的管理结构 有权签订合同并受法律认可的法人实体 合伙制课税方式	无限责任 难以添加新合伙人 不能引进新合伙人导致筹集资金困难 需有两位及以上的合伙人 任何合伙人都可授权其他合伙人 合伙人死亡则自动解除合伙关系
有限责任合伙制	合伙人的有限责任 盈利不需要双重纳税 每位合伙人可拥有或管理一部分合伙事务	承担某些个人责任，具体取决于美国不同的州 在美国有些州，对哪些专业人士能够选择这种所有制形式有限制 不同国家的规定和限制不同 在伙伴关系中仍然要为合伙人的行为负责
有限责任公司	灵活的结构 允许不同类型股票、不同权利及分配制度并存 股权所有者可以是个人、公司或其他有限责任公司 是外部投资者熟悉的所有制结构 同合伙制课税方式 不会受到不利的税务影响便可转型为 C 型公司	没有剩余股份留作他用 对机构投资者没有吸引力 很多州规定公司需要有两名股权所有者 股权所有者的死亡会影响公司的持续性 所有收入需要缴纳自雇税

续前表

实体类型	优势	劣势
S 型股份有限公司	公司结构稳定 有清晰界定的法律 股东的死亡对公司整体运营不产生影响 股东是合法的免税人 可拥有公司制公司和有限责任公司作为子公司 同合伙制课税方式 仅工资（非利润）缴纳自雇税	只能有 75 名股东 只有一种股票 没有外部投资者 不适合机构投资者 就大股东而言有限的职工福利 转型为有限责任公司需要全盘清算并会导致不良的税务影响 转型为 C 型公司存在问题 在收入、租赁权、信贷和扣除额的分配上缺乏灵活性
C 型股份有限公司	股东承担有限责任 在股份类别、清算优先权和投票权上具有最大灵活性 是机构投资者青睐的投资选择 适合进行首次公开募股（IPO） 可进行股票期权交易 对股东数量和类型没有限制 公司运营有完善的法律规定 最有利于实现雇员福利计划的所有制结构	更烦琐的程序，包括董事会议、股东大会和议题投票 在红利上双重课税 对封闭型控股公司可持有收益数额有限制 对工资水平有限制，以避免密切控制的公司的分红 不允许将净营业亏损纳入个人收益

要不要上市

我们是一家上市公司，但我们将股权所有者称为合伙人，本着合伙的态度做事情。

作为一家股票交易公司并不意味着它就得上市交易，而作为一家合伙制公司也并不意味着它就不能上市。

想要迅速扩张的专业服务公司必须面对的一大抉择是要不要上市。财务压力以及规模膨胀所导致的复杂因素，向招新增小伙伴，并执系统和程序以支持基础设施运转，增加专业人士及行政人员编制等，可能会铺天盖地而来。特别是在合伙制的治理模式中，大部分年度收益都是在股权所有者中进行分配的，因此要筹措款项另设一笔至关重要的资金留作他用难上加难。

实行 IPO 这一筹措资金的方法对一些公司领导者而言极具吸引力。不过迄今为止，选择靠自身力量完成公司上市的专业服务公司相对有限。在我们调查的 30 家上市公司中，只有 12 家选择自己进行 IPO，剩余的多家公司则被上市公司收购，在其保护伞下作为分公司运营。实施公开募股的好处是显而易见的，增加资金量，用于增设办公区、招聘人才和扩大业务，获取相关领域的新业务；可以提升营销和品牌影响力；可以买断退伙人的股份；可以避免未来衰退的风险等。正如一位任事股东告诉我们的那样："我满脑子想的都是，终于可以实现用 5 000 万美元引进一个顶尖级人才的梦想了。"

然而，其弊端也是不容忽视的。向公众募集的投资也带来了股东、投资者及分析家的公开监督，他们时刻盯着季度损益表上的数字。有一种担忧，公司可能会被迫将短期财务收益置于更长远的商务决策之上，更加令人担忧的是，客户的最优利益会受到损害。还有一部分人担心，缺少了成为合伙人或拥有所有权的机会可能会难以吸引或留住顶尖的专业人才。而且，潜在加剧的官僚主义、提升的透明度、财务管理及财务申报上的严苛，对于不习惯被置于公众视线中的专业服务公司而言都显得令人不安（见下面的专栏"Slater & Gordon 成为第一家上市的律师事务所"）。

Slater & Gordon 成为第一家上市的律师事务所

2007 年，一家拥有 72 年历史、在全国有 30 家办事处和 650 名员工的澳大利亚律师事务所成为在股票交易所开始其例行交易的第一家律师事务所。根据常务董事安德鲁·葛雷奇（Andrew Grech）所述，一系列原因导致公司做出成为上市公司的决定。自 2000 年开始，一系列由政府实施的法律变更使得公司越来越难以维持在原有的规模上开展运营。为了更加有效地参与市场竞争，管理团队决定实施业务扩张，从一家小型所有权结构公司扩张成一家全国性质的公司。为了达成这一目标，公司需要增加资本量。

公司制定出了一套发展战略，包括收购计划和基于丰富营销和实践活动的自然增长计划。与此同时，公司对一系列融资方案进行评估，为战略实施提供资金支持。Slater & Gordon 公司最终认为，唯有 IPO 战略可以为公司的迅速成长提供足够资金。葛雷奇表示，管理团队做出的这一上市决定为公司提供了很多潜在利益。资产估值可能会更高。IPO 战略可以为公司的继任计划和长期股东在所有权上的有序转移提供更加强有力的基础，并且更加容易处理上市后的债务和股权问题。而且，在未来的并购事宜中，IPO 提供了一种可以将股份有效利用的机会，作为所并购公司本金的可行备选方案。同时，公司还可以推行员工持股计划，来支持公司史上最高的员工留任率，并提升雇员的职业拓展进取心。

2007 年 5 月，Slater & Gordon 公司的 IPO 共发售了 3 500 万股的公开招募股份，并很快被全部认购，引起了机构投资者和小额投资者的强烈兴趣。就 2009 年 8 月而言，公司大约 36% 的股份为外部股东持有，其中包括一些澳大利亚最具实力的基金经理人。剩余 64% 的股份由公司员工持有。"收编资金和上市的主要弊端是应对外部监管的压力。"葛雷奇这样说。对股东的责任和服从法律及服务客户的义务，这两者之间的潜在利益冲突是

公司在思考和做规划时主要考虑的。为迎接这些挑战，公司采取了一系列
措施，其中也包括及时聘用法律专员处理这些潜在的冲突。公司人员与股票
交易所和股东紧密协作，由公司聘用的咨询律师向股东说明其对法院和客
户享有的主要责任和义务。公司采用公司治理政策加强这些基本职责的履
行，在董事会中任命独立的非执行董事，并将这一强有力的治理框架落实
到位。

"总的来说，严苛地实施尽职调查比实行并提升上市透明度更为重要，
这对公司的合规发展起到了积极的影响作用，"葛雷奇还说，"IPO 战略提
升了外部责任，而我们对政策和流程的内部关注也超越了合规而转而追求
最好的运营。"

由 IPO 筹得的资金使公司的成长战略得以实现。自 2007 年 5 月以来，
Slater & Gordon 已收购 20 家律师事务所并增加了营销和广告投入，以支
持快速的自我发展。大约 80% 的公司员工参与了员工持股计划，这已被证
明是招聘、留任和奖赏出色员工的有效途径。"大体上说，我们认为这对我
们来说是一次非常成功的实践，并的确超越了我们的预期，"葛雷奇还说，
"在大多数公司都面临衰退的时候，我们却一直以年均增长 30% 的速度发展
壮大。"

卖还是不卖

在 92 家参与我们调查的专业服务公司中，16% 的公司将它们的全部产业
卖给了其他实体（见图 8—2），大部分卖给了同一领域的其他公司或其他从事
相关业务的组织。比如，汤森路透，一家上市的多媒体新闻报道公司，收购
了两家咨询公司 Baker Robbins 和 Hildebrandt，将汤森路透的产品和服务范
畴扩大至法律行业（见下面的专栏"Baker Robbins 公司的并购过程"）。还有

10%的公司将部分股份售卖给了外部公司，主要是投资公司。出售公司的全部或部分股份使得创始人和持股人可以实现长期辛苦工作及投资带来的回报。和实施 IPO 战略一样，出售公司股份可以得到更加稳定的金融环境和资金注入，促进公司飞速成长。购买可进行产品交易的知识型公司的全部或部分股份显得有些棘手。大多数有并购行为的公司和投资人会构建过渡机制，以激励资深团队留下来，至少要继续为公司工作 3～5 年时间。

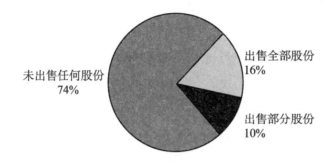

图 8—2　出售全部或部分股份的专业服务公司

　　并购或者出售部分股份之后，公司的命运取决于公司或投资人的经营哲学。一些领导者说，他们的业务发生了大幅度的改变，一些强加的不同系统、流程和文化显得纷繁复杂，十分棘手。而对其他领导者而言，并购公司或合伙人采用的放任不管的管理模式对被并购的公司没有带来什么影响。正如一位首席执行官告诉我们的："只要我们能够达到预期收益，他们就不会过问。"

Baker Robbins 公司的并购过程

　　联合创始人戴维·贝克（David Baker）和布拉德·罗宾斯（Brad Robbins）花了 25 年的时间，将他们的科技咨询公司 Baker Robbins 公司经营成为一家为法律行业提供专业服务的备受尊敬的供应商。

2006 年，公司与一家加拿大上市公司汤森公司（现在的汤森路透）接洽，这家公司有兴趣洽谈收购事宜。两位联合创始人认为机会难得，同时又都有意愿继续谋求公司的快速扩张，希望得到更大规模的投资并为员工提供更加令人满意的职业选择机会。

汤森公司似乎是个好搭档。这家公司已经投资了一家信誉良好的律师事务所的咨询业务板块，并且在法律行业很活跃。已经有明确迹象表明这次合作将带来双赢的结果，而且双方都进行了各自的尽职调查，Baker Robbins 公司最终于 2007 年 1 月成为汤森路透公司旗下的独立业务单元。

作为 Baker Robbins 公司的首席执行官，布拉德·罗宾斯继续将公司经营至 2010 年，同年，Baker Robbins 公司与另一家同属汤森路透的公司 Hildebrandt 公司合并。目前他管理着 Hidebrandt Baker Robbins 公司。从成长壮大的角度来看，被大型上市公司收购会带来丰厚的收益。汤森路透公司在监管公司财务和战略方向上给予罗宾斯广泛的行动自由，并为公司提供稳定性、投资资源，还可以使被收购的公司接触到更加广泛的客户群体。从文化的角度讲，小公司的协作环境得以保留，而作为独立、客观的咨询公司的声誉依旧良好。

在反思 Baker Robbins 公司由一家私有制公司到一家大型上市公司分部的转型过程时，罗宾斯为有类似打算的公司提供了以下建议：

• 做好尽职调查。确保你清楚地了解潜在买家有意将你的公司收归旗下的原因，并就双方将获得的收益达成深入共识。一家大型上市公司所肩负的责任要远远重于一家小型私有公司所肩负的，不过，同样要面对不同的市场压力。请非常审慎地考量想要收购你的公司。在一些关键议题上对方是否与你有同样的思考？它是否愿意承担同等的风险？你是否愿意改变自己的风险定位？

　　•钱是大事。确保你们商定的收购价格是令你满意的，因为你永远不能把握未来，所以要确保预付款的充足，因为你可能无法实现事先谈定的按照业绩状况收取的回报。

　　•文化很重要。当置身于更大的屋檐下，你的公司是否能够保留其文化？汤森路透公司很珍视公司文化，罗宾斯指出，这使得两家公司很容易合作。

　　除了更具稳定性和更深入的资本化等好处，罗宾斯提出，将公司卖给大公司还提供了一次重新思考公司运营走向的绝好机会。"当拥有 25 年的经营历史时，你是不太容易重整结构的。唯有出售是一个好时机，可以为未来的发展进行重新构建。"当 Baker Robbins 公司转型的时候，罗宾斯认为这次并购会在新人招聘这一重要方面继续带来积极的影响。正如他说的："我认为人们看到我们会说：'嗯，那家公司不但特别稳定，还可以使我融入独一无二的企业文化'。"

吸引并留住最优秀人才的股权计划

　　我们的股票是固定价值的。我们的股票没有分红，因为我们希望按贡献大小分配利润，而不是按持有的股权比例。

　　很坦率地说，一些公司已经消亡了是因为员工们背负了太多的债务，他们永远不可能翻身。

　　当有人往你的公司投钱，那绝对和什么钱都不投完全不同。与不出钱相比，他们的投资行为使他们更像合伙人或所有者。

对于吸引和留住最好的资源和最优秀的人才而言，让他们享机会拥有一部分公司股权是一种强有力的工具。很多人加入专业服务公司都带着一份期望，期望能逐渐成长，有朝一日成为有权发言和投票的合伙人，在公司方向和公司管理上有发言权，并能够拥有公司的股权和获得一份收益。

选定最佳股权结构对于公司员工招聘和留任、公司治理、薪酬以及公司最终的盈利能力都有很重要的意义。大多数公司领导者认同，制定股权分配及薪酬方案是公司管理的重要组成部分，74%的受访者对领导力的组成给予了这一分类主题高度的关注（见图8—3）。大多数受访者认为他们在这方面有出色的表现，92%的受访者给自己在这方面的业绩表现打分最高（见图8—4）。

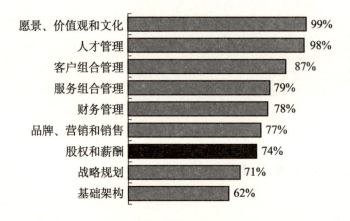

图8—3　接近3/4的受访者在其日常管理中将股权和薪酬放在首位

超过九成的受访公司都有某种形式的股权共享方案（见图8—5）。这其中可能包括正规的结构化过程，参股过程按照清晰明确的绩效标准以规定的增长额度循序展开；抑或由合伙制公司自行采用非正规方式，使业绩最佳者或高薪招聘的新人参股并分得一杯羹。

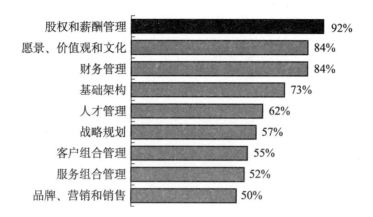

图 8—4　几乎所有受访者认为他们在股权和薪酬管理上表现出色

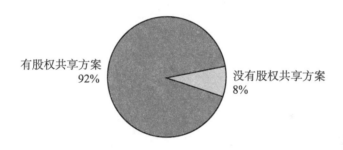

图 8—5　大多数专业服务公司都有某种形式的股权共享方案

受访公司所采用的股权共享方案的差异程度令人惊讶，连拥有相同所有制结构并属同一细分类别下的公司在股权共享方案上都有特别的细微差别。虽然没有完全相同的两种方案，但我们还是在调查中发现了一些共同点，这些共同点对更好地实施股权共享起到了极其重要的作用（见表8—3）。

表8—3　不同所有制结构下股权共享方案的共同点

	有限责任合伙制	C型私营公司	C型上市公司
升级为合伙人或负责人	要求新合伙人通过买进参股。大多数公司都以单位或点数为基础实施参股，价格则以买入股份时公司的实时账面价值为准。很多公司会在最有利的价格上，以向债权人融资的方式制定参股方案和合理的偿付计划。	采取的方式各异。有时要求买进参股，其形式是向债权人或公司预先协调好的债权人贷款以实现融资购股。而有时候，股份要么作为奖赏直接赠予当事人，要么当事人可以选择股票期权的形式来实现现身份晋级。	通常没有买进参股的要求。限售股有时合作进行发放。
逐层晋级	新的合伙人首先买进预先约定的单位或点数参股，而后通过清晰制定的晋升流程继续层层爬升至资深合伙人的级别。其中的每一级合伙阶都代表合伙人达到了数量和质量双重要求的具体的业绩水平（从5个到15个级别不等）。在每一个阶段上，合伙人可能都需要向公司投入资金以购买更多股份。这使得合伙人占有公司年利润的更大比例份额。在大多数公司中，逐层进阶段你可以占有的股份单位和点数总额是有封顶限制的。	当合伙人在公司中逐层进阶的时候，股票以及购入股票的时机是以多种多样的方式获取的。有时候，在招聘伊始就可以获得股份，有时在晋级过程中获得，或因做出不同凡响的巨大贡献而分阶段获得。有些公司设有内部股份买卖的机制。	限售股和股票期权通常是为高层领导团队准备的。一些上市的专业服务公司会在更大的员工基数上实施股票期权计划。

续前表

	有限责任合伙制	C 型私营公司	C 型上市公司
	合伙制年薪基于公司全部分配人的一个百分比，具体由每人所占股份单位或点数决定。公司可分配收入指公司净收入减去税前固定薪酬和各项支出。对于某些公司而言，合伙人的薪酬结构中可能全部是合伙制薪酬，而在其他一些公司薪酬包含一部分奖金（10%～15%），具体额度取决于在过去一年中合伙人的个人业绩。随着合伙人向更高的层级上升，他们所面临的风险和回报也在增加。在很多公司中，90%～100%的资深合伙人薪酬都与公司业绩和个人贡献紧密挂钩。	薪酬方式各不相同。在有些公司中，股票并不与薪酬直接挂钩，而在其他公司的一部分，也就是工资加奖金，是通过股份或股票期权的方式发放的。奖金越高，股权所占比例越大。	薪酬包括基础工资、福利包和奖金计划。奖金是工资的某个比例、与财务或运营指标挂钩。比如在 C 型私有制公司中，高层管理团队人员的年薪是由基础工资、奖金和股份组成的。
对薪酬的影响			
退休或离职	当合伙人离职或退休时，其长期以来向公司做的投资会返回给他们。公司会收回他们的点数或股或单位数。有时，这些钱会被立刻退回，不过通常是分几年逐步退回。很多公司没有退休福利方案，这就使他们退休后在一定时期内仍然有稳定收入。	大多数公司要求员工将其股份卖回给公司。当股权所有者离职或退休后，他们会获得其持有股权的现金价值。这一兑现价值的数额取决于多种方案，主要结合市场和票面价值来定，偿付期限从 1 年到 5 年不等。	没有必须卖出股份的要求。专业人员通常会有 90 天的时间可以流转他们有的股份期权。股份可以在开放市场上出售。

• 参股过程涉及资本支出。大多数（79％）受访公司在股权分享方案中需要员工注入初始资金，以及随着员工职业生涯中的成长而进行定期投资以提升其参股程度（见图 8—6）。领导者都表示，投入自己的钱给公司会使人产生一种归属感和肩负公司事业重任的神圣感。正如一位首席执行官告诉我们的：“我们过去往往采用赠送股份的方式，但是人们并不重视，不会像股权所有者一样去做事情。不过一旦我们采取了让他们购买的方式，他们的行为就发生了变化，会突然间非常热衷于帮助公司盈利和完成业绩。”对于很多私有制公司而言，不论规模大小，合伙人投资都是一种主要的资金来源，以保证运营和刺激增长。

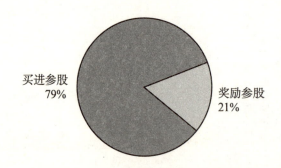

买进参股
79%

奖励参股
21%

图 8—6　大多数公司要求员工买进参股

• 明确的所有权晋级过程。最佳的股权共享方案都具有明确的升级流程，体现在从初级合伙人到资深团队的不同的所有权进阶阶段上。在被大多数会计师事务所和律师事务所采用的有限责任合伙制中尤为如此。但是，很多有限责任公司和 C 型私营公司也强烈拥护界定清晰的进阶模式。新的合伙人首先通过买进与有限责任合伙制公司预先约定的单位数或点数，或通过购入 C 型股份有限公司的股份，完成参股，而后通过清晰制定的进阶流程继续层层爬升至资深合伙人的级别。其中的每一级台阶都代表合伙人达到了数量和质量双重标准的具体业绩要求的一个等级或层次（从 5 个到 15 个级别不等）。在每一个阶段上，合伙人可能都需要向公司投资以购买更多单位、点数或股份。在大多数公司中，这种逐层进阶通常要 12～15 年时间，而一个人可以拥有的单位、点数或股份的总额是有封顶限制的。

• 所有权的晋级导致风险与回报相应增加。在一些公司中，风险与回报会随着合伙人向更高级别的晋升而稳步增加。有些公司称，九成甚至所有的资深合伙人的薪酬都与公司业绩和个人贡献挂钩。这些公司的领导者提出，在制度上严苛一些会同时促进公司和个人取得更好的业绩，从而使公司更加成功。

• 即使资深合伙人离职，公司仍能保持强大活力。我们调查的大部分公司（83％）都会要求合伙人在退休或离职后将股份所有权交回或卖回给公司（见图 8—7）。从直觉上说，这看起来是有利于公司持续和壮大的好办法，我们却听到了几个股权分享方案的反面案例，即当创始人或拥有高额股权的合伙人离职或退休之后，公司随即出现衰败迹象。在有限责任公司和 C 型私有制公司中，股价每年（或出售/购买机会出现时）根据事先确定的估值公式来计算，估值公式根据市场组合和账面价值的综合考虑得出。危险因素是，有时候公式的计算过程会造成公司价值的过度膨胀，继而导致股价上升，使得公司负担过重，无力负担因股东离开而产生的偿还债务。

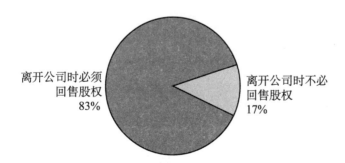

图 8—7　大多数公司要求合伙人离职或退休后将股份回售给公司

接受我们调研的专业服务公司的几位领导者抱怨说，如果不是因为专业人员的离开或者公司被出售，股票价值是很难实现货币化的。正如一位首席执行官告诉我们的："我们所采取的方式实际上鼓励了大股东的退出行为，因为这是他们能把钱拿回来的唯一方式。"还有一些采用模似了门部市场交易，员工可以每年进行1~2次股票交易，以获得现金回报或增加对公司投资。分红是另一种可定期获得股份现金回报的方式，但公司对这种方式采取谨慎态度。公司还是更愿意实施奖金制度来奖赏业绩出色的员工，而不是单纯提升所有权地位，而且奖金可以从税前收益中扣除，从而减轻纳税压力。

我们对新合伙人以账面价值从公司购股，并对所有权进行分配和使股东获得回报的方案都是赞成的。随着晋升到更高的等级，合伙人需要以账面价值买入更多的单位或点数，这使他们获得的公司年利润的分成逐年增加。当合伙人离职或退休后，他们的资金投资也会在预先约好的时间内重新归还给他们，公司收回股权。这种模式营造了一种真正的主人意识和责任感，提供了一种切实可见的股权年度分红制度，而且不会因为合伙人的离开而陷入资源耗尽的困境。

奖赏合伙人：馅饼的分配

本书中提到过几次经济收益之外的因素激励专业人士的案例。不过，在经历了持久漫长和艰苦卓绝的爬升之后，当合伙人终于坐在一家专业服务公司的资深位置时，必然要获得心理上和经济上的双重收益。与我们交流过的公司领导者认为，获得薪酬是促进领导团队良性运转的重要因素之一。里克·德雷尔（Rick Dreher）是一家会计师事务所 Wipfli 的执行股东，他这样描述了薪酬的作用："假设你的付出是可以得到回报的，那么合伙人薪酬是唯一需要你将之与愿景和文化相联系的重大事项。"薪酬是一种定义和鼓励杰出业绩、强化价值观、奖赏优秀专业人才的重要手段。

馅饼的大小和如何分配在不同的公司有所不同，受到所有制结构类型、公司规模、公司价值观和文化的影响。有限责任合伙制公司通常会将九成甚至全部的公司税前净收益分配给合伙人。C 型股份有限公司在留存收益的额度上则各不相同，有些公司称，平均会预留 15％～20％的年收益用作公司的再投资。

就大多数公司而言，合伙人的薪酬是由基本工资、奖金和某种形式的股权组成的，股权在有限责任合伙制公司中以单位或点数的形式出现，在 C 型股份有限公司中则以股份的形式出现。如前所述，一些公司会随着合伙人的晋级而逐渐增加风险和回报，并逐渐减少资深合伙人的基本工资，有时甚至降低为零，同时增加其获得的利润百分比份额。不论是私有的还是上市的 C 型股份有限公司，高级领导者的薪酬都会更密切地与公司成败挂钩。高至 1/3 的年薪和奖金可能都会以股票的形式获得。

分配模式

在大多数专业服务公司里，对利润的年度分配是件大事。分配模式主要有三种：旧式的资历薪酬方式、基于绩效的有劳有得方式，结合前两者的改良的薪酬资历方式。领导者认为，不论薪酬结构和分配模式是什么，分配的流程必须是合伙人心知肚明的，必须保持透明，并且被公认是公正平等的。

我们的访谈掀起了一轮对旧式薪酬资历体系优劣的热烈讨论。在这一体系下，合伙人平等地基于公司业绩和其在合伙体制下的资质等级获得薪酬。比如，公司中所有工作五年的二级合伙人都会获得同样百分比份额的奖金数额，不论其个人业绩如何，因为业绩考核已并入系统中，合伙人都是在达到具体绩效标准的情况下才能实现下一等级的进阶以提高其薪酬的。此体系的拥护者认为，旧式薪酬体系构建了一种高度协作的文化氛围，即公司利益高于个人利益。合伙人非常乐于分享客户资源和业务、共同开发业务、分享知识和专业技能。这种薪酬体系成功的关键是：选用恰当的、支持该体系的人，建立恰当的绩效评估和反馈制度，配套强有力的人才筛选方案来剔除不合格者。正如 Cravath 律师事务所的首席合伙人埃文·切斯勒（Evan Chesler）总结的："如果你不具备稳定的素养和持久的责任心，旧式薪酬体系会随着时间的推移出现漏洞，必须有严格的培训和评估流程。"

旧式资历方式的反对者提出，这一体系纵容了那些业绩平庸的人，使公司引进顶尖人才并剔除无作为者变得困难重重。反对者觉得，如果你拥有特许经营权和知名品牌，就不需要明星员工，因为生意会自己找上门来。但是对于小型公司而言，还是要尽量吸收高端人才。很多人认为，旧式资历薪酬体系是无法有效吸引人才的。

在以绩效为基础的薪酬体系中，合伙人得到的奖金额度是根据既定标准由个人贡献和业绩决定的。在大多数公司中，薪酬的获得基于数量和质量双重指标的考量。有些公司有程式化的权重系统来划分业绩等级，但大多数公司仍在沿用形式化手段与主观判断相结合的缺乏正规性的流程。

很多公司结合使用年资制和绩效制来为合伙人支付薪酬。在瑞生律师事务所，85％的薪酬是按照合伙人的等级分配的，另外 15％的薪酬则根据年度业绩确定。这家公司的总裁兼执行合伙人鲍勃·戴尔（Bob Dell）认为，改良后的薪酬体系更好地结合了激励机制，使员工"在摆脱了论功行赏的障碍同时受到激励创造优秀业绩"。戴尔还说，以绩效为基础的薪酬体制最大的问题是如何防止客户和潜在业务的囤积。为了应对这一问题，公司必须有一套非常客观的以业绩为基础的薪酬体系。在瑞生律师事务所，一位合伙人不论是开发了新业务，还是因为通过公司的全球办公室把已有客户的业务介绍给其他合伙人操作而生成了新业务，都会因此得到奖赏。瑞生的薪酬体系，从公司业务的核心上说，对获取新客户给予了同等的重视，因为这带来了新客户关系的建立，并最终会实现客户服务的提升。这种体系鼓励了合作和团队精神，但同时也需要非常严格的报告和监管系统才能实现有效管理。

绩效评估

　　　　人们对结果并不总是认可，但是他们认为在开庭现场他们看到了公平。

　　　　让所有人都满意是我面临的最大挑战。

　　在改良的基于绩效的旧式资历薪酬体系中，公司每年都要确定当年的薪酬，因此采用这种薪酬体系的公司通常每隔一年就要召开会议讨论晋级方案。高级管理团队往往要将大量时间花在薪酬方案的最终决策上。大部分中型和大型公司都有专门的薪酬委员会，委员会由合伙人选举产生，来评估合伙人业绩、决定分配方案和调解纠纷。对合伙人进行评估和奖赏的分配是一个微妙复杂、需要深思熟虑的过程，做得成功则会激发战斗力，提升忠诚度，做得失败则会导致合伙人团队士气涣散以及优秀人才大批退出的潜在风险。出色地进行合伙人评估和财务分配的公司往往具有以下几个特点：

　　• 过程公平。不是所有人都接受评估结果以及由此确定的薪酬，但是合伙人必须相信，评估的过程本身是公平的，相信每个成员都经由完全相同的方式，即完全相同的标准，被评估。

　　• 过程透明。评估过程的每一个环节以及所涉及的每个人的角色和责任都必须界定清晰。一些公司提倡账面公开政策，这样所有合伙人就能确切知晓在资质地位和年薪水平上与其他同事相比他们所处的位置。正如一位首席执行官告诉我们的："在评估是否在薪酬分配上被公平对待时，人们会关注三个层面：第一个层面，本能的反应是看自己的付出和所得是否成正比；第二个层面，他们感知到的邻桌人的收入如何；第三个层面，竞争对手公司的同级别员工收入多少。"

　　• 过程缜密。最佳公司都有结构完好的评估流程，包括多重意见、数据来源、接触点。在很多大中型公司中，每一位合伙人都配有一位自己的评估合伙人，评估合伙人负责收集被考评人信息，包括从被考评人的同事和客户那里收集的信息。而后，评估合伙人会将他的汇报和推荐建议通过公司规定的层层流程向上级呈送，往往会呈送到公司部门主管那里，接着评估会被继续复核提炼，再被呈送至薪酬委员会。薪酬委员会会全面审核每一份报告，结合针对每位合伙人做的财务统计，即原始收入、管理收入及客户盈利能力，最终得出在资质等级和年薪上的最终评估意见。很多公司会评估合伙人在2～3年时间内的贡献，以确定其业绩趋势是上升还是下降。

薪酬委员会的推荐意见会由领导团队审核，有时是董事会，有时是管理委员会，也可能是两者共同审核。最后还要经过首席执行官的审核才能拿到最终确认书。合伙人较少、管理层次简单的小型公司显然省去了上述复杂烦琐的程序。但是，不管公司规模大小，很重要的一点是，合伙人相信他们的个人贡献得到了谨慎细致的评估，并且得到了做出薪酬决策的人的认可（见专栏"Gensler 公司的人员评估流程"）。

• 学习的机会。最佳的评估过程应该融入持续的建设性反馈意见，这使得受考评合伙人有足够的机会参与到评估过程中，并享有讲述自己故事的发言权，同时可以听到他人给自己提出的改进建议。我所经历过的最有效的绩效评估来自20世纪80年代的博思艾伦公司。每年我都与我的评估合伙人合作，进行自己的绩效评估，并请其他合伙人和同事帮助调查。我的评估人会将这些反馈进行汇总、呈报，并与评估委员会进行讨论，整合出一份总结性报告，以便与管理合伙人及我进行复议。这就是博思艾伦公司在面对每一位员工进阶问题时的政策，无论是哪个级别，员工都会得到至少两项需要在来年有所改善的诚恳建议。这一过程成为我在职业生涯中最有效的职业发展和学习实践。

Gensler 公司的人员评估流程

　　Gensler 公司已经迅速从一家美国本土公司成长为在全球有 35 个办事处和 16 种经营专业领域的全球性公司。"公司是一个整体的经营理念一直是公司的核心价值观，"联合首席执行官安迪·科恩（Andy Cohen）指出，"这一直是公司成长壮大、公司的合伙制、公司全球业务扩张的根基所在。我们的目标就是成为一家无缝融合的公司。"

　　20 世纪 90 年代早期，Gensler 公司开始筹划从一家美国本土公司转型为全球性公司。来自麦肯锡公司的顾问建议 Gensler 公司领导层把人员晋升的决策流程从各地办事处转移至总公司，这样便于基于公司核心价值观和领导力做出决策，同时考虑各地实际业务的需要。

　　基于这一理念，Gensler 公司创建了人员评估委员会，一个由公司高层领导者组成的无党派团队。该委员会实行轮值制，其成员是从公司董事会和管理委员会中抽取的，这些人代表了公司方方面面和所有业务范畴的人员。人员评估委员会得到授权从全公司的视角对潜在的候选人进行评估，以确保通过连贯一致、贯彻清晰的领导力标准使公司中的优秀人才得到晋升。整个流程是持续半年的严格的评估过程，从年中一直到年底。

　　在管理各地办事处人员和全公司业务的时候，领导者提名晋升候选人，人员评估委员会则带来全球性视角和对公司使命的坚持。在第一步，提名负责人会提交一份详细的分析，从许多方面对候选人进行评估，包括帮助公司成长和领导公司，为下属提供指导、教练，客户服务和可信任的顾问角色，创新，社区活动和外部联系。在专业人员的进阶过程中，上述每一方面下都有清晰定义和充分沟通的评估标准，以确保过程的公平透明。

　　一旦人员评估委员会收到详细的提名分析，他们会对每个人以及每个人的领导力展开 360°评估，从公司内部和外部客户那里收集尽可能多的关于候选人绩效的反馈。最终，人员评估委员会向董事会推荐合适人选，由董事会最终通过晋升决议。

随着它的不断完善，在分析评估委员会的运作模式时，科恩观察到了以下方面：

• 如果是一家全球性公司，务必保证合伙人结构的多元性。比如，在过去的几年中，Gensler 公司在亚洲、中东和欧洲都提拔了新人。

• 对于跨区域、多业务的公司而言，员工晋升的基础必然是创建一种公司整体化的文化，而其流程应该是不受任何党派控制的。如果公司没有这种文化和愿景，整体评估流程也将面临瓦解。

• 当晋升决议被办事处的主管或业务主管质疑时，做好捍卫你的依据和坚持己见的准备。

• 如果候选人在第一轮审核中就被否定，领导者应该开诚布公地告知其需要改善的方面，特别应该让候选人知晓他们应掌握的有益的领导技能。之后应该密切跟踪其进步的步伐，并给予定期反馈。

合伙绩效标准

有一种概念叫"论功行赏"。这一概念认为，为了留住人才、奖励人才，奖励应该给予那些有贡献的人。

公司的薪酬方案将决定人才的表现。

在专业服务公司，薪酬可以说是战略层面的事情。薪酬与激励员工行为的效果几乎完美地正相关。

不论薪酬模式是什么样的，合伙人的表现基本都由一套较普遍的绩效标准加以评判（见专栏"安睿公司的薪酬标准"）。

• **收入**。一位首席运营官告诉我们："对公司收入的贡献是王道。"不管你喜不喜欢这个说法，合伙人都肩负着招揽和管理客户业务的职责。事实上，如果不具备较强的销售技能，没有几个专业人员能够将业务提升至伙伴合作关系的层次。在大公司里，允许多人共同招揽新业务，然后转交给执行人实际去做。而在小型和处于成长期的公司中，是没有这种奢侈模式的，合伙人必须既负责找新业务，又负责具体地去做业务。为了给团队提升士气并增加收益，ghSMART 公司的人员可以获得他们直接创造的收入的 60％，而如果负责了业务的招揽，则可以获得收入的 25％。这就创建了薪酬与对公司收入的贡献的有形连接，并鼓励了协作。

• **客户关系**。如果将创收能力视为业绩评定中的第一大标准，那么留住客户并将其发展成长期关系则是第二大标准。很多公司都会将可观数量的点数奖励给员工，以鼓励他们带来的客户资产积累。与客户关系的时间越长、盈利能力越强，则获得的奖赏就会越多。不过，也有很多人指出，过于重视奖励那些努力开发壮大新客户关系和新市场的合伙人，往往会使他们忽略掉现有客户在新业务方面的盈利空间。

• **人才建设**。有能力招聘、培训、指导团队的合伙人是公司非常珍贵的资产。正如本书中反复讨论的，人才是专业服务公司的产品。专业服务领域是个师傅带徒弟的世界，资深团队有责任开发并增强公司的人才储备。

• **知识资本**。特别是就专业服务行业中的咨询公司而言，为客户提供创新而有用的点子和服务是这类公司生存的关键。正如 Marakon 公司的创始人兼首席执行官吉姆·麦克塔加特（Jim McTaggart）所总结的："在如今的市场中，你得有些与众不同的东西来站稳脚跟。公司需要在知识资本的建设方面进行投资，这是咨询公司生存的必要条件。"很多公司都会非常重视知识资本的贡献，认可并奖励在这方面有所作为的合伙人。

• **领导力**。掌管公司运营是资深团队的责任。资深合伙人承担管理责任或领导一个重要的新项目被视为一种荣誉并意味着重大的责任。在专业服务公司，领导角色的扮演更是难上加难，因为领导团队既是众望所归的客户业务盈利大户，又要承担管理职责。公司理解这些岗位所具备的复杂性，因此会为这些额外的角色和职责付出报酬。

安睿公司的薪酬标准

世界上最大的律师事务所、总部位于伦敦的安睿公司在全球拥有 47 家办事处和 2 500 名律师。据安睿公司总裁阿伦·詹金斯（Alen Jenkins）说，2004 年公司为其 350 多名合伙人重新设计了薪酬结构。摒弃了以往的资历模式，创建了一种更具创新性和灵活性的利润分享体系，一种与安睿公司的价值观、愿景和战略目标相统一的体系。

由公司一小组合伙人展开体系创建的工作，他们用了差不多一年的时间来重构公司基于业绩的薪酬体系。詹金斯说："这项工作耗费了巨大的精力，占用了大量的管理时间。"不过，最终这一新的体系赢得了所有合伙人的一致通过。其主要特点如下：

• 五项绩效标准。为了全面反映公司的价值观和发展战略，合伙人的利润分享基于五个核心原则。

1. 客户主导。基于现有客户发展新业务，开发新客户，有效地进行客户管理，确保提供最高水平的服务。

2. 人员发展。勇于创新，激励下属，并带领整个团队完成高质量的业绩。

3. 支持公司愿景及价值观。为了公司的整体利益，懂得分享、乐于团队合作，以及大力开拓业务。

4. 利润。合伙人对公司增长和利润的贡献。

5. 战略价值。正在做的事情以及合伙人被委任要做的事情的战略重要性。

• 年度绩效评估。每年每位合伙人都要接受 360° 评估。鉴于 360° 调查的要求，合伙人所属小组的领导或所属行业的团队领导会就之前与该合伙人达成的工作目标对其业绩展开讨论。如有需要会对目标进行修改。而合伙人向着目标所取得的进步会对两年一次的合伙人薪酬重新定级产生影响。

• 薪酬战略。每隔一年，上述评审流程都会导致每位合伙人薪酬的调整。每位合伙人都会按要求准备一份一页左右的总结，用来陈述自己在五项绩效标准上的贡献。根据合伙人自评、360° 评估，以及合伙人的业务组领导基于年度评审活动所做的评估报告，公司的高层管理团队会对每位合伙人做出评价。高层管理团队会做出临时决议，并将决议结果反馈给合伙人，合伙人则有权利就此做出评价或提出反对意见。等每位合伙人都给出自己的意见后，管理层会给出最终决定。每位合伙人都会在 12 个级别中有自己的定级，每一级都配有一定数目的点数，而每一点所反映的货币价值，基于公司当前的利润。

在詹金斯看来，在重新构建合伙人利润共享机制上所投入的时间和精力就其结果来说是十分值得的。他指出："任何一种薪酬体系都必须与公司的文化和价值观相统一。"既然薪酬方案是所有专业服务公司开展运营的关键部分，那么他认为很有必要投入精力设计构建一种能得到绝大多数（即使不是全部）合伙人认可的薪酬体系。

合伙人的选择：关键决策

合伙人的选择对于专业服务公司来说是最具关键性意义的决策之一。优秀的公司都会投入可观的时间和精力制定提名和晋升流程。评估谁能给公司的合伙制度、客户群体、专业人员带来力量和价值，是公司最关键的决策。

在专业服务公司中，合伙人的来源有两种，一种是来自竞争对手公司或行业内同等地位的公司的资深人才，一种是公司内部层层晋升上来的专业人才。虽然我们调研过的一些大型律师事务所只考虑内部人员晋升，但大多数公司还是会将两种方式相结合，相应地，两种方式的筛选标准也有所不同。来自横向伙伴公司的候选人被期望能够带来过硬的专业知识和经验、领导力技能，以及在可能的情况下能够带来整个新的业务板块。表面上看，雇用一名外来人员比晋升一名相对缺乏经验的公司内部人员要容易得多，但实际上，能够从公司外部找到具有合适的文化背景和工作风格的人选，并使之顺利地与公司对接，可能是非常艰难且容易产生内部分歧的过程。

从内部实现晋升的好处是，可以确保有一段较长时间的观察期，在这期间专业人员和公司双方可以考量彼此是否合适。但是选择这条道路意味着会付出相当多的时间和努力。正如第3章里提及的，最优秀的公司，不论规模大小，都会投入相当多的时间招聘、培训和塑造有才能的专业人员，并逐步将这些人才提升至领导层。对这些公司而言，晋升为合伙人的标准是精心制定的，并会清晰地传达给年轻的专业人员。亿康先达国际咨询公司的首席执行官达米安·奥布赖恩说："我们希望我们的每一位职员都能成为合伙人。当然，不是所有人都可以，但很大比例的职员是可以实现的。他们在公司中工作和发展过程中收到的反馈与这一目标是一致的。"

晋升为合伙人的标准

成为合伙人必须具备的素质因公司的不同而不同，取决于公司的文化、价值观、业务类型，以及公司的增长和盈利目标。大多数公司会综合考量以下特性：

• 客户技巧。合伙人候选人必须能够展现出发现和解决客户问题的能力，并能与客户团队有效协作。客户关系管理能力必须得到合伙领导者和客户本身的共同认可。

• 团队建设。候选人在团队管理、培训、指导和协作方面必须得到公司内部合伙人、同事和其他较年轻同事的高度认可。

• 业务发展。新的潜在合伙人必须在发展新客户方面发挥重要作用，或者必须参加过新客户获取和开发的管理过程。

• 公司公民意识。公司寻找的是那些能够体现公司价值观和文化的合伙人。大多数公司希望合伙人具有职业道德、职业素养、协作和团队精神、创新精神、充沛的精力和驱动力。

• 未来潜质。现有合伙人必须具有透过水晶球预测未来的能力，能够客观地评估候选人在增加未来收益、贡献知识资本，并最终承担领导责任等方面的可能性。

合伙人晋升流程

你必须时刻关注想要提拔的潜在合伙人人选，因为当面对众多的人选时，往往会降低对某一人选的评价。这是很重要的一点。

我们会花费整整一年的时间来选出一位合伙人，其过程是相当严格的。

我们调研过的很多公司都高度重视提名及竞选流程的合作性和重复性（见专栏"在亿康先达国际公司中成为合伙人"）。许多大中型专业服务公司都会指定由资深合伙人组成的提名委员会，可能是董事会下属的某个委员会，也可能是由合伙人专门选出的。这一委员会负责管理通常非常严苛而漫长的竞选流程，能够加入这个委员会被视为一种荣誉，其成员承担着重任。多数大公司每年都会公布新的候选人名单，而且有些公司会一年两次提拔新的合伙人。对于小型公司而言，新合伙人的晋升决策相对没有那么频繁，通常只有在年轻候选人被认为有资格晋升为合伙人，而且管理团队也做好了股权共享的准备时才会提拔新的合伙人。比较有代表性的选拔过程分为四个步骤：

1. 确定合伙人数量。流程第一步是根据业务线数量和地区数量确定公司能吸纳的总的合伙人人数。部门领导人会报送部门的业务和财务状况，说明需要增加新的合伙人。管理层则明确公司哪些领域正在发展壮大，哪些领域已接近顶峰，以及还存在哪些需要弥合的缺口。最终，由领导层从战略上和财务上决定可行的晋升合伙人人数。正如一位首席执行官告诉我们的："从提名中梳理出合适的人选和人数，最终确定候选人名单通常是极具挑战性的工作。"

2. 确定候选人名单。新晋合伙人数量一旦确定，业务部门主管和领导层会对每个候选人进行复核，并选出一些专业人士。通常在这一阶段对合伙人和候选人而言都是没有任何悬念的。大部分专业人士对于自己是否已通过合伙人资格的审核早已心中有数，因为领导层在提名之前的很多年就已经开始对具有高潜质的候选人进行审慎的跟踪观察。多数公司对他们"人性化"的晋升流程颇感骄傲。一位执行合伙人告诉我们："我们会反复多次提前预警，向我们没有意向提拔的人给予说明，这样当他们真的没有得到提拔时就不会觉得特别蒙羞。"

3. 由委员会复核候选人。一旦候选人名单确定，部门主管会为每个人选准备正式的提名流程，通常会包括评估报告、经理推荐、候选人自评。而后提名委员会以一定的流程对每位候选人进行复核，这样的流程通常是严密、苛刻的。除了走这些流程，提名委员会往往还要找候选人本人及他们的经理、同事、客户进行几轮恳谈。有些公司还会邀请外部评估人参与，从第三方的视角提供专业化建议。比如，Cliford Chance 律师事务所会邀请外部专家，包括职业心理咨询师、已退休的内部资深顾问及法律专员，共同参与为期一天半的最后一个步骤，而所有进入最后一个阶段的合伙人候选人都必须参加。

4. 确定最后名单。提名委员会讨论每一位候选人的情况并确定最后名单呈交给董事会或管理委员会进行审核。之后领导层讨论并就新的合伙人人选达成一致。一些专业服务公司在新合伙人的有效生成上要求获得公司现有合伙人 2/3 的同意方能通过。

在亿康先达国际公司中成为合伙人

"在国际猎头公司亿康先达公司中成为合伙人绝非易事，但其过程肯定是公开公正的。"公司总裁达米安·奥布赖恩如是说。他还提到，并非一直都是这样的。曾经公司并没有标准化的提名流程，而随着公司业务复杂程度的增加和规模的扩大，很多合伙人都开始担心，现有流程对这一全球性的同时注重平等的合伙制公司而言已显得不那么匹配了。

作为应对措施，公司成立了合伙制候选人评估组，这个小组由合伙人直接选出并独立于公司管理团队开展评估。小组为新合伙人制定标准化的绩效标准，并在提名和任命流程上进行步骤规划，从初审到投票需要大约 12 个月的时间。选拔流程包括以下主要方面：

• 全透明。候选人评估是全面而严苛的。合伙人的产生完全基于荣誉和业绩，且不受公司经济因素的影响。每年的评估流程都与公司基于贡献和业绩发展审核办法所制定的新合伙人业绩标准保持统一。主要集中在三个方面：公司价值观、客户关系建设、工作完成的质量。公司的顾问每年都要接受这些资质要求方面的评估。在候选人晋升为合伙人之际，他们已经经历了 5~6 年严格的审核过程，并完全清楚他们必须达到这些标准才能获得合伙人资格。

- 提名。合伙人候选人提名基于业务组主管的意见，由他们的办事处领导进行提名。在经历初审之后，候选人的评估便开始了。

- 严苛的审核。在候选人被提名以后，评估组会发布一份详细制定的审核流程，其成员往往要在世界各地飞来飞去，为的是与每一位候选人相处几天。他们会收集参考数据，探讨候选人的工作业绩和激情，审核候选人的工作质量，并准备一份评估该候选人的周详文件。评估组会重新聚在一起，将所有评估标准化，并基于选拔标准形成一份对每个候选人的意见。而后就每个候选人形成一份详细的综述，供公司参考。

- 推选。在评估组将候选人的综述准备妥当后，就会在每年两次的全球合伙人大会上将材料发放给所有合伙人审阅。同时办事处的领导会将候选人情况介绍给所有合伙人以供参考。

- 持续评估。随着新合伙人在经验上的积累，他们会持续地接受另一套名为"优秀是什么样的"的不同标准的评估。比如，就资深合伙人而言，他们被评估的标准包括：对下属的指导和教练，思想领导力，在商业社区中的作用，作为CEO和总裁信任的顾问所产生的影响。

年复一年，公司持续对合伙人及推选流程进行微调。"合伙人评估组已经成为具有高度权威性的公司内部委员会，而且我们的流程也运行得顺畅有效率。"奥布赖恩还说，"我们已经构建了一支强健而生气勃勃的合伙人及领导人队伍，因此所付出的努力都是值得的。"

本章小结

合伙制

- 合伙制的概念既是一种行业思维模式，也是一套与众不同的治理方案。

- 持久的合伙制需要以下六点作为基础：

  1. 具有共同的愿景和价值观。

  2. 形成一种融洽、团队合作和协作的环境氛围。

  3. 将资深团队视为企业的主人。

  4. 创建一种共同执政的氛围。

  5. 对贡献进行合理的奖赏。

  6. 培养管家精神。

- 专业服务公司可以以多种形式构建。有限责任合伙制、C 型股份有限公司、有限责任公司和 S 型股份有限公司是常见的选择。每一种体制都有其利弊。

- 接受调研的公司中九成以上都实行某种形式的股权分享方案。虽然这些方案的细节有所差异，但效果最佳的方案都具备以下共同点：

  —参股需要资金支持。

  —所有权进阶流程定义。

  —风险和奖赏随所有权的进阶而增加。

  —公司在资深合伙人离开的情况下仍保持强劲活力。

- 三种薪酬模式包括，论资历实施奖励的常规制，奖励个人贡献的绩效制，以及既看资历又看业绩的改良常规制。

- 合伙人评估和年度薪酬方案是专业服务公司急需理顺的重要方面。这方面的最佳流程应保持公平、透明、全面和协作。

- 合伙人推选过程是个高度协作和互动的提名及选举过程，主要包括以下四步：

  1. 决定合伙人数量。

  2. 确定候选人名单。

  3. 委员会复核候选人。

  4. 确定最后名单并进行审核通过。

第 9 章

战　略

过程、职责和责任

作为一个管理团队，我们花费了很多时间，只想确保我们没有偏离理想的轨道。

——史蒂夫·甘比（Steve Gunby）

波士顿咨询集团南美和北美地区前总裁

我们绝不会孤立地看待战略规划，而是把它视作贯穿全年的持续性过程。

——布雷特·马斯克（Brett Marschke）

Duff & Phelps 公司首席运营官

把战略陈述清楚很简单，可问题是你能否将它切实地实施下去。

——顾磊杰（Rajat Gupta）

麦肯锡公司前执行董事

　　有些人将战略规划视为一种艺术，有些人将它视为一门科学，还有些人将它视为两者合而为一的激励人心的过程。有些人在愿景的基础上对它进行定义，将其描述为塑造充满潜在可能性和发展空间的未来。另外一些人将规划描述为一种策略实践，即对资源进行调配部署，以在市场上获取最大的优势。受访者对战略规划过程的描绘五花八门，从持续数周乃至数月的高强度头脑风暴马拉松，到常规的年度财务预算工作。

　　不论如何定义或实施战略规划，领导者们都赞同，用心地展开战略规划过程，对于实现公司愿景和公司内部动力的协调是至关重要的。一个强健的战略会关注资源配置、明确决策和意图、激活执行力、促进潜能的释放。

　　超过 70％的受访者认为，战略规划是管理层最重要的工作，如图 9—1 所示。不过，与我们调查的其他话题相比，这一话题并没有激起特别多的热情和火花。虽然超过 57％的人都在执行力这一项上给自己打了比较高的分数（见图 9—2），但是仍有很多人承认，他们仍然在努力改进自己在这方面的表现。

　　　我们都知道那句话：鞋匠的孩子没鞋穿。我们擅长帮助达美乐比萨将事物汇总、评估，而后分析一套战略规划，但并不善于帮助自己公司做这件事。

　　　如何才能做好规划是我们的客户反映最多的问题。"有人说，我没有时间做；有人说，我其实已经知道答案了。"

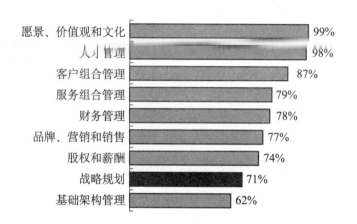

图 9—1   超过 2/3 的受访者将战略规划置于管理日程中的优先位置

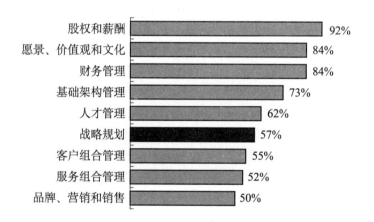

图 9—2   被调查者在战略规划上的表现

为什么战略规划很重要

没有规划的愿景等于零。

使员工对未来有期待，相信战略能给公司带来巨大的价值，并带着这种期待去行动，这里面是有一些注意事项的。

战略本身并不重要，重要的是达成战略增长的过程。

　　很多领导者提到，与面对客户相比，在面对自己的公司并将同样的严格过程和资源运用于自身的战略规划时，他们陷入了困境。一位首席执行官承认："对我来说，要将自己视为客户并将这些战略思想应用于自己的公司简直困难重重。"进行战略规划是一场耗时的战役，领导者需要将专业人员凝聚在一起，使他们同心同德，共同完成这一被很多人视为严重占据客户服务时间和有效工作时间的附加任务。而到实施阶段，要找到合适的切入点（不论是正式的还是非正式的），激励专业人员将战略付诸实践也是一个需要谨慎应对的过程。

　　虽然极具挑战性，但专业服务公司的战略规划正在变得更加重要、更加复杂。我们的受访者中71%的人表示，在战略规划方面，他们有正式的规划、审核、评估流程，将结果与薪酬直接挂钩（见图9—3）。

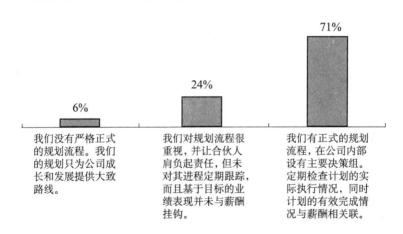

图9—3　大多数公司有正式的规划流程

　　用心、建设性地投入战略规划的过程，这样做通常会有一些有价值的收获：

　　专注。战略规划带来的最显而易见的好处是，它能使整个公司聚焦于组织愿景，就组织愿景达成统一。一个用心构思和设计出来的计划能将公司的愿景转化为清晰的路线图，使各个级别的专业人员都可以知晓公司的发展目标及步骤。相反，缺乏强有力的实施计划的战略愿景会使公司陷入混乱，不知道如何行动。

磨炼。专注于战略规划的过程会迫使一家公司的领导层将日常事务和客户工作暂放一边，去思考关于未来发展的大问题，同时，也鼓励高管团队在新的大环境下重新评估以前的各种决策，并调整公司的发展方向。这种反思过去以及分析如何更好地应对困境或突发事件的严苛的分析过程可以说意义重大。很多人将战略规划视为高层管理者的核心责任。在他们看来，以长远的视角观察和评估潜在的阻碍及机会，以及以最大化公司竞争优势为目标对公司定位进行评估，是领导者的主要职责。

动力。规划过程带来的心理上的收益是最重要的收获之一，也是必须用心开展这一基础广泛又包罗万象的战略规划过程的重要原因之一。战略规划是一种激励协作、激发士气的手段，同时会带来一种围绕公司目标的新生感和使命感。一个清晰的战略计划会再次激活专业人员对公司潜在发展和潜在盈利的期盼，以及为战略早日实施而努力的动力，从而激发工作热情，实现更多股份购进的可能性。

很多领导者认为，过程比结果更重要。一家公司致力于达成一项战略的过程实际上比战略本身更具价值。接受采访的很大一部分公司都指出了积极的战略规划过程与有效执行之间的紧密联系。战略规划过程构筑了领导团队中的信任、责任和热情，而这些对于战略的成功实施起到了至关重要的作用。

成功的战略规划的五个关键

不论你在公司中负责什么工作，都应该对如何满足公司的战略需要并使之成功做到心中有数。

我会花四小时的时间与整组人员一起走规划流程的整个过程，斟酌各种可能性以及经济状况变好或变差的时间点，我极力推荐这一做法。

基于访谈，我们总结出了成功的战略规划的五个主要特征：

1. 将长期战略规划与年度计划相结合。很多公司倾向于将分阶段的长期愿景规划与年度运营及财务规划及年度目标的设定相结合，并将这种综合性的方案应用于战略的形成中。总体来说，最高战略规划层面上涉及的议题都与决定公司发展方向、服务交付、内部投资、资源部署的重大决策有着紧密联系。这些具深远影响的议题包括：地域上的扩张，在知识资本上的投资以拓展新的服务领域，以及从国内运营模式转型为业务区域运营模式的组织重组。与这些宽泛的议题相比，年度运营及财务规划在性质上是战术层面的，描述短期目标和收入目标。

2. 将战略规划视为持续的循环，而不是一次性事件。鉴于全球市场的动荡，很多领导者都非常重视这一点，不再将战略规划视为孤立的、有节点的事件，而是视为一个动态的、持续的检查和调整的循环。为应对快速的市场变幻、出现的新机遇及意料之外的威胁，战略规划要具有灵活性和适应性，应被视为一个具有创造性的、非线性过程，并且应该对战略进行阶段性的重新评估。

有时，一个成功的避险事件或外部环境导致的突发事件会使公司业务转型的紧迫性浮出水面。当发生类似事件时，公司的长期规划受到影响是不可避免的。在特定情况下，公司还会被迫重新考虑其目前的经营模式。此时，灵活性显得至关重要。公司必须愿意全盘清点、重组、清零，推翻原来的整个计划。当公司置身于类似情况时，情景规划这一在专业服务领域未被充分利用的方法，往往会带来很大的帮助。

3. 将外部分析和内部分析融入战略规划。避免内部的空想和短视至关重要。专业服务公司必须走出办公室的小天地去认清长远的趋势和可能影响业务的市场力量，就未满足的客户需要和提供新服务方面指明方向。

明智的公司总能时刻把握客户和所在行业的脉搏，不会出现一群领导者坐在一起自说自话的情景，也从不在真空中做规划。将真实往往的外部数据与反映公司内部优势和劣势的真实评估相结合，才是成功的业务规划和决策的基础。我们曾与一些固执己见的专业人员打交道，他们坚信自己不需要关注市场，因为"我们了解自己"。虽然这是事实，但也必须承认惊喜往往出现在哪怕一点点的调研之后。市场对品牌的感知弱或感知不好，客户对公司提供的服务没兴趣，或者，像第 5 章里提到的，进入新的服务和新市场的机会未被开发。

4. 确保股份的购进，与股东共同制定计划。获得各层面对战略规划的支持对专业服务公司而言与对于它们所服务的客户而言同等重要。正如与我们交流过的很多领导者提出的，在合伙制下，协同合作是战略规划的试金石。如果合伙人不能感受到他们的声音被倾听，或者不清楚一项规划的意图，他们就不会产生为之奋斗的责任感，同时也不会依此来检验自己的业绩。不过，很多受访者也强调，想要在目标和方向上达成完全的一致是不太可能的。在广泛征集反馈意见并加以整理后，还要依靠公司的领导层来推动决定性的一步，这通常无须取得全体一致通过。

何时进行讨论、沟通并最终制定清晰的战略决策是非常敏感的时机问题。在全球范围内制定战略规划的公司还需要面对更进一步的挑战，如安排更具包容性的规划和审查流程。在全球运营的公司的首席执行官们认为这是一个要求极高的过程，但是很关键，要确保不同国家和地区的大股东都能积极参与到这个过程中。另外很关键的一点是，任何构想中的战略都要经得起考验——不仅是目前市场的考验，还包括未来的潜在考验。

5. 定期沟通并对照目标定期检验进展情况。大股东参与战略规划过程时，要确保他们全情投入，并且在战略实施阶段也认真参与。很多领导者强烈倡议将战略的关键要素向下传达至员工，这样做支持性工作的员工就能够清晰了解公司的战略方向，并意识到自己在促进公司发展中的重要作用（见下面的专栏"Peppercom 公司的战略规划"）。

Peppercom 公司的战略规划

"站在客户角度上构想下一步做什么是促进公司发展的引擎，"战略传播及公关公司 Peppercom 的联合创始人、执行合伙人史蒂夫·科迪（Steve Cody）说道，"营销传播领域就像一个有机生命体，我们这一行中的一个月可能相当于制造行业中的一年。"把握市场脉搏是 Peppercom 公司成功的关键。公司将正式的战略规划流程与定期的市场监控和回顾相结合，时刻掌握市场动向。

通过将动态机制应用于规划中，Peppercom 公司收集并评估实时数据，以长远视角调整战略。他们利用各种创新方式整合数据：与战略分析师召开每周一次的例会，每月一次的业务学习课程，场外头脑风暴，年度全公司头脑风暴。

Peppercom 公司战略规划流程的心脏是他们的作战中心，那里有一张大图，描述了公司已有的和潜在的客户及市场事件。从这张图中还可以一眼看清楚公司现状，包括哪些项目处于增长趋势，哪些面临危机。公司利用这些数据将短期行动与长期计划相匹配，主要体现在五个细分领域：专业服务、财务、高科技、B2B 居家消费品。科迪说："我们的目标是在每个细分领域做到最好。"除了监控项目状态外，公司还做基础研究——深度挖掘客户业务需要，分析客户关键点，提供相关新的服务产品。

Peppercom 公司还会跳出行业从更广阔的视角去观察，激发出非传统思维的火花。公司会与独立战略专家紧密合作，利用外部资源作为参考，雇用非业内人员。公司最近雇用了一位麻省理工学院的教授和一位《华尔街日报》的执行编辑。

每个月从属于公司各业务板块的一位员工都会与公司管理层碰头，就所属的业务板块给出适合新发展的建议。最重要的领域需要被仔细检查，为的是回答下列问题：数字化方面有什么新动向？可持续发展方面有什么新情况？获得许可了吗？公司每半年召集管理团队和战略顾问召开一次场外战略大会。科迪说："会议期间，公司会仔细审视当前所服务的客户，未来一年我们还想要服务的客户，以及对我们的长远发展没价值的客户。"

一种创新性的规划方法，也是一种带来惊人战略成果的手段，就是 Peppercom 公司一年一度的梦想日。每年 12 月，公司都会暂停所有办公室业务，全体员工聚集一堂，用描绘蓝图的方式共同展望公司的未来。其典型做法是，公司在放假前的梦想日展示一个未来蓝图，蓝图结合了年底的场外数据，为来年制定工作计划。这种放权的方式不仅使公司获得了更多新业务，而且为吸引优秀人才创造了良好的口碑。

精心安排战略规划过程

大多数公司都致力于创建一种动态的、包容全局的战略规划过程，能够包含多年的长期视野、年度执行计划和目标、季度或月度评估、持续的评估和调整。大多数公司在战略规划过程中会全员协作，由领导层制定跨年度战略和发展目标，由合伙人提供有实质内容的反馈。

战略规划过程通常包括四个宽泛阶段（见图 9—4）。战略规划过程是一个长期的计划，其中贯穿着长期计划和年度计划的更新和微调。

长期计划

我真的不知道该如何执行一份为期五年或十年的规划。三年已经是

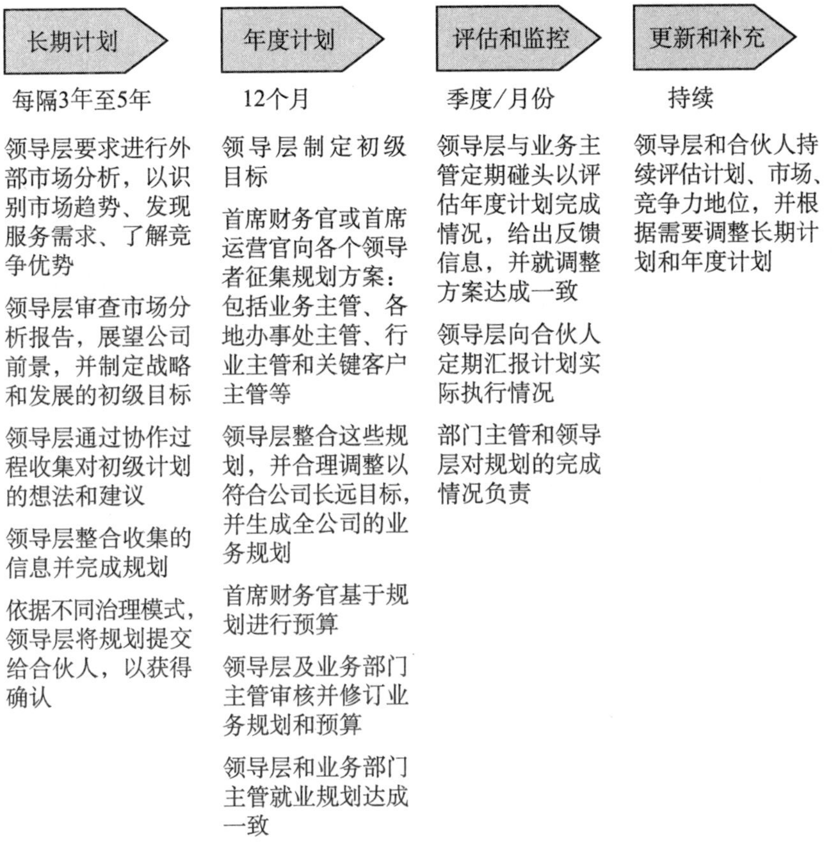

长期计划	年度计划	评估和监控	更新和补充
每隔3年至5年	12个月	季度/月份	持续
领导层要求进行外部市场分析，以识别市场趋势、发现服务需求、了解竞争优势	领导层制定初级目标	领导层与业务主管定期碰头以评估年度计划完成情况，给出反馈信息，并就调整方案达成一致	领导层和合伙人持续评估计划、市场、竞争力地位，并根据需要调整长期计划和年度计划
领导层审查市场分析报告，展望公司前景，并制定战略和发展的初级目标	首席财务官或首席运营官向各个领导者征集规划方案：包括业务主管、各地办事处主管、行业主管和关键客户主管等	领导层向合伙人定期汇报计划实际执行情况	
领导层通过协作过程收集对初级计划的想法和建议	领导层整合这些规划，并合理调整以符合公司长远目标，并生成全公司的业务规划	部门主管和领导层对规划的完成情况负责	
领导层整合收集的信息并完成规划	首席财务官基于规划进行预算		
依据不同治理模式，领导层将规划提交给合伙人，以获得确认	领导层及业务部门主管审核并修订业务规划和预算		
	领导层和业务部门主管就业规划达成一致		

图 9—4　专业服务公司的战略规划过程

不短的时间了。

战略规划可以使愿景变得鲜活。

有些公司长久以来习惯了一步一步往前走，而要生存下去，还需要做更多的计划工作。

对于很多公司而言，长期的规划过程通常伴随很多外部分析，为的是识别具有高度影响力的市场趋势、定位服务需求和缺口，以及在全球市场中找到自己的竞争地位。这些分析往往涉及与客户的深度交流，以及对市场和竞争格局的二次调研。

在完成调研数据的收集和分析后，领导层会将分析结果融入对公司目标和方向的讨论，进而形成一份公司初级战略和计划。虽然长期规划是一种典型的自上而下的过程，但大部分公司都会基于协作将合伙人评审过程包括进来，可能是一轮或多轮的合伙人反馈，其形式有个人反馈、业务或合伙人会议、焦点小组会议。

待反馈信息收集完毕，负责制定初步规划蓝图的领导层通常会重新回顾原始规划，将一些修改建议反复考量、吸收整合。而后会进行下一轮的推荐意见汇总，同样再次涉及各种协同合作下的审核和修订，最后提交给合伙人或领导层，以获得确认。具体提交给谁获取最终确认取决于公司的代理政策（见下面的专栏"翰威特公司的规划流程"）。

翰威特公司的规划流程

人力资源咨询和外包公司翰威特咨询公司创建了一种多层次、持续性的战略规划流程，此流程重视合伙人在每一阶段的参与性和主人翁感。据公司负责公司发展与战略的高级副总裁马特·利文（Matt Levin）所说，公司的规划方法的主要特征是宏观战略规划和年度战略实践的动态互动。

整个过程于每年 4 月拉开帷幕，持续至 6 月向董事会展示战略方案。一旦全公司范围内的所有规划流程完毕，公司就会确定财务目标，在接下来的两个月里，设计出运营方案并付诸实践。总而言之，公司的战略规划过程包括四个步骤：

• **外部分析**。在规划的早期阶段，公司会关注市场份额、行业动向、核心产品的增长率，以及自身的竞争地位。

• **内部增长分析**。公司会校准各部门及其持续性业务、当前产品组合，分析公司业务的自然成长轨迹和增长率，同时检查公司的定价战略、自然的产品线延伸、上市速度、销售流程。翰威特公司给各业务单元提供包含长期和短期目标及预测的规划模板。

• **长期规划**。长期规划以跨职能的方式展开。公司鼓励员工在工作实践的基础上提出新想法、提供新产品和新服务，抑或任何具有潜在可能增加公司有效收益并提升公司总体增长率的建议。公司鼓励各层领导者重回自己工作过的岗位，思考公司的业务，收集对公司未来发展方向的想法。公司会采纳"高潜力人员"（被评为"未来之星"的个人）的观点，这是通过把他们分派到小的团队中去发现和探索新机会的方式实现的。利文认为，让年轻顾问加入战略规划流程对公司和顾问是双赢的。"如果在我们的战略规划过程中产生了一些新业务，那么一些年轻的领导者会说，正是由于这一过程，他们的职业生涯出现了新的转折点。"

• **定期评估**。公司对照业务规划每月进行两种不同级别的业绩评估：一是全公司执行官层级领导的月度业绩财务情况评估，二是全球损益所有者（P&L Owner）汇报业绩状况并就财务数据进行解释。

翰威特公司非常重视规划流程。在绩效评估时会将结果与计划进行对照，并最终反映在薪酬上。"公司致力于按照目标发展，"利文说，"战略规划是防止我们偏离轨道并就组织目标形成统一战线的重要过程。"

一些公司会常规性地将长期战略思维融入战略规划流程。另一些公司会以一些重大内外部事件为契机，开始关注长期战略思维如领导层的变化、兼并，或者巨大的市场转型。

正如大多数广告公司一样，百比赫公司也面临着来自市场的重大变革——从传统广告向数字广告的转型。公司采纳了正式的长期规划战略和流程，以重新思考整体服务方案，并形成了一种适应社交媒体时代的新型运营模式。在长期规划的基础上构建这一模式需要彻底地转向新技术和新分析工具。总裁史蒂夫·哈蒂（Steve Harty）说，重新思考公司的长远战略方向及基础运营动力是重中之重，因为"不能适应改变，就会被桎梏在旧模式中，那意味公司财务上的失败"。

当采用某种形式的长期规划时，大多数（60%）公司的规划都会涉及 3～5 年的时间跨度（见图 9—5）。长期规划的思路是制定出足够前瞻的规划，以应对在重大变革出现时可能发生的额外事项，比如，进入新市场时，对市场变化、资源变化、外部事件能够灵活地去应对。

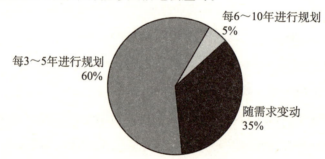

每6～10年进行规划
5%

每3～5年进行规划
60%

随需求变动
35%

图 9—5   大多数公司会以 3～5 年的时间跨度作为长期规划周期

CSC 公司以三年一循环的展望方式制定其长期规划，以评估市场趋势，构建内部能力来满足不同服务的需要。在决策方面公司采取传统的基于需求的分析方法，并按照资源配置决定公司在哪投资。CSC 公司对其规划展开的持续评估和微调会在 7 月底开始，9 月和 10 月达到顶峰，于 11 月和 12 月结束。

大多数涉及长期规划的公司会以 3～5 年为时间跨度，一小部分公司甚至会涉及更长的时间跨度。麦肯锡公司比其他公司采用了更长远的视角看待其内部战略的构建。根据其前常务董事顾磊杰所述，公司每十年对其战略进行一次大规模审核。该过程花费数月时间，这期间主要涉及各种重大战略和方向问题。这一过程主要以客户需求和比较性的定位为导向，通常"比任何其他过程更具启发性"。20 世纪 90 年代早期，正是使用这种方法，公司做出了使麦肯锡足迹遍布全球的决策，并采用按行业分小组的方式作为其组织原则。那时公司并没有战略规划的流程。顾磊杰解释道："因为我们喜欢用自己的战略实践说话，'战略是一组项目的集合'，而我们的项目集合是不断发展变化的。"

总体而言，启用长期战略规划的公司将其视为一种领导责任。通常由首席执行官推动这一过程，公司领导层和董事会也会积极参与。还有一些公司设立了战略规划部门，并招募经验丰富的专业人员引领公司战略的开发并以目标为指导监控规划进程。一些专业服务公司会寻求外部顾问的帮助来设计并实施它们的长期战略规划过程，或作为辅助帮助公司理顺规划流程。通常来说，外部顾问是独立咨询师或商学院教授，他们会和高层管理者直接接洽，同时也会在一定阶段与公司的合伙人沟通。比如，英国 Freshfields 律师事务所有一个战略顾问团队，既包括公司内部人才也包括外部专家，顾问团队负责就公司战略愿景进行参数上的规划。

年度规划

所有公司都有某种形式的年度规划，既有从长远战略规划衍生出来的运营规划，又有对未来一年进行资源配置的战术规划。最常见的是，规划将战略目标和短期运营上的具体实施对策相结合。

长期规划通常都是自上而下的，而年度规划多数情况下是基于协作的自上而下或自下而上的过程，由各个管理层和各主要职能部门完成。这通常会涉及很多人员的参与，包括业务部门主管、业务实践团队、各服务板块主管，以及地区主管。一位首席执行官解释说："规划流程必须由总公司管理人员和各地区主管合作才能完成。"

年度规划从领导层为整个公司制定初始目标开始。而后，通常而言，首席运营官或首席财务官负责联系所有领导层面——包括业务实践或服务板块主管、地区主管、行业主管，请他们使用固定模板制定个人计划。运营部门主管会和合伙人团队接洽，提出能够完成的合理目标，这是根据区域内的关键客户情况、竞争环境分析、当地业务实践得出的。

领导层会将规划整合并进行调整，以适应公司长远发展目标的需要。正如某公司负责这一过程的首席运营官所说："我们会审视这些经整合的规划，并问自己，这样做合理吗？"如果对收入的预测过高或过低，领导们会推倒重来。但大多数人认为，正是这些奋斗在前沿的合伙人才能就其所在地区或业务领域下的潜在发展空间提出最好的建议。

而后，首席财务官会基于这些规划制定公司预算，领导层和部门主管会共同审议并通过最后的规划方案。规划是一个优化组合的过程，不仅涵盖了各业务组的规划，也涵盖了填补任何业务组或地区从未涉及过的一切空缺方案和倡议的规划汇总（见下面的专栏"安永会计师事务所的年度规划"）。

安永会计师事务所的年度规划

安永会计师事务所的年度规划制定是个纪律严明而有条不紊的过程。据市场负责人，公司高级副总裁马克·高蒙德（Mark Gaumond）所述，全公司的所有合伙人都要参加。"这是个非常综合复杂的过程，"高蒙德说，"但是所有人必须融入其中，并按照我们设定的目标共同努力。"公司每年同步进行的两种规划流程如下：

• **财务规划**。财务规划涉及的是公司运营方面的事项。从诸多市场汇集而来的诸如已有及未来员工总数、利用率、生产率、小时费率等预测信息经校对整合，被融入年度收益、成本及盈利目标。

• 收益规划。 收益规划是重中之重的大事，承载着所有人的期望。这一规划始于各合伙人的意见汇总，合伙人自定他们在市场中所能达到的目标和能够为公司带来的收益。公司鼓励合伙人以宏观的视角思考客户需求，安永会计师事务所就客户需求设计了四条业务线：审计、税务、咨询和财务交易。而后这些规划会整合进收益目标，并通常都会高于财务规划的目标。

制定规划的过程保持透明、协作、互动，时间于每个财政年开始前的4～5个月启动。通过使用规范化的模板和工具，每个合伙人都会准备自己的规划，内容涉及客户、办事处、子区域及总区域的情况，最后经区域运营委员会和董事会审核通过。公司的总规划要包括所有地区和服务板块的信息，并且每个业务单元的规划所基于的假设和目标都公开进行分享。

一旦规划获审通过，其实施效果会接受每月的监控，并进行每季度一次的汇报。一份综合性评估总结会在年中的时候出炉，如有需要还会对规划进行改良更新。从每个合伙人的角度来看，公司的规划目标已与合伙人的个人目标融为一体，而规划带来的业绩成果也成为决定最终薪酬的考量因素。

高蒙德认为，从本质上说，安永是脱离了财务规划开展运营的，并且"艰难推进才得以制定收益规划"。他描述了两种规划之间适当的平衡："如果一时疏忽，过度关注运营，或者过度关注利润，都会限制总收入。"从另一方面看，公司也不能没有财务原则地一味发展新业务，保持这其中的平衡很必要。

评估、监控和更新

环境变化如此之快，以至于公司需要规划流程随时应对，并能够做到灵活多变。

大多数已具备正规年度规划流程的公司在监管规划进程上都是比较严格的。公司领导层的代表者，不论是首席运营官，还是首席财务官，抑或首席执行官，还有身处执行委员会被委派对部门实施监管的合伙人，他们通常都会每季度或者每月与业务部门主管碰头一次。他们会基于规划项目进行绩效评估，并向部门主管提出意见和反馈。这些碰头会能帮助领导层及时把握企业脉搏，使潜在问题浮出水面，并从基层领导那里汇总当前的市场信息。这种评估过程常常带来对规划方案的调整，以反映公司业务的动态趋势，保持规划方案的灵活流畅。正如一位首席执行官所述："要制定活跃的、有生命力的方案，而不是放置在架子上无人问津的文件。"

很多公司就规划进程每月向公司合伙人和执行官层领导进行一次更新汇报。拥有先进技术的公司会提供实时监控，使领导者能够每天随时监控进程。大多数公司都会在需要的情况下按季度评估年度规划完成情况，并以年为单位评估长期规划。不过，也有很多公司能够持续监控对企业造成影响的市场动态和竞争趋势，并对公司的规划加以调整从而反映不断变化的情况和机遇。

责　任

首先，让公司上下都知晓，关注财务业绩是重要的；其次，效果的显现是长久的过程。

我们现在还不是一个连续统一体的唯一原因是，我们还没有与薪酬确切地挂钩。

尝试将规划进程中取得的业绩直接与薪酬挂钩是专业服务领域的一个具

争议性的话题。有些公司严格地按此行事，有些公司则认为这有悖于它们的公司文化，还有很多公司称，这只是它们在确定薪酬时的考虑因素之一。如第 8 章所述，很多公司使用数量和质量双重指标进行综合考量，通常还会加入大量的主观因素，最终形成合伙人薪酬方案的决议。

Smith Group 建筑设计事务所的总裁兼首席执行官卡尔·罗布林（Carl Roehling）解释说，在季度会议上，公司会认真回顾各项指标的完成情况，届时，办事处主管会就业务规划汇报其业务进展情况。据罗布林所述，公司会使用一组指标以跟踪办事处的业绩，甚至包括大量的非实体性因素。Gensler 公司的联合首席执行官安迪·科恩同意这一点，他认为这不仅仅关系到数字："其最终关乎的是世界级的设计方案，为我们的客户带来价值，招募并培育出行业最优秀的人才。"除了财务业绩，Gensler 公司还启用了很多"软"指标来定义人才。正如科恩所述："某些人可能在数字上显现出表面化的业绩，但实际上没有获得客户好评，或者没有指导和培养人才，也没有贡献好的才智，因此他们不会得到那么大的奖赏。"

对很多公司而言，审核和问责制的过程是非常周密而需要严格遵守的。有几家公司描述了它们以周、月和季度为基础的财务、策略和战略评估，一旦绩效目标未被完成，其后果可能是相当严重的。薪酬完全取决于目标业绩的完成情况。在我们调研的上市公司中，对责任的监督和等级划分是异常严格的，过程中有严明的纪律。

本章小结

战　略

- 公司领导者认为，依照公司战略进行业务界定和执行是取得成功的关键。2/3 的公司将战略规划置于管理日程的前列。
- 战略规划能使公司在诸多方面受益：

1. 专注——规划的过程会使公司上下就愿景团结一致并保持专注。一个用心构思和设计出来的规划会将愿景转化为清晰的路线图，这样所有人都能了解公司的发展方向及通往目标的途径。

2. 磨炼——专注于战略规划的过程会迫使一家公司的领导层将日常事务和客户工作暂放一边，而是审视市场及其业务情况，而后重新评估并更新公司发展方向。

3. 动力——战略规划是一种激励协作、激发士气的手段，同时会带来一种基于公司目标的新生感和使命感。

- 成功的战略规划有五个共同点：

  1. 将长期战略规划与年度计划相结合。

  2. 将战略规划视为持续的循环过程，而不是一次性事件。

  3. 将外部分析和内部分析融入战略规划中。

  4. 确保股份的购进，与股东共同制定计划。

  5. 定期沟通并对照目标定期检验进展情况。

- 战略制定过程通常包括四大阶段，从长期规划制定到年度计划执行，其间贯穿着持续进行的评估、监控和更新。

第 10 章

结　构

设计、治理和风格

不论公司选择哪种结构，最终都要回归到对角色和责任的清晰定义上，以及沟通、沟通、再沟通，这是决定你的管理模式是否成功的关键。

——菲尔·罗尔博（Phil Rohrbaugh）

毕马威美国公司副总裁及芝加哥办事处执行合伙人

公司需要具备一套治理体系，将决策的权利和责任指派给特定人群，对律师事务所来说，只有这样你的这艘航母才能为你保驾护航。

——拉尔夫·巴克斯特（Ralph Baxter）

Orrick 律师事务所总裁兼首席执行官

我们非常痛恨官僚主义。这就是为什么我们这里比较平等，没有多少政治斗争的原因。

——唐娜·因佩拉托（Donna Imperato）

凯维公关公司董事长兼首席执行官

　　组织结构和治理模式的选择对专业服务公司来说具有重要的意义，两者共同构成了公司的内部结构，这种无形的结构支撑起了公司的一切，包括日复一日的运营、战略规划，以及有效的执行。这种结构勾画了公司内部的组织层次和管理汇报体系。治理是一种领导风格，可以协同合作，可以专人专政，抑或共同管理，并构筑起整个公司的政策、体系和流程。组织结构的选择会对企业文化起到巩固或破坏的作用，也会降低或提升绩效和服务质量，并最终影响收益。

　　就我们的访谈而言，涉及组织结构、管理层次、政策和流程等需要公司进行分类组合以开展业务和做出决策的具体事项，并不是特别热议的话题，组织结构和治理属于领导日程中排位最靠后的项目，但还是位居优先处理事项之中，有 62% 的受访者将它列为头等大事（见图 10—1）。

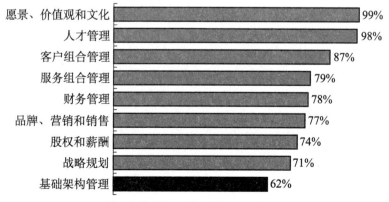

图 10—1　基础架构管理和治理在重要性排名中位居最后

虽然有关结构和治理的议题的重要性与愿景和文化相比稍显逊色，却也是公司通往成功并保持长久生命力的关键因素，同时也是管理砝码中很重要的一个。事实上，受访者在这方面给自己的表现都打了比较高的分数，有73%的受访者在提供有效组织结构和治理模式上给自己打了优良的分数（见图10—2）。

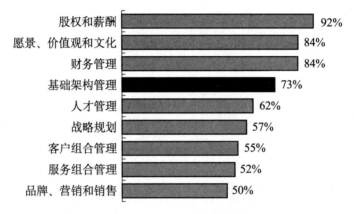

股权和薪酬 92%
愿景、价值观和文化 84%
财务管理 84%
基础架构管理 73%
人才管理 62%
战略规划 57%
客户组合管理 55%
服务组合管理 52%
品牌、营销和销售 50%

图10—2   3/4 的受访者认为自己在基础管理方面表现出色

为何理顺关系如此困难

问题是如何找到正确的结构，以确保公司有效地执行战略。

如果我们没有就组织形式做出任何改变，以便更好地应对复杂的需求和公司的动态性本质，我就会觉得这一年的任务还没有完成。

一个有关管理的问题是，不受约束的自治可能是灾难性的。

在传统的管控环境下，领导和下属之间的区分是很清晰的，等级森严的决策制占主导地位。在合伙人或股权所有者组成的企业中却恰恰相反，其普遍模式是基于平等共治的网络结构，重大决策必须得到高度一致的认可。专业人员需要并要求公司在业务操作和客户服务方面给予他们同等的自由度和灵活度，如果他们感到公司的结构或治理方式不能很好地支撑他们的独立性，而是损害或限制工作的进展，即使是最具纪律性和忠诚度的专业人员也不会遵照奉行。

正如所有传统型公司一样，专业服务公司也是以营利为目的的，要用有效的结构来支撑和协调客户服务业务。对公司领导层而言，最艰巨的任务是构建一套组织模式，使得专业人员能够在稳定、高效的基础架构下获得足够的自由度以实现有效工作。很多公司觉察到，在过度自由和过度官僚化之间存在微妙的界线。

在专业服务公司的结构上，没有什么万全之策，那样只会使决策过程更加复杂。正如没有理想化的战略方案或执行方案一样，也不存在完美的组织结构模式。真正的重点是与公司的价值观、文化及战略方向保持一致。正如一位公司领导所说："我认为，更多的是愿景、价值观和文化促进了公司的发展，而非结构。"

组织结构的设计并不是僵化的过程，而是逐步发展的过程。结构必须随着时间的推移而优化，以适应公司发展方向的变化和不断前进的步伐。很多接受调研的公司在发展周期中都进行了多次结构上的改进。公司领导者认为，结构是一种有利的杠杆，可以使公司运营流畅，并能够刺激公司发展和调整公司方向。不过，熟练掌控结构这一杠杆本身也是一门艺术。

成功的基础架构和治理模式的七大精髓

我确实认为，如果想使一家公司更好，你就得有所改变。一家公司想要获得长远的可持续发展和成功，就必须使自己成为一个适应环境带来的持续暗流和变动的组织。

当话题涉及高效运营和便于高层做出重大决策的合适的治理机制时，优秀的公司通常具备七大典型特征，那些业绩出色的公司尤其重视以下几点：

1. 拥护"公司整体"的观念。成功的公司都在努力营造一种"整体"的思维模式，通过构筑合适的组织结构，形成一种协同合作的工作环境，而非各自封闭的运营环境。在通过自然增长或并购而全力以赴投身于全球性扩张的过程中，这些公司都会努力确保不断扩大的规模不会侵蚀其基于权利共享和共同服务的"公司整体"精神。

2. 操作透明。由一个人或一个小组关起门来独揽大权的领导模式在共识驱动的企业文化中不能带来成功。在合伙人或股权所有者体制下，必须让每个人感到自己的声音得到倾听，每个人都能参与重大事项的讨论和解决，至少他们必须完全了解和认可决策过程。最有效率的领导是那些既能提供方法步骤又能付诸实践的人。他们使专业人员既能在确定公司发展方向上有参与感，又能在推进公司向前发展的艰难选择上做出决定。

3. 培训专业人员的商业技能。业绩优异的明星员工得到公司的晋升源于其精湛的专业能力，而非商业技能，因此，高效运营公司并带来收益的要求通常超越了他们的知识范畴。同时，随着公司的发展壮大和更多复杂因素的出现，同时具备专业知识和商业头脑的双重知识储备变得至关重要。一支既擅长维护客户关系又具备坚实的商务实践和业务实践经验的强大专业人员队伍一旦建立起来，专业服务公司将得到最高效的运营。越来越多的公司已经意识到了在专业人员培训中融入管理技能类课程的诸多益处。更多的公司为资深专业人员提供类似于 MBA 的培训课程，以便在他们晋升至管理岗位的时候，能够为承担多样性的责任做好准备。

4. 使用专业的非计费支持团队。虽然公司期望专业人员能够学习基础的商业管理技能，但是成功的服务类公司绝不会以牺牲本职工作为代价。涉及管理运营时，它们会雇用经验丰富的管理人员，并给予他们职权范围内广泛的行动自由。随着时间的推移，诸如财务、营销、信息服务及人力资源管理等非核心的职能范畴已经逐步发展得越来越趋于专业化。纵观所有行业细分领域，专业服务行业正在谨慎地将新的职位并入它们的组织结构，包括常务首席运营官、首席财务官、首席营销官、首席信息官、首席人力资源官。当公司努力构建强有力的管理团队时，很多公司都对这些职位的重要性越来越认可，并将在这些职位上任职的人员编入管理委员会。

5. 重视流程的高效。优秀的公司会努力确保给企业带来利润的专业人员将大部分的时间和精力用于客户工作和客户关系的维护方面。这些公司不惜花重金投资于公司体系和配套机制的建设，以期能够提升内部效率并加速服务交付。为了使各种运营流程更加顺畅，它们竭尽全力运用科技手段创建具备成本效益的办公室管理体系。为了提升效率并缩减成本，领先的企业正在运用一般跨国公司采用的全球一体化手段，从共享服务模式转型为外包和离岸模式（见专栏"高伟绅律师事务所的离岸项目"）。

6. 清晰定义角色和责任及政策和流程。在多服务、多项目同时运转的专业服务公司，汇报关系可能会变得模糊不清。可能在某一时间点上，会出现一人向多人汇报并同时接受多人汇报的现象，这不仅出现在专业人员身上，甚至出现在资深合伙人身上。这一有关"谁在做、做什么、给谁做"的流程问题通常界定不清，并且随着各个项目的开始和结束而发生变化。优秀的公司会谨慎划定角色界限，这样才能确保专业人员在不同的角色中清晰界定自己的职责范畴，包括项目经理、业务部门主管、业务小组负责人、培训师或导师，不论肩负一项还是多项职责。根据对不同职责的期望目标，他们的业绩状况会被监督和评估，以确认其工作在公司中的进展情况和年薪。

除了清晰界定职责范畴外，公司日常事务的管理也必须清晰界定和存档。从质量监控到项目管理标准、绩效审核和汇报，以及计费和收集流程的政策，都为各级别的专业服务人员进行了清楚的界定。

7. 恰当时改变组织结构和治理模式。专业服务公司是在不断变化的环境中运营的灵活性组织。优秀的公司会随时监控其组织结构和治理模式，并定期对其有效性进行评估。不论是小小的调整，还是重大变革，公司都会保持灵活性并在需要时做出改变。

高伟绅律师事务所的离岸项目

在 20 个国家拥有 29 个办事处和 3 600 名律师的高伟绅公司是世界顶尖律师事务所之一。2006 年，公司开始征集集中化和离岸部分服务的利弊建议。全球执行合伙人戴维·蔡尔兹（David Childs）认为，共享服务的概念为削减成本、提高效率，以及服务质量和一致性的标准化提供了难得的机遇。

公司于 2007 年在新德里建立了外围服务共享中心。公司的 300 多名员工掌管了公司约 10％的服务领域，包括人力资源、财务、IT、业务开发和行政管理。除此之外，公司还建立了一个名为"印度知识中心"的独立项目，其中涉及诸如调研、尽职调查和文件起草等高伟绅公司的律师帮办业务。曾负责该中心的创建，目前监督其运营的公司首席运营官阿曼达·伯顿（Amanda Burton）向具有离岸意向的公司提出了以下建议：

• 做出适合公司的选择。鉴于涉及资金投入，规模是使这项决策生效的关键。在全面衡量公司的规模、发展战略和集中化能力后，应谨慎地权衡离岸方案的利弊。

• 调查其他行业情况。将视野扩大到其他领域去寻求创新的途径和新点子。当公司试图探讨离岸可能性时，伯顿会与许多从事金融服务的客户交流，这些客户会提供关于什么该做和什么不该做的宝贵建议，而后公司会再次做出评估，决定是否选择这一方案。

• 选好地点。高伟绅公司选择新德里的原因有：英语环境、多所优质法律学校提供的强大人才储备、全天候的业务覆盖、成本优势。

•将离岸业务视为重大项目。如果打算规划一项离岸战略，需要准备强有力的商业案例、项目计划、启动方案、时间安排，以及能够带来理想效果的人才。一名高伟绅公司的律师受邀负责知识中心的建立，同时公司还会每半年派送一名律师对律师帮办团队进行培训和监管。"管理离岸项目意味着艰巨的承诺，"伯顿说，"员工会担心他们的工作，以及管理变革或基于知识的离岸活动会影响公司的有效运转。因此，绝不能对管理模式改变的重要性认识不足。"

•重视文化培训。当公司打算将离岸地点选在从未开展过任何业务的国家时，文化培训显得尤为重要。这可以帮助公司切实打开局面，并吸引那些可以为公司提供最佳服务的人才。

建立离岸共享服务项目需要巨大的时间和资源上的投入，而高伟绅公司开始收获的结余数额也是令人瞩目的。公司目前以一个团队面向 29 个办事处的 29 个团队的效率提供一系列商业职能，整个离岸项目也正在向年结余 800 万英镑的目标顺利进展。正如伯顿总结的："通过征求外部客户的建议，构建强大的商业案例，积极进行变革管理，在文化培训方面大力投入，公司成功规避了风险并为实现更高的运营效率做好准备。"

组织结构：支撑公司的框架

在专业服务公司中，常规的线性管理模式不能真正体现公司的实力或运营的现状。在以人为本的企业中，责任和义务之间存在着微妙的平衡。

我们面对人员要尽可能压低姿态，平等相待。前提是我们认为，好的决策是在近距离接触客户中产生的。

　　尽管会有很多变异因素，但事实证明，接受调研的公司的组织结构图在组成上极为相似（见图10—3）。

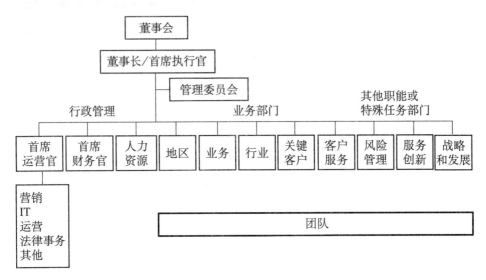

图10—3　专业服务公司组织构成中的共同要素

　　处于组织构成顶端的是公司的高管团队，高管团队一般包括两组监管人员：一是董事会和管理委员会，二是董事长和首席执行官。紧接着的第二级是各个业务部门的领导，主要包括地区主管、业务或行业主管（依组织结构而定）；主要行政管理职能部门主管；肩负特殊职能管理和公司高级别重大任务的资深专业人员。整体的组织结构是一种跨职能、跨边界的灵活的网络管理模式，通常涉及客户、服务、地区和一些专业性活动（如知识资本开发、培训和发展项目）。

　　结构上的多样性主要取决于公司的规模、地区范围、业务多样性及文化特点。在受访的最优秀的公司中，我们发现一种占绝对优势的组织结构倾向，那就是尽量减少等级森严的汇报制度和官僚主义。以下各部分详述了典型的专业服务公司的组织结构。

董 事 会 的 组 成 和 选 择

我们对于董事会成员有一系列要求。我们寻求的是综合资质符合条件的人员，包括性别、年龄及其他可以适当地代表所有合伙人的特质。

我们的董事会是由公司选出的，他们的忠诚体现在关注公司的集体利益，而非狭隘的个人利益。

接近 3/4（73％）的受访公司同时设有董事会和管理委员会（见图 10—4）。

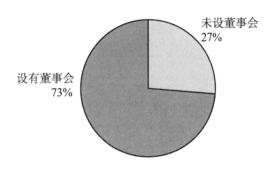

图 10—4　多数公司设有董事会

通常而言，董事会并不参与日常决策或公司运营，而是更多地从全局考虑公司的治理，关注股东价值问题，对公司高层的决策和投资提供有影响力的分析和最终的确认。一些首席执行官和管理委员会成员在董事会成员中探寻意见。以顾问的身份，董事会成员协助首席执行官梳理想法，评估市场威胁和机遇，最终就长远的愿景和战略方向做出决策。

大多数董事会都设有常务附属委员会。比如，提名委员会可能担负着监管继任计划和任命人员担任要职的责任。其他普通的常务组织还包括监管合伙人收益分配的薪酬委员会以及监管新合伙人晋升的合伙人资格审核委员会。董事会成员可能还会供职于某些为特殊项目或紧急事务而成立的临时委员会。总体而言，这种临时组织是由选出的董事会成员和在所需领域内具备专业知识的合伙人组成的。

在绝大多数的私有制公司中，董事会是由资深合伙人组成的。通常来讲，董事会成员是一面镜子，反映了一家公司的总体人员情况，由各具特点的专业人员代表组成，他们代表了公司的不同业务领域、地区分布，某些情况下（虽然不是很多）还代表公司人员的年龄和性别分布。在一些公司中，重要的职能职位也会在董事会中有所体现。比如，为确保董事会能反映多样化的背景和观点，Smith Group 采用了 9/9 的董事会结构，也就是 9 人负责公司的实践和规范管理，另外 9 人负责公司的业务和运营。

董事会因公司规模的不同而显著不同，较小公司的董事会可能只有 5～10 人，较大的公司则往往有 15～20 人。麦肯锡公司董事会成员的任期是三年，他们是公司最终决策的制定者。这些董事会成员分布在公司四个常设委员会中，分别是：客户委员会、人才委员会、知识委员会、财务委员会，这些常设委员会负责所有其所管领域的重大决策制定。

一些私有制公司还会任命外部董事，但是并不多见。比如，Dewberry 公司是一个家族企业，通过任命同等数量的外部董事来平衡其家族董事在董事会中的影响力。Gensler 公司的十人董事会中包括公司的创始人、执行合伙人及一位外部董事，这位外部董事是战略家，就公司重大议题提供专业化的建议。DLA Piper 律师事务所设有一个全球性的董事会，除了两位独立外部董事，还有负责其美国业务和非美国业务的同等数量的董事会成员。

应联合监管机构的要求或投资者的意愿，不论上市公司还是由第三方投资人部分拥有的公司都设有外部董事，这一点跟上市公司很相似。博思艾伦公司是一家被 Carlyle 集团部分拥有的公司，公司首席执行官拉尔夫任公司董事长，其董事会有两位公司资深合伙人，三位来自 Carlyle 集团的高管，以及两位外部董事。

大多数（69%）公司都会通过选举产生董事会成员（见图 10—5）。多数董事的任职期限已事先约定，通常为 2～3 年，并拥有两届连任的资格，而选举往往会交错安排，这样就避免了 1/3 的董事会成员在某一年同时被替换的情况出现。

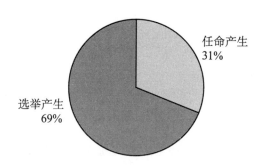

图 10—5　多数公司都会通过选举而非任命的方式产生董事会成员

任命政策具有显著的差异性。在很多公司，任何全股权合伙人都有竞选董事的权利。而在另一些公司，只要有合伙人资格就可以参与竞选。不过，在其他一些公司中，候选人必须经由其他合伙人提名。在选举董事时，通常每一位合伙人都有平等投票权，实行少数服从多数原则。不过，在某些公司中，经验越丰富的合伙人会积累越多的合伙资质，从而拥有更多的投票权。在对董事采取任命制的公司中，新的董事会成员可能由首席执行官根据其他董事的建议进行任命，或者由董事长提出所有候选人名单，而后由董事会成员选举产生。

董事长的选择和角色

总体而言，当选董事长一职需要通过全行业的综合审核。在接受我们调研的公司中，52％的公司表示，它们只设有董事长或首席执行官的其中一职，而 48％的公司表示同时设有这两个职位（见图 10—6）。

在既有董事长又有首席执行官的公司中，64％的公司通过选举产生董事长（见图 10—7）。董事长的职责范围有很大的差异，但通常情况下不参与公司日常运营。在个别案例中，董事长一职有名无实。不过，更多情况下，董事长主要行使以下两项职责中的一项：公司愿景和价值观的守护者；作为公司外交官，也就是公司面对重大客户和面向公众时的脸面。

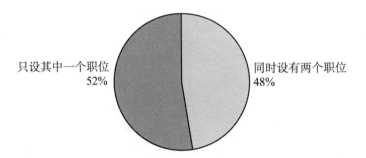

图 10—6 大约一半的受访公司既有董事长又有首席执行官

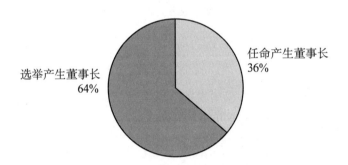

图 10—7 多数公司选举产生董事长

在守护者的角色中，董事长的主要职责是确保公司在向长远战略目标进军的过程中不会偏离轨道。一些董事长将此项职责粗略地描述为：组建一家大公司，保持公司愿景的完整，培育公司文化。而在外交官的角色中，董事长通常更积极地参与公司日常事务，通过帮助提升员工敬业度、联络员工感情、寻找重大战略项目，董事长帮助公司设计长远发展和盈利方案。代表公司公众形象的董事长也会与重大客户进行互动沟通，在高级别的行业论坛上作为公司代表出面，并参与到业务发展的过程中。

首席执行官的选举、职责和继任

与董事长只管大面的角色不同，首席执行官要肩负起日复一日、年复一年的日常运营管理工作。大多数专业服务公司采用的扁平化且精益的组织结构模式意味着首席执行官常常需要事无巨细地对大量工作直接负责。这导致首席执行官要深入到公司运营的方方面面，从经营、财务、营销、人力资源管理，到业务部门的管理和一线客户工作。正如第 11 章中提及的，这是一项非常具有挑战性的工作。

选 举

首席执行官的选拔过程在不同公司差异很大，有非程序化的模式，也有缜密的提名和审核流程。总而言之，确定和选取候选人的方式大致分为以下三类：

• 现任领导选择继任者。在这一模式中，由现任领导选出公司的下一任新领导。很多受访者表示，他们作为公司高层领导的重要职责之一就是确保公司能够由青出于蓝而胜于蓝的法定候选人或候选人接管。大多数领导者认为，他们不会主观地随意选取，而会选择那些展现出了才能、经验，并愿意继续学习、成长和发展的人才。领导者有责任确保所选取的人才具备正规的经验，这样他们才能掌管大权。即便是在通过任命产生继任者的公司中，合伙人仍然在最后的决定上享有发言权。

• 选择和选举混合模式。在这一混合模式中，即将离职的领导者和管理团队（董事会）在听取公司合伙人的建议后会任命新一任的首席执行官。这一意见征集过程在专业服务合伙制公司中可能需要涉及许多领域且旷日持久，因为每人都有发言权，所以共同协作是关键。在某些公司中，合伙人最终投票产生提名名单。而在其他公司，由董事会做出最后的抉择（见专栏"世达律师事务所的选拔流程"）。

• 合伙人选举产生。在一些公司中，领导者的产生过程类似于总统大选。多步骤的选举流程从公司所有合伙人进行提名开始。公司领导委员会首先选出第一轮候选人，通常约为十人，这些候选人必须向所有合伙人呈送他们的就职报告。而后，合伙人进行再一轮投票，将人数缩减至两人。这两位候选人必须面对合伙人进行公开的议题辩论。最后，合伙人进行最后投票，获得选票最多的候选人当选。

世达律师事务所的选拔流程

2009 年，世达律师事务所选出了其 61 年公司历史中的第三任执行合伙人。执行合伙人艾利克·弗里德曼（Eric Friedman）说，公司对其制定的"公开透明"的选举流程颇感骄傲。弗里德曼的前任鲍勃·希恩（Bob Sheehan）完成了三个五年的连任，并在告知政策委员会他们需要物色继任者的前两年开始着手继任者的选择。

政策委员会指派组建了一个继任委员会，由公司中的九名合伙人组成，公司全球业务联合主管迈克·罗根（Mike Rogen）担任继任委员会领导，继任委员会成员还包括负责世达公司主要业务和地区的合伙人。继任委员会将一张问卷调查发放给所有合伙人填写，问题涉及所有合伙人关心的公司事宜、他们对公司未来的愿景、期待在新的执行合伙人管理下的新特色，以及所有就管理结构提出的建议，例如，公司是否应该设置共同管理合伙人。在"第一轮"好感测试中，合伙人被要求就谁是合适的继任者发表建议。

继任委员会评估问卷反馈意见并在公司范围内进行地毯式推进，与世达公司的 450 名合伙人一一会见，集合他们的意见和建议，继而形成一份包括 19 名候选人的初始名单。在与每一位合伙人面对面交流而合成的信息汇总以及对问卷调查进行再次回顾的基础上，候选人人数被压缩至 5 人。这五位候选人被要求提交包含他们对公司的愿景和目标规划的书面报告，并需要回答一系列问题，诸如"为何你是这一职位的最佳人选"、"你如何看待这一角色"、"公司面临哪些重大挑战"等。每一位候选人都要接受来自继任委员会的为期两天的面谈。

继任委员会就一位候选人达成一致意见并推荐至政策委员会，由政策委员会一致通过，随后提名人名单将被呈送至合伙人处并进行保密选举投票。依据公司的管理条款，合伙人必须进行无记名投票，并经由独立第三方进行票数汇总。候选人艾利克·弗里德曼在 2008 年 5 月当选为公司下一任执行合伙人，并于 2009 年 4 月正式任职。整个继任者选拔过程持续将近四个月。

弗里德曼说："回过头来看，我从选举流程中受益匪浅，因为这能够使我思考在法律行业竞争越来越激烈的条件下，公司该如何定位。我的合伙人一直非常支持我，我们共同努力巩固我们作为老牌律师事务所的地位，为大公司和金融机构提供服务，帮助它们应对最棘手的金融和管理问题。同时，移交的过程本身也非常顺利。我们经历了 12 个月的渐变过程，从鲍勃变成鲍勃和艾利克，最终变成了艾利克。"

弗里德曼指出，从主要管理日常客户事务转型至更具战略意义的客户顾问，需要在业务操作上做出重大调整。"最起码这些转变没有辜负任何人，包括我自己、我的客户和我的合伙人，过渡的过程为我们提供了一次推进工作的方式的调整机会。"

首席执行官的任期限制

我想，领导层的替换就像在风中抖一抖地毯，抖过的毯子会让你觉得焕然一新。

首席执行官和执行合伙人的任职期限问题是个热议话题。大多数领导者都坚定地选择了两大阵营中的一个：要么强烈地认为定期的领导者更替可以使公司保持活力，跟进市场需求；要么认为频繁的领导层更替会破坏公司正常运营并对公司在市场中树立的品牌形象和信誉构成危害。

支持任期限制的一大主要观点是，在既定的时间界限内任职能够促使首席执行官更具雄心并争取更优质的业绩表现。"实际上我觉得四年的任期挺好的，"德勤的全球执行合伙人杰里·利蒙（Jerry Leamon）有感而发，"你把一群对自己事业雄心勃勃的人员共聚一处，然后他们做得尽心尽力，在任期内将所有事务圆满完成。"

尽管关于此议题的正反方讨论得异常激烈，大多数公司还是选择了给予领导者无限期任职的权利。事实上，五家受访公司里就有四家对他们的首席执行官和执行合伙人不设置任期限制（见图 10—8）。

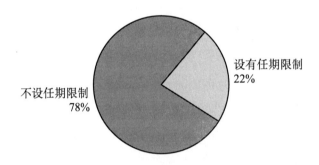

不设任期限制
78%

设有任期限制
22%

图 10—8　多数公司对首席执行官不设任期限制

继任计划

我想，如果一家公司总是指望着"总会有新领导来改变这一切"，那么就大错特错了。

我们没有继任计划，因为人人都有可能被提名。我们的领导产生机制非常公开和自由。分布式领导力模式才是正确的选择，而不是等级森严的层级管理模式。

面对潜在领导者的庞大队伍，专业服务公司该如何从中选出一位最高领导者呢？我们的访谈揭示了令人惊讶的结果：很多公司根本没有既定的继任计划或流程。在宣称具备这类计划的公司中，很大一部分公司概述了所谓的更确切的方案。总而言之，54％的受访者称，他们有既定的方案用于确定未来的领导得者（见图 10—9）。

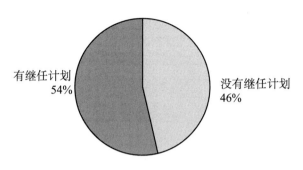

有继任计划
54%

没有继任计划
46%

图 10—9　一半稍多的公司有继任计划

回答没有继任计划的 46％的公司给出的原因是多种多样的。有些受访公司称，继任计划在文化上与他们的公司不匹配。正如一位前首席执行官所说："我们有队伍庞大的精干人才可以肩负起管理企业运营的责任。合适的领导者自然而然会荣登榜首。"对于这家以及我们研究的其他几家公司而言，公司领导者的产生是水到渠成的，只要经过合适时机下的普选流程就可以。其他公司称，他们还处于初步发展期或者规模太小，无法设置正规的此类流程。还有不少公司表达了对缺少此类规划流程的担忧，并正在研讨如何制定这一计划。

即使是有继任计划的公司，其继任计划在结构和程序上也有很大的差异。有几家公司设有提名委员会，负责所有重大职位的继任计划安排，监管下一任领导者的产生并锁定一定数目的潜在候选人。

一些公司设有领导发展小组，负责在跨地区、跨业务、跨行业的范围内为公司所有高管职位物色合适的专业人员人选。每一位公司的领导者都必须深入公司各个分管层级为自己物色继任候选人，或为自己所属的职权领域物色副职。正如一位合伙人解释的："每一年，我都必须确定或重新确定我的继任者并回答一些基础性问题——他们现在已经准备好了吗？如果没有，何时才是合适时机？或者他们还需要具备何种技能才能胜任？"

就其他一些公司而言，对于公司领导继任者的考虑还徘徊在没有付诸实践的"想一想"阶段，只有当现任领导者公开宣布自己的退休或卸任计划时，公司才会开始着手去制定领导的接替方案。

管理委员会的组成和人员选拔

在大多数专业服务公司中，管理委员会有时也被称为运营委员会、执行委员会、政策委员会，负责监督日常运营，辅助首席执行官管理企业并监管财务状况。

直接向首席执行官汇报工作的高管组成了管理委员会。根据公司管理委员会的人员配置情况，其成员可能包括公司业务部门主管、主要行政部门领导，以及负责特殊项目或任务的资深专业人员。很多公司会在组织结构中为这些职位的人员保留管理委员会成员身份，而专业人员一旦被安排到这些职位，就会自动成为管理委员会成员。根据公司规模，管理委员会通常有5～12位成员，而有些会有多达20～30位成员，不过这种情况并不多见。大多数管理委员会成员没有任期限制，只要他们一直处于公司管理的职位，就可以一直拥有管理委员会成员的身份。管理委员会成员几乎都是经任命而非选举产生的（见图10—10）。

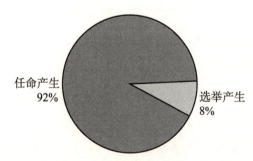

任命产生
92%

选举产生
8%

图10—10　多数公司通过任命而非选举产生管理委员会成员

业务部门的结构和决定性维度

最优秀的组织会在各地区、职能或业务，以及行业之间找到平衡。

我想，我们需要的是互相牵制的张力。如果以牺牲其他方面为代价而只注重某一方面，你只实现了局部最优化。

专业服务公司的业务部门往往通过两个、三个，甚至四个维度进行组织——地区、业务/服务板块、行业，如果是广告公司和公关公司，还会涉及根据主要客户划分。这种复杂的矩阵式组织模式还有多个跨组织汇报的需求，被大多数商业大师所批判，并且已经被证明很难管理。那么为什么专业服务公司还固执地拥护这一模式呢，又为什么这种模式在专业服务领域能如此奏效呢？以下解释了为什么矩阵组织结构适用于专业服务公司：

• 重视共识文化。在由众多同事组建的人员网络下，专业服务公司唯有靠营造共识驱动的氛围才能发展繁荣。矩阵模式为资深专业人员提供了发挥其领导才能的多重机遇，使得他们在公司管理中积极地参与并发挥作用。

• 具备管理灵活度。专业服务公司是灵活的组织。在服务客户的过程中，专业人员需要面对多样化的团队、业务和地区来开展工作，而矩阵结构为这种多客户、多任务驱动的商业模式提供了所需的灵活度。同时，公司还可以跨区域、跨职能、跨客户地实现人才和资源的优化共享。

• 具有发展空间。即使是最小规模的专业服务公司也能提供多样性的技能和服务能力。但随着公司的壮大，它们会引进更多具备专业知识的人才，以拓宽服务范围并将品牌打入新的地区。最终，它们会将组织分割成更多易于管理的部门来实现壮大。为了更好地推进业务扩张，矩阵模式可以最好地支持公司这种适用于共识文化的扁平、精益的运营结构。

随着公司的壮大，矩阵模式中的某一维度会不可避免地占领优势地位，它会成为一个决定性维度，控制公司部门的损益并驱动规划、绩效、评审和薪酬决议等各项目的进行。哪个维度能够成为这一支配性的驱动器取决于文化、市场、客户需求，以及地区范畴多种因素复杂的联合作用。对公司内部结构来讲，无论是按业务领域来组织，还是根据地理区域来划分，这两种方式被大多数公司所采用。在调研中组织，地理因素是主要驱动因素，随后是业务/服务板块（见图 10—11）。

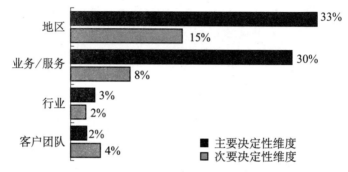

图 10—11　地区和服务是多数公司中的决定性维度

　　一家以地区为决定性维度的公司，其业务部门结构图与那些以业务为决定性维度的公司的部门结构图看起来是有差异的（见图 10—12）。不过，它们却使用了同样的由多重汇报关系和跨职能团队构成的矩阵模式。

　　每种组织结构都有固有的利弊。按地区划分的组织往往会生成更加强健、更加紧密的运营模式，而按行业划分的组织通常会有更具势头的市场开拓能力。总而言之，通过业务/服务板块来划分组织结构能够产生更加一致的执行力。

　　从历史上来看，地区一度成为很多公司首选的主要决定性维度。不过，也有很多人已经察觉到这种模式虽然能够非常容易地提升竞争力，但对促进协同合作无能为力，这可能会造成公司发展的破坏性瓶颈。比如，一家公司的业绩已经出现了危险性的整体滑坡，据这家公司的一位高管讲，这是因为地区分公司"傲慢自大"，想法禁锢在只服务于自己的区域中。

　　随着公司发展更加趋向于全球化，业务/服务板块模式很可能会变得更具

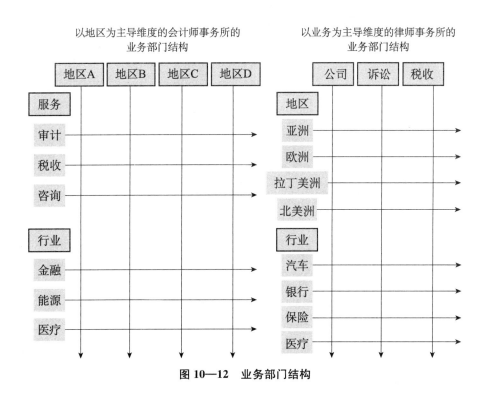

以地区为主导维度的会计师事务所的
业务部门结构

以业务为主导维度的律师事务所的
业务部门结构

图 10—12　业务部门结构

主导性。越来越多的公司开始向这方面转型，因为它们发现业务才是构建运营系统最有效的维度，这样可以更好地在全球范围内为客户创造价值。根据业务划分基础结构能够促进公司内跨界限的团队建设、知识管理和资源配置，还可以使规模各不相同的公司更好地利用矩阵结构和专业人员网络，保证在世界的各个角落都能做到及时地提供专业的服务。很多公司的领导者都认同，业务团队主导是公司全球业务整合成功的关键。

谈到创建一种高绩效的运营模式，不管公司是按行业、服务板块，还是地区来划分，其成功的秘诀都在于在各个划分维度之间找到平衡，这样当某一个维度成为主导时，其他维度仍旧能够保持强健的发展和有序的管理。如果一家公司以牺牲其他维度为代价而过度强调某一个维度，其业绩将受到威胁。在矩阵中适当生成张力，也就是在各个单元之间施加同等力度的收放，对于保持管理模式的活力和有效性都是极其关键的。

其他职能/特殊任务

很多公司会锁定一些它们认为很重要的工作，在它们的组织结构图中留出位置，并在管理委员会中为从事这些任务的管理者留出席位。这些工作可能是领导层认为在巩固公司文化上至关重要的方面，或者在公司的商业管理中关键性的部分。客户服务、质量控制、创新、思想领导力、人才发展及风险管理都可算作这类主题，这些方面对公司发展和盈利能力都会产生显著影响，因此可能需要特别关注。我们调研中的几家最大规模的公司都在领导层安排了一个负责全球整合的角色，其职责主要是将多地区巩固联合，压缩成数量更少、更具统一性的单元。

行政管理支持

> 若没有优秀的首席运营官，我们是无法做好工作的。

> 如果在行政管理方面具备优秀的领导力，令人头疼问题的困扰就会少很多。

对于很多专业服务公司而言，组织结构图中行政管理这部分一直在演变。很多公司领导者表现出了提升支持性基础架构的顺畅性和绩效水平的愿望。另外，由于行政管理不直接产生收入，许多公司不愿意在这方面进行实质性的投入。

这种迟疑不决的排斥是由几种担忧带来的。首先，优秀的公司往往认为自己能够八面玲珑地应对一切事务，包括公司业务方方面面的掌控和运营。其次，无可非议的是，很多公司会认为引进那些不能创造收益的全职高管人员会导致成本的提高。中小型公司对于因设置不能带来收益的职位而造成的利润影响尤为敏感。最后，还有一种担忧也是情有可原的：从传统公司招聘而来的管理人员在面对非传统的矩阵环境时，可能会无法有效行使其职责。从专业服务行业外招聘而来的资深管理人员无法适应共识文化而选择离开专业服务公司，这样的事情比比皆是。

尽管存在这些警示案例，不创造收益的行政人员数量依旧有上升趋势。虽然行政管理职责因行业、公司的不同而不同，但组织中行政管理的模式还是具备一定的一致性。总体来说，这些高管职位，也就是在管理委员会中拥有席位的职位，往往将首席运营官（如果有的话）、首席财务官、首席人力资源官涵盖在内。近一半的受访公司表示它们设有首席运营官职位，而所有公司都设有首席财务官，不过首席财务官的职能有显著差异，从单纯的财务监管者到德高望重的合伙人层级的高管不一而足。

纵观整个专业服务行业，首席运营官的职责一直在变化。很多公司体会到，优秀的首席运营官可以在运营上带来变革性的影响，通过对资源和技术的有效配置和管理实现效能的提高。公司有一位值得信赖的管理者来管理行政事务和运营事务，会减少首席执行官对这些事情的关注，从而将更多的精力放在战略和市场方面。事实上，如今的一些首席执行官会坚定地希望有一位得力的首席运营官协助自己，这已成为首席执行官开展工作的先决条件。

改变结构

在公司发展的关键时期，许多公司发现自己要面对急需改革组织结构或治理政策以及公司流程的内外部压力。在一些案例中，快速的扩张迫使这些公司内部被分割成更小的部门；而在另一些案例中，不断变化的客户需求驱使公司转变关注点和运营结构。不论触发点是什么，在某一个时间点，公司会意识到它们的组织结构正在逐渐变成一种阻碍因素，而非企业的财富。一旦出现这种情况，聪明的企业会进行重新部署、清查评估和重组。

以下几种现象表明公司可能是时候进行组织结构和治理模式的重新评估了：

• 客户开始抱怨。当客户开始对跨地区业务的质量和一致性质疑的时候，或者对公司层级划分和业务领域分类的复杂性感到失望的时候，改革就迫在眉睫了。

• 合伙人开始互不相识。规模是驱使组织结构和治理模式改革的主要因素。在一定的规模下，公司可以依靠人员互相之间的熟识和协作开展工作。但是在某一点上，如果公司发展得规模过大，就不能再以一个单元的形式有效开展工作了。

• 重大决策生成时间过长。这是一种信号，说明要么是领导者用人不当，要么是组织结构或运营流程出了问题。

• 合伙人之间的沟通频繁出现分歧。沟通欠流畅的情况通常出现在公司进行地区上的扩张时。老旧的沟通模式在日渐分散的业务环境中已不能有效发挥作用。

• 专业人员频频违规操作。虽然专业人员是喜欢用自己的方式解决问题的，但如果专业人员和支持团队频繁地违背运营政策和流程进行操作，说明队伍重整已是大势所趋。迫使员工按步骤行事，就好像制定了一本"规则手册"，不如改变规则去迎合员工工作、交流和处理业务的需要。

• 有些人开始感到自己像二等公民。随着公司在新地区拓展业务，"他们 & 我们"的模式便会出现，形成了所谓的卫星办公室。当专业人员感到自己失去了专属权并成为边缘人的时候，留住人才就变得异常困难。

治理风格

我们的合伙人大都认为，管理也要被管理，所以他们需要平等发言并被倾听的机会。

在专业服务领域，治理风格多种多样，有君主独裁式的决策方式，也有以达成共识和合伙人参与为基础的多方听取式（见图 10—13）。

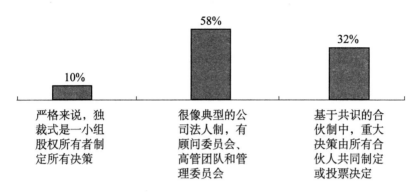

图 10—13 治理风格从独裁式到完全的共识式

由合伙制的本质决定的，专业服务公司需要在关键性的治理议题上达成某种程度的共识。将近 1/3（32%）的受访公司将自己归为基于共识的治理风格。58% 的公司认为它们属于中间型。少数（10%）公司。特别是原始创始人仍在职的较小型公司，仍然是决策大权紧握在少数领导成员手中。属于这一类别的一位公司领导者将自己视为一位"态度亲切的独裁者"。

虽然领导者承诺会权衡员工共识来达成决策，但是一部分接受采访的领导者还是强调，协作型的公司与民主型的公司存在很大的差异。大多数公司采用的治理风格在保证足够的参与性和透明性以使合伙人能够发挥其参与和扶持作用的基础上，都会由领导层做出决策，领导会在某些重要领域较为独立地行使权利。不过显然，相对简单的共识风格在小型公司中更加容易实现。随着公司规模的扩大，在重大决策上达成共识会变得越来越困难。在最大规模的优秀公司中，罕有合伙人就某些议题全体参与投票的情况发生，或者有选择性地一部分合伙人会参与投票。需要合伙人投票的事项通常包括选出新合伙人名单、合伙人除名，或者开设新办事处等。在较大型的公司中，想使治理风格牢牢扎根于基于共识的决策模式中需要付出持续不断的努力，并与合伙人进行大量的沟通（见专栏"科尔尼管理咨询公司的结构改革和治理改革"）。

科尔尼管理咨询公司的结构改革和治理改革

1996 年，科尔尼管理咨询公司的合伙人投票通过，将公司卖给了全球商务及技术服务公司 EDS 公司，成为这家上市公司的一个运营分支机构。十年后，合伙人再次商议实施管理层收购，欲重新购回公司。2006 年，科尔尼公司成为董事会常务委员兼董事长罗德侠口中的"一家 80 岁的新公司"。参与这次管理层收购的 170 名合伙人从本质上讲有机会重新塑造公司。罗德侠说："我们有一个有进取心、有雄心的年轻合伙人队伍，他们随时准备挽起袖子大干一场，让公司再创佳绩。"

他们选出了一支由合伙人组成的团队，就回购事宜进行谈判，并准备在佐治亚州的亚特兰大市举办一次"宪法会议"，使合伙人汇聚一堂就主要的治理问题、股权问题和结构问题进行商议，新股东将对这些问题达成一致，并写入公司章程。"全部都是关于企业精神、责任和职责的，"罗德侠说，"十年上市公司的经历已经生成了一种员工和老板的思维模式，所以我们需要恢复到股权所有者与合伙人的哲学上来，产生共鸣。"具体的决策包括：

• 所有制和股权。公司变成私有公司后，每位新成员都需要投资并成为持股合伙人。股份按照每年由董事会决定的票面价值购入，而当合伙人退出的时候必须将股份售出。合伙人的薪酬是基于业绩的，有数量和质量的双重评估标准。

• 治理。管理层收购后，公司发生显著变化，更加倾向于开放自由的领导力模式。"大家的共识是，公司的领导力应该来自具有广泛基础和多样性的合伙人团队，"罗德侠指出，"我们需要的是透明的分散式的领导模式，而非等级森严的管理模式。合伙人认可一人一票制，通过投票选出董事会和总经理，他们最多可以连任两届，每届为期三年，连任要通过再次选举方可生效。董事会和总经理是通过开放式的提名过程选举产生的，每位投票的合伙人都有资格成为被提名者。被提名者需要呈交在其工作平台上经由合伙人审核的职位报告，最高票数获得者将被选出担任这一职位。"

• 结构。罗德侠组建了一个高层领导团队，成员包括他本人、首席运营官、地区领导和各行政主管（包括首席财务官、首席人力资源官、总顾问、首席内容官），所有这些人都必须是新就职人员，而他们的部门也是在管理层收购之后重建的。与大多数专业服务公司一样，其管理以矩阵结构展开，包括地区部门、10 个行业、11 个服务板块。单元领导者由总经理听取合伙人意见后任命产生，并向首席运营官汇报工作。在管理层收购之后，公司内的大多数领导权利，以及损益责任，都被下放到了地区。"我们必须快速启动新的组织结构并以界限清晰的权责划分形成凝聚力，避免各地区合伙人之间产生分歧，"罗德侠指出，"不过，公司已经下定决心创建更加均衡的权利分布，并朝着这个方向前进。"

科尔尼公司尝试把从 EDS 公司学到的管理经验融入自身，尤其注重划分清晰的流程的价值。"具备制定出一系列严密、有力的中心流程的能力将为一些关键性的任务提供支持和保障，如行为规范的整理、培训和人力资源政策的统一、品牌开发及预测的一致性，以及财务稳定性，"罗德侠还说，"关键问题是在合伙人制度下有条不紊地维护好各种程序的展开，如果能够平衡好这二者的关系，将收获双倍的果实。"

本章小结

结　　构

• 公司的基础架构和治理模式对公司的整体绩效、服务交付和战略执行都起到了关键性的作用，这已成为普遍认可的观点。而关键问题是将结构与战略和文化统一起来。

- 选择合适的运营结构会使公司面临三大挑战：

  1. 在自由和官僚之间找寻合适的平衡点是困难的。

  2. 没有"万全之策"。

  3. 结构必须随着公司的发展和方向的变化而不断调整。

- 优秀的公司具备七大典型特征。这类公司的做法如下：

  1. 拥护"公司整体"的观念。

  2. 操作透明。

  3. 培训专业人员的商业技能。

  4. 使用专业的非计费支持团队。

  5. 重视流程的高效。

  6. 清晰定义角色和责任及政策和流程。

  7. 恰当时改变组织结构和治理模式。

- 治理模式从独裁制到共识制各具差异，而大部分优秀公司都承诺在参与式决策和高效的执行之间找到合适的平衡。

- 专业服务公司的组织结构是扁平而精益的，能使官僚主义的负面影响降到最小。虽然各具差异，但专业服务公司的组织模式还是存在很多共同点。

第 11 章

领导力

特质、培训和建议

如何将一个非常有能力而又敏锐活跃的团队管理好并塑造成信心饱满、凝聚力强大的团队确实是个挑战。如果他们没那么聪明并且更加听话一些就容易多了。

——拉尔夫·施雷德（Ralph Shrade）

博思艾伦公司董事长兼首席执行官

你必须使你的同事们信服你，愿意追随你的愿景前进。

——本·费雪（Ben Fisher）

Perkins＋Will 建筑设计院院长兼首席运营官

　　一位优秀的领导者能用他的思想指引方向和分析问题，用他的心去管理人员，用他的胆识去创造清晰的价值观和愿景。

——戴维·达特里奇（David Dotlich）

Pivot Leadership 创始人兼总裁

正如本书一开始提到的那样，也正像我们的研究已充分证明的那样，领导一家专业服务公司不能心怀畏惧。一位管理专业人员的成功的领导者肩负着多种责任：愿景设计师、价值观守护者、激励教练、共识构建者，而且在很多情况下，他还必须是能给公司带来业务和收入的人。放眼望去，我们还会惊讶于这些世界顶尖公司的威严领导者所具备的坦率、幽默和谦虚的特质。他们所表现出的是对工作的热爱，并且很乐意将管理专业服务公司的艺术和技巧与人分享探讨。他们为什么能取得成功？他们作为成功领导者的关键特质是什么？公司又该如何寻找并培养未来的领导者呢？

毫无疑问，成功领导力的魔力一直是被人津津乐道的话题，大家都想破解密码。在专业服务行业，领导力可能是获取成功最关键的因素，通常也是最难以捉摸的。在多数行业中，坐在角落办公室的人通常是大局的掌控者。传统的命令/控制式的环境相对来说比较直观：领导层、管理层和基层的部门划分是清晰可见、易于理解的。相反，多数专业服务公司采用的矩阵结构则属于灵活得多的管理模式，是扁平的、流动的、分散的、难以驾驭的。据一位首席执行官的观察："在合伙体制下，每个人都是主人，因此必须确保每个人的声音都得到倾听和关注。"

构筑公司长期价值观并维护和提升公司品牌形象是一个领导者的核心任务，也是专业服务公司的领导者与其他行业公司领导者共同的目标。不过，要在专业服务领域实现这些目标显然与在其他领域截然不同，在该领域中，培育具有凝聚力的、协作的和高效的企业环境是取得成功的基本要素。专业服务公司完全仰仗公司的专业人员完成任务指标，他们是驱动业绩提升和促成公司壮大的引擎，而领导者的一大职责就是保证这台引擎正常运转。正如一位首席执行官指出的："当你管理一家专业服务公司的时候，你需要面对的是庞大的资产组合和生产能力，这些要素共同生产出有形的产品。"

在专业服务领域，影响力完胜控制力。领导者应该掌握强有力的激励技巧并且拥有熟练的操控力，同时在面对困境时具有号召力，这就要求领导者是优秀的沟通者，让在合伙体制下的每个人都感觉自己是公司的所有者、创始人。

成功领导者的主要特质：情商与人际能力

当我想起我们公司以前的领导时，感觉他们全都具有活跃乐观的个性、要把公司办得越来越好的雄心，以及能感染他人的热情。

我是一家大机构的管理者，我的任务是使它比创建时发展得更好。我试图通过达成共识开展管理。我细心地倾听所有想要表达意见的人员的声音，但这些声音总是各不相同，总是有反对意见存在，所以很容易使你失去信心而不知所措。

我们让受访者描述成功的服务型企业领导者应具备的最重要的特质（见图 11—1）。在广泛的可选范围内，受访者认为可以将成功领导力的特点归纳为优秀的人际关系能力和情商两大板块。事实上，在受访者提到的 12 种成功特质中，只有"熟悉业务"一项涉及专业知识，其他被认为与形成有效领导力有关的 11 种特质则可以被准确地描述为必要的软性技能，即在合伙制企业中进行有效的人际互动的能力。

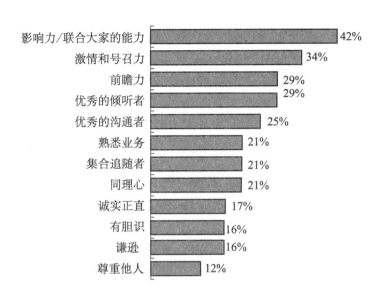

图 11—1　专业服务公司中成功领导者的特质

影响力以及联合大家的能力

当一家公司中人人是主人，人人智商超群，人人对做什么和怎么做都各执己见的时候，获得大家对决策的支持对领导者来说可能会是个艰难的过程。一点点并不为过的怀疑精神是一位优秀专业人员应具备的特质之一，正如在调研中受访者的回答，专业人员身上混合着的不同特质会使构筑高凝聚力团队的任务极富挑战性，而在这些高效能职员身上引起共鸣是专业服务公司领导者成功管理的关键一步，这是很多管理者认可的观点。如果这方面做得欠佳，公司战略聚焦点会因此丧失，自顾自的孤岛思维会大行其道，分化破碎会随之而来。因此，在企业大环境中团结一致需要一道催化剂的作用。一位领导者必须能够在合伙人队伍中营造互相尊重的氛围，激发信心，并巩固强化企业文化价值观，同时保证每位员工的经验和专业知识都得到认可和奖赏。不论是鼓舞合伙人团队就关键决策达成一致，还是协调好首席执行官口中的"令人担心的杰出者"的需求和期望，都需要付出大量的心力和脑力。

激情和号召力

在谈到公司的新方案、战略、机会时，点燃员工、引发员工激情的能力实际上是各行各业领导者所具备的最令人佩服的能力。但是，当业务的完成依赖于出色的个人表现时，能够激发职员以最优异的业绩完成任务并持续提供高质量的客户服务至关重要。激情、活力、投入是领导者获得员工支持所必须具备的共同特质。正如一位执行合伙人告诉我们的："如果你不能全身心地投入于经营公司、提供服务以及为客户带来价值，或许证明你并不适合这份工作。"

前瞻力

我们的受访者非常重视领导者创建愿景并描述出来，同时使大家对愿景达成共识的能力，并且在内外部双重压力下秉持这一愿景的能力对领导者也很重要。我们不止一次地在访谈中听到这样的观点：专业服务公司需要的领导力不仅仅关乎拿主意，而且更加强调从情感上将员工凝聚于某一共同愿景的能力。这一愿景必须既具说服力又是可实现的，这样才能调动员工向着它前进并尽职尽责。我们的受访者提醒说，缺乏拥护者的领导方式是不会奏效的。一家金融服务公司的首席执行官解释道："领导者身上的问题是，有时候他们会理所当然地确信自己具有领军前进的权利，然后便冲向下一座山头，而后回首望去却发现身后的大部队根本没有跟上来。也就是说，领导者应该和大家在一起，不应该冲得太靠前，也不应该太过滞后。"奥美公关的总裁马西娅·西尔弗曼（Marcia Silverman）有一段令人羡慕的经历，她带领她的公司实现了史无前例的成长和革新。她在公司发生变革的过程中亲身体会到了协同合作与交流沟通的重要性（见专栏"奥美公关公司：领先增长力"）。

奥美公关公司：领先增长力

在任奥美公司首席执行官的九年任期中，马西娅·西尔弗曼带领她的公司发展成了全世界公关传播行业中的佼佼者。从业 29 年后，她出任公司总裁，主要负责积累公司知识资本并向一些重要客户群体提供战略性建议。西尔弗曼领导公司的这段时间是令多数领导者心生羡慕的时期：在史无前例的全球增长和行业变革期，她带领公司勾画了未来的蓝图。在西尔弗曼看来，以全球视角来看待公司的发展需要一位行动派管理者，一位既了解客户需求又能深度参与人才的寻找、开发和保留工作的人。回顾自己担任首席执行官时的工作，她总结了以下关乎成功领导力的关键因素：

• 培育关怀文化。"文化是奥美公关公司非常重视的方面，"西尔弗曼说，"我们成功的一大原因就是我们的关怀和协作文化。"文化由上及下渗透至方方面面，从公司高管团队的管理运营上便可以看到文化的影响。西尔弗曼组建了一个互相尊重、氛围融洽、崇尚协作的团队。

• 用人所长。与"命令/控制"式管理不同的是，西尔弗曼在管理奥美公司时采用了"百花齐放"的政策。没有发号施令式的管理，而是非常注重构建一个强有力的管理团队，同时还强调新人才的开发以及帮助职员发现和发展自我优势。"必须从一开始就关注人才的发展，"西尔弗曼总结，"我们最成功的时候就是我们在内部为自己培养未来领导人的时候。"

• 破除地域限制。在做首席执行官的时候，西尔弗曼持续关注打破地域限制、提升知识共享以及全球协作的重要意义。她说道："我希望我们的业务走向全球——我希望北京不仅和华盛顿合作，还能和布鲁塞尔合作。"向着这一目标奋进的过程是充满挑战的，但是西尔弗曼认为这样做能更好地服务公司的全球客户。作为她的继任者，下一任首席执行官同样致力于公司的全球视角和能力的构建。

• 珍视洞察力。西尔弗曼认为，洞察力在她个人的发展中起到了重要作用。虽然它作用关键，却是被企业忽视的领导力要素。西尔弗曼近期在乔治城大学任教，她发现从技术层面传授领导力是可行的，比如说如何授权团队去执行一项战略。但是，在涉及构建包容文化、激励他人、维系持久的客户关系这些主题时，必然是洞察力大展拳脚的时候，而非正式培训可以达成的。

西尔弗曼说，对于荣升领导职位的女性来说，以古板老套的专横形象示人不是明智之举。"人们会对那些善于谆谆教诲、奉献分享并带领员工抱团工作的女性领导者心生敬意，"西尔弗曼还说，"女性必须具备并善用自身这种敏锐且具有治愈性的特征。"

优秀的倾听者

大约有 1/3 的受访者认为，倾听能力是成功管理专业服务公司的人应具备的关键特质之一。而且很多受访者多次探讨，应该听得时间更长，还是应该听得更深入，只有找到其中的平衡点才能听对人、听对话，而不至于被对方的职位震慑，也不会被对方多样性的观点吓乱了阵脚。在专业服务公司里，人们对辩论的渴望似乎永远无法得到满足。

一位优秀倾听者在巧妙处理他人意见的同时会将自己的想法关在门外。正如一位公司领导者告诉我们的："强大的领导力建立在聆听他人然后融合众多合伙人的声音并形成行动的能力上，这种行动力可以被解释为推动公司前进的方案或计划。"最好的公司领导者即使面对最刻薄直白的怀疑，也会谨慎考量来自各方的多样化的内部意见，而后再全方位地稳定落实到行动上。正如一位公司总裁所说："比起被你说服，你的合伙人应该更期待你与他展开一场全面而开放的讨论，这一点尤为重要。"

优秀的沟通者

有效的领导者总是保持紧密的多方衔接。他们深入各个层面去发现需要解决的争议和问题，为达成多方共识辗转于纷繁复杂的客户和合伙人之间，同时，需要了解一些主要的内部股东，并时常与他们互通有无。布鲁斯·博尔韦尔（Bruce Boulware）是 O'Melveny & Myers 公司已退休的首席运营官，他解释了其中的动态原理："沟通涉及互通有无、坦率的提出建设性意见以及聆听。同时，沟通还需要好奇心，也就是收集相反的意见，这样才能获得创造力和创新，并在结构化的环境下释放出前瞻性的思维。"沟通在日常工作中是重要的，在危机时刻更是迫切的。蒂姆·弗林（Tim Flynn）是毕马威全球总裁，他坐上这把最高交椅的时候正值公司的重大动荡期。"沟通，"弗林说，"可能是我学到的最重要的领导力课程。"（见专栏"毕马威：危机中的领导"。）

毕马威：危机中的领导

毕马威全球总裁蒂姆·弗林对危机之中的领导力了如指掌。弗林在 2005 年 6 月担任毕马威美国地区总裁，当时公司正经历两大重要变革。5 月，毕马威公司得知其早先售卖给个人的避税项目面临政府的指控。而一个月后，受公司众人爱戴的总裁尤金·奥凯利（Eugene O'Kelly）被确诊患有脑部肿瘤，只剩下几个月的寿命。

于是，奥凯利很快卸任，领导层则任命弗林担任这一要职。据弗林所述："没有时间制定什么百天计划，也没有时间进行井然有序的过渡交接，我必须直面挑战。"这位新总裁面临着四项艰巨任务：处理政府指控，在众多公司合伙人和员工中稳定人心，避免客户的大量流失，重建公司威信。

• 果断行动，坦诚沟通。弗林提到："当危机出现的时候，领导者做出正确抉择的概率变得越来越小，必须积极沟通需要处理的事宜，而后以最小的出错率付诸行动。"

在刚刚担任总裁之后，弗林便发起了冲锋，他找出错误并与新团队奋战了整个夏天，最终与政府达成调解条件，为公司继续发展赢得了机会。同时，他还找到合伙人，让他们知悉自己的方案。他希望合伙人能够给这个新的领导团队 90 天的时间，让他们能够梳理各项事宜，整合出一套指导性原则，以供公司领导团队解决问题时可以照章办事。整个夏天，他都在不停地向合伙人们复述着这些指导性原则。

弗林亲自联系了几百位合伙人以收集反馈意见。在处理完这次危机八天后，弗林召集所有合伙人到达拉斯召开面对面会议，进行一次公开问答，开诚布公地讨论这件事情并直接回答问题。他和他的团队制定了意义重大的变革方案，他们会尽快实施以确保类似的棘手事件不会再次发生。更加远大的战略部署是使合伙人和员工能团结起来，并能够与领导层进行直接、一致的沟通，而前面所述只是这些远大战略中的一小部分。

与此同时，公司还致力于与客户的沟通交流。弗林、约翰·维梅耶（John Veihmeyer）（在弗林成为美国地区总裁时，约翰·维梅耶同时被选为毕马威公司代理副总裁）、毕马威公司合伙人斯文·福尔摩斯（Sven Holmes）（一位美国前联邦法官），以及执行副总裁杰克·泰勒（Jack Taylor）拜访了一百多位审计客户，回答他们的问题，并积极坦诚地将所有悬而未决的问题摆到桌面上。

回顾所经历的一切，弗林说："我学到的关键一课是坦诚沟通的重要性。一个人必须愿意走出自己的小世界并承认自己并非知悉一切。不要过度承诺，要实事求是，以清晰的流程指导自己面对危机，而后有针对性地付诸行动。"

2007 年被选为毕马威全球总裁的弗林补充说："身处这样的环境下，一个人无法预测接下来事态会怎样发展。不过，人们总免不了担忧，他们有强烈的欲望，想了解事态会对他们的切身利益有何影响。因此，就关键问题的解决办法进行清楚的沟通是非常重要的。我们很早便制定出一套指导性原则，作为所有最终决策依据的基础。应该让合伙人知悉，在这样的解决方案下结果会是怎样的，以及每个人及团队将受到什么影响。"

• 道德和正直是关键。"对于所有需要树立或重建信誉的组织而言，都要以拥有正确的公司文化作为开始，"弗林接着说，"是不是所有人都要受到物质奖励才会做出正确的事情？公司文化是否重视并奖励正直诚实的人品？是否长远发展重于眼前利益？"

弗林和他的团队很快对公司治理结构做出调整，并颁布了一套严苛的道德伦理及合规性方案，以期在公司环境中植入一种伦理道德文化观。他认为，这样的工作对所有组织而言都是至关重要的。

弗林还补充道："当人们问我成功的要素是什么的时候，我总是回答，努力、技能，还有一点点运气。我没有忽视所有这些因素，不过今天我还要强调一下我以前总认为理所当然的一点，那就是：成功的最重要要素是为人要诚实正直。"

熟悉业务

熟悉公司业务对专业服务公司的领导而言是一份宝贵的财富。事实上，我们访问过的所有领导者都是在其各自的专业领域里成长成熟起来的，并且普遍专业能力很强，被人尊重。很多人都为所在的公司奉献了毕生的精力。所有这些人都亲历过公司中一些最具价值的客户关系建立的过程，并在一定时期内为公司带来了可观的收益。

一些领导者承认，最好的专业人员有时却不是最优秀的领导者。领导一家公司与管理一个客户所需的是截然不同的素质。不过，在受访的所有人中，没有一个人对具备实战经验的重要性提出质疑。戴维·蔡尔兹是高伟绅律师事务所的全球合伙人，他放弃了公司并购事务领导的职位（实际上他真的很喜欢这个角色），并转而做出了一个艰难的决定，放手原先的能带来收入的业务工作，而专注公司的管理（见专栏"高伟绅律师事务所：转型中的管理"）。

高伟绅律师事务所：转型中的管理

2003 年，蔡尔兹成为全球规模最大的律师事务所高伟绅律师事务所的首席运营官。2006 年，他又当选为全球执行合伙人。在对其管理职责做出决断的时候，他选择了放弃心仪的负责公司并购事务的工作，同时还决定坚持"公司第一"的原则，放下了能带来收入的业务工作，不过他没有完全将客户搁置一边。

在任职期间，蔡尔兹带领高伟绅律师事务所度过了关键转型期：将合伙人数量缩减了 15%，并将很多基层员工职能转移到了印度，在全球金融危机中保持其战略方向不偏移。在描述其简洁的风格时，蔡尔兹说："我觉得，很多身处管理岗位的人都将管理工作复杂化了。人们只是喜欢清楚透明。我努力将所有要传达的信息简单化、清晰化，在需要的时候给大家鼓舞——制定更高的目标。"

• 谨慎选择你的目标并坚定不移地执行下去。蔡尔兹说，就管理而言，他收到的最好建议就是保持专注力。当他刚开始这份新工作时，有人告诉他："首先要做的是列出你想要在 4 年任期中完成的 5～6 件事情，然后严格按照这张列表，合理安排时间，促成这些目标的完成。"依据他的经验，蔡尔兹说："我真的将并购技巧应用其中。如果我需要从 A 到达 H，我会系统性地沿 A 走至 H，并且保证我的团队不会偏离目标。"

• 直面坏消息。将严肃的事情加以粉饰可能会产生误导和反作用。蔡尔兹指出，管理者在传达坏消息或汇报不好的业绩时往往犹豫躲闪。据他的经验，最好的做法是"坦率、诚实，少绕圈子"。公司就缩减合伙人数量的决议达成共识后，蔡尔兹将这一严峻的消息告知他的一些相关同事，他采用了关怀同情，同时又坦率、就事论事的态度。

• 在前景不确定时多提出问题。作为一名领导，对未来表现得乐观而充满信心是很重要的。在问题悬而未决时缓解焦虑情绪的最好办法是经常沟通并尽可能多地进行面对面的交流。在金融危机期间，蔡尔兹鼓励员工：不论有什么疑虑都可以提出来，没有任何禁区。如果员工犹豫不决，不敢公开提出问题，他会鼓励他们以邮件的方式与他交流。

• 避免外部事件使公司偏离战略。比如，当面临 2008 年金融危机时，因应对这种突发事件而造成的创伤可能会使公司战略处于险境。如果你认为自己的战略部署从长远来看是正确的，就务必坚定不移地坚持下去。尽管会有金融危机和因此而产生的重大客户损失，高伟绅仍然坚持投资，赶超自己制定的增长目标。在面临重大危机时管理队伍能保持有条不紊是其稳步发展的重要原因之一。

• 将教练作为管理手段。高伟绅律师事务所将专业教练视为极具价值的资源。从管理角度来看，教练在提升个人实力和弥补差距上是非常有用的。蔡尔兹通过教练的方式提升了其沟通能力。

蔡尔兹于 2010 年连任第二个 4 年任期，他凭着努力和付出得到了合伙人的赞赏，他为自己在公司困难时期带领员工冲出困境而获得的信任感到荣耀。即便如此，他仍然说："我从未对公司的业绩感到十分满意，我们还能做得更好。"

是否需要创收

　　有人认为，执行合伙人必须得带来收入才能在合伙人队伍中树立威信，这一观点实在令人费解。一位合伙人拥有威信是因为不论做什么都做得漂亮。如果你是处理客户事宜的合伙人，你会因为客户工作做得好而树立威信。如果你是执行合伙人，你会因为公司管理得好而树立威信，而不是因为提出了一堆避税意见。

　　很多合伙人会说，这就是我们获得成功的原因之一：我们拥有一支不管是吃着、睡着、醒着，心里时刻都惦记着公司大局的合伙人队伍，而不是仅仅想着一个客户。

　　领导者必须创造收益吗？还是只需要关注公司运营就可以了呢？领导者是否需要创收一直是我们调研中热议的话题，而受访者也以两种鲜明的观点分成了两个阵营。

　　总的来说，必须创收的要求显然已经超越了单纯的领导职责。60％的受访者认为他们自己是创造了收益的，而40％的人认为自己没有带来收益（见图11—2）。

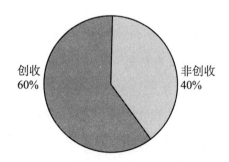

图11—2　创收管理者与全职领导者的比较

虽然大部分受访者坚定地站在了创收性群体的阵营中，但是每个人的创收程度还是存在显著不同的。有些领导者指出，他们花在创收性客户工作上的时间占了全部工作时间的 10％，而其他一些人说他们会花费大约 80％ 的时间处理客户业务。我们愿意假设，公司的规模越大收入越多，则领导者花费在创收上的时间越少。但有些令人惊讶的是，在我们的调研中，即使是年收入超过 100 亿美元的受访公司的领导者，其所承担的客户业务量也存在显著差异。

提倡做创收性管理者的一群人给出了支撑他们这种立场的三个主要理由。第一，很多领导者深有体会地认为，他们必须保持对公司的主线业务活动的参与，这些活动当然是指与客户有关的工作。积极地与客户接洽、解决客户问题、识别机遇，这些工作提升了领导者的管理地位并巩固了其在专业服务公司中的领导力。正如一位首席执行官所述："这其中的原则是，如果你要接手管理像我们这样一家专业人士聚焦的公司，就必须在你的管理领域外构筑起自己的威信。"

第二，除了维系好这种威信，创收性的领导者还提出了与其专业、客户、市场保持紧密联系的重要性。如果领导者不参与创收性客户活动，在这样的前提下专职做管理工作，管理专业人员和市场运营，就很容易导致领导者丧失作为合伙人的优势地位并与客户需求脱节。由于专业服务领域的市场变动是很常见的，因此积极地参与客户工作才能帮助领导者时刻掌握市场需求和市场脉搏。

第三，大部分保持创收的领导者还是非常享受与客户打交道的过程的，他们选择不让领导职位所施加的行政管理任务剥夺为客户工作带来的无限满足感。他们认为在其职业生涯的鼎盛时期依旧坚持自己的专业发展对个人而言是受益匪浅的。同时，他们还将客户工作视为一帖兴奋剂，使自己在管理一群多样化而又难以驾驭的合伙人队伍时更好地肩负起责任。

　　在反对管理者需要创收的受访者中，一半以上的人认为，管理公司和客户工作可以并且应该是各自独立的。这些坚定地站在非创收性领导者阵营中的人们提出了解释他们立场的两大主要原因。

　　第一，他们认为，既要在重大客户业务中创造收益，又要在参与式矩阵管理模式下充分地参与到各种公司议题的管理工作中，要兼顾这两方面是非常困难的。根据他们的观点，坚持参与客户工作不但不能帮助领导者紧密联系客户和市场，还会影响管理工作，分散领导者处理短期问题和长远战略规划的精力和专注力。

　　第二，那些认为管理兼创收是成功领导力的绊脚石的群体对于创收需要掌握市场脉搏的说法持怀疑态度。他们认为，领导者想要与重大客户保持积极有效的关系并对真实的市场情况保持熟悉，并不需要亲自参与到客户工作中。在他们看来，领导者只要在重大客户业务中成为合伙人坚定的后盾，或定期与项目团队和客户进行接洽，就能成功地维系客户。有几位首席执行官提到，他们扮演的是一种非创收性的顾问角色，为公司大客户提供服务。这一角色使他们既能在高端项目上完成与客户和公司合伙人之间的交流互动，又能从项目管理所涉及的责任和时间约束中脱离出来。

　　一位首席执行官认为，两种方式的极端做法都不会产生好的效果。正如他总结的："过于关注客户工作会导致领导者丧失管理和创新的抱负及动力。而不接触客户的领导者会与业务情况脱节并失去与合伙人之间的联动力。"大多数公司领导者认为，关键是要找出最适合自己公司的适度平衡。

培训全球领导团队：物色和培养未来领导者

　　你能很快察觉到谁善于迸发出启迪他人的火花并善于将光热传遍整个团队。

我们努力物色未来的主人，并确保他们可以尽早获得一位好导师。你可以随便问一问我们这些资深人员中的任何一位，他们都能说出自己的导师是谁。

在成功的专业服务公司以及任何其他领域的公司中，领导力不是局限于公司顶层，而是贯穿整个公司。除了招聘新员工之外，组建一支强健的、具有自我修复能力的领导队伍是肩负公司未来发展重任的高管人员的主要职责之一。领导力是与生俱来的还是后天养成的？没有人能给出明确的答案。有些首席执行官坚持认为，毋庸置疑，"领导天赋"是内在的天资。有些人具备，有些人不具备。其他的受访者则坚信，领导都是"培养出来的而非天生的"，领导者的生成更多关乎的是培养，而不是命中注定。

可一旦碰上"先天还是后天"的话题，我们发现大多数人都对领导力需要后天培养的重要性持强烈的认同观点。而领导者和各个公司在物色和培养潜在领导者方面所采用的方式各不相同，从"让人才拔尖"，到正规的培训项目。不过，我们发现，众人在这两种方式上达成了广泛的共识。多数人认为，在职业生涯早期就开始物色和培养潜在领导者是关键，还有很多人觉得，如果能够制定更系统化的领导者培养方案，公司会大大受益。

领导者培养方案可以分为以下四个可交互实施的方面：

• 非正式地提供历练和发展的机会。很大一部分受访者认为，只有通过经手企业中方方面面的事宜而获得的自然成长才能最有效地培养潜在领导者。与我们交流的多数领导者在晋升过程中都承担过繁杂多样的任务才逐渐肩负起日渐增多的管理责任。对这种方式持赞成观点的人认为，领导者需要观察和向他人学习，包括学习业务知识，了解他人做事的优缺点、管理风格，从中汲取好的经验。

• 内部交换项目/管理岗位轮岗。不少公司领导者都提到，他们有效启用了内部岗位轮换机制，让年轻有为的专业人员在公司各个岗位轮换工作，使他们体验和学习公司业务在地域性和技能性上的不同特征。正如一位执行合伙人所说："在公司里，我们在不同的业务线工作，在不同的办公室工作，对大多数专业人员来说，全面地了解公司的完整图景是一项艰巨的任务。"

举个例子，在美国 HOK 公司中，公司上下协同合作制定了领导层人员需要具备的素质特征：个人特质和正直诚实、财务能力、专业精进。公司启用了内部轮岗制，年轻有为的专业人员会经历为期半年的重新安置，被派往各个不同部门的不同岗位进行历练。HOK 公司的副总裁克拉克·戴维斯（Clark Davis）说，表现出色的人员会受邀加入领导任务中，如特殊委员会或特殊任务小组。

同样，Cuatrecasas 国际律师事务所也为技能精湛的专业人员制定了一套加速进阶的职业生涯方案。在每半年为一期、总时长为两年半的轮岗过程中，专业律师们会在不同业务和不同办公室工作，在纽约、伦敦、马德里和巴黎这样的世界主要经济中心城市处理公司的客户业务，并获得极其宝贵的工作经验。

•指导。一对一指导是很多专业服务公司使用的培养人才的方式，通过这种方式，年轻有为的员工可以近距离地获得有关团队建设、决策制定和业务管理的经验。很多受访者认为，请一位经验丰富的资深专业人员就客户问题、内部发展机遇和人际关系给出指导，会使有雄心的年轻专业人员大大受益，帮助他们快速进阶至领导岗位。虽然制定出正规的指导方案在专业服务公司中并非易事，但我们仍然发现了一些在指导方面做得很好的案例。

•正式的发展项目。我们在几家接受调研的公司中发现，它们有令人印象深刻的正式领导力发展项目。我们选出的这些优秀项目的共同点包括：尽早确定未来领导者（一般是入职的最初 3～5 年内），持续的渐进培训模块，来自资深合伙人的正规指导和审核，为被培训人员安排的特殊任务。这些公司在领导力开发上所做的投资是巨大的，但据它们所述，这些投资是值得的。正如一位首席执行官告诉我们的："新职员喜欢，客户也表示满意并受益，而公司也拥有了稳定的未来领导者储备，能够带领公司继续前进。"

越来越多的公司投入资源，开展集中的或持续的领导力开发项目，帮助那些有潜力升任高层管理岗位的优秀专业人员提升领导力。O'Melveny & Myers 与伊利诺伊州的凯洛格管理学院展开合作，为公司的领导层开发了一个定制的行政管理教育课程（见专栏"O'Melveny & Myers 公司的领导力开发"）。

凯彻姆（Ketchum）则成立了凯彻姆领导力学院，帮助正在成长中的领导者了解公司价值观和行为准则，开发他们的领导力特色，并使这些特色与公司价值观形成共鸣。Dewberry 公司每年会锁定 15～20 位出色员工来接受一项特殊的领导力培训计划（见专栏"Dewberry 的领导力开发计划"）。

O'Melveny & Myers 公司的领导力开发

创建于 19 世纪末的 O'Melveny & Myers 律师事务所已经发展为一家全球性企业，在全世界有 14 家办事处和超过 1 000 名律师。在过去的几十年中，为了整合快速扩张的公司，公司的合伙人围绕着强调卓越、领导力、主人翁精神的核心准则制定了一份价值观宣言。随着公司规模壮大和业务的多样化，为了深化同事感情、缩小全球合伙人队伍中存在的文化差异，并成功地将战略和人才统一，有效领导力越来越成为公司获取成功的关键特质之一。

本着这一理念，公司总裁卡尔瓦豪斯任命了一个工作小组，负责领导建立公司领导力学院，并为此设计了一套定制的行政管理教育课程。为了协助进行学院的设计和运营，公司与位于伊利诺伊州久负盛名的凯洛格管理学院组成了合作团队。学院的首要目标是为合伙人和高级管理团队提供领导力培训，这些培训与他们面对的市场情况息息相关，与公司文化密切相关，并能够随时对全球经济中的重大变化做出回应。

O'Melveny & Myers 公司和凯洛格管理学院之间的合作一直非常频繁而紧密。公司任命了一个由合伙人和继任的首席运营官布鲁斯·博尔韦尔、负责人才发展的常务董事米歇尔·伊根（Michelle Egan）共同领导的人员组成的团队。这个团队与凯洛格管理学院的教务主任及凯洛格全体教师携手，使所设计的课程能符合 O'Melveny & Myers 公司的发展目标和全球领导力结构。其成果是，课程带来了巨大的影响，促使公司发生了变革性的改进，公司的全球合伙人团队更紧密地凝聚在一起。

自课程实施以来，来自 O'Melveny & Myers 公司 14 家办事处的近 200 位合伙人和高级业务经理已经去过凯洛格管理学院的艾伦中心，接受紧密衔接的为期一周的领导力发展课程。课程主题包括战略规划、客户关系构建、创新、团队动力、基于价值观的决策制定。博尔韦尔说："这种例行工作以外的关系为我们的合伙人和高级管理人员提供了基于市场状况和其他相关因素的领导力学习机会。"

这种人才发展项目具有激励性和实战性。参加学习的人员以小组为单位，聚焦于为实际工作中的挑战找到新鲜的观点和洞察，并发现公司面临的新机遇。这其中最大的好处之一是为来自世界各地的、做相关业务的、共同致力于公司成功的同事们提供了见面和交流的机会。O'Melveny & Myers 公司计划让公司全部 250 名合伙人及被选拔出的管理者，都去参加领导力学院的课程。

鉴于全球市场情况的不稳定性以及复杂程度越来越高的客户需求，O'Melveny & Myers 公司将领导力学院提供的培训课程视为公司发展所必需的。正如卡尔瓦豪斯所说："从公司的发展历史来看，目前有效的领导力和团队合作比以往任何时期都重要，在这方面的付出将使我们在未来的很多年中受益。"

Dewberry 的领导力开发计划

提供建筑与工程服务的 Dewberry 公司于 2006 年颁布了一项领导力开发计划，以培养未来领导者。据前首席执行官罗恩·尤因（Ron Ewing）所述："公司认为，目前没有足够的内部候选人可以进阶到公司的领导层。"

这是一项为期一年的人才发展计划，涉及在公司任职至少 2 年并拥有 5～10 年相关行业从业经验的 15～20 位公司员工。这项计划不仅面向建筑和工程人员，而且面向营销、法律和人力资源管理人员。尤因解释道："我们要物色的是同时具备技术知识和管理背景的综合人员队伍。我们期待每一位团队成员都能够融入项目管理角色并具备引领更大规模团队的能力，如整个部门，甚至最终能领导整个办事处。"

在每年的年初，每个办事处的经理或业务单元经理都会受邀提交一份书面提名推荐信，推荐一名或多名人选参加培训。一个由首席执行官、首席运营官、培训与开发主管，以及选拔出的地区和部门经理组成的指导委员会将对推荐名单进行审核，同时要审核每位候选人近三年的业绩情况和薪酬情况。指导委员会最终确定 20～30 位提名候选人，这些候选人将按照要求上交一份 1～2 页的书面自我评估报告，并在其中陈述参与该培训项目将使他们在哪些方面受益。尤因说："我们希望看到的是深刻见解、自我认知，在自我提升上的强烈意愿，以及因参与这一培训项目而获得的在任何职业生涯发展或者专业发展上的进步。"而后，指导委员会就每一位候选人展开周密的多方讨论，确定最终名单。每一位候选人，不论是否被选中参加培训项目，都会得到来自其主管经理或培训与开发主管的反馈。

这一培训项目包含每月一次的发展工坊。参加工坊的人员需要完成一项特殊的团队任务以及一个必须在当年年底完成的个人发展项目。公司在其总部每年举办一次项目成员活动，目的是让所有培训参与者碰面交流。尤因说，这一项目已经步入正轨。有超过 1/3 的员工已向其主管经理表达了希望参加培训的意愿。"员工能够深刻了解公司在他们个人身上进行投资的用意，我认为这是非常重要的，"尤因还说，"当然，如果员工在个人层面很成功，并且愿意继续在公司任职，那么公司也会变得很成功，但更重要的是，我们希望他们知道，公司更重视他们作为个人的价值。"

Dewberry 公司会对所有培训参与者进行跟踪调查，来确定他们的真实进步情况，同时还会与未参加培训的人员进行比较，以明晰培训效果。"我们从接受过培训的人员身上看到了明显的进步，"尤因说，"他们成为更优秀的员工、更出色的项目经理，以及更有效率的沟通者。我们真的拥有了一支全面了解公司的骨干员工队伍。"

给领导者的最终建议

确定自己愿意做。

对于管理专业服务公司所需要的技能的重要性，总有人认识不足。

要诚实。如果你放弃了诚信，整个组织可能会像纸糊的一样不堪一击。要说到做到，承担过失，承认错误。

我们让受访者说几句话作为送给其他公司领导者的临别赠言。我们得到了一些非常棒的风趣表达，比如"千万别喝自己的洗澡水"，还有一些警示性的提示，包括"请事事处处保持谨慎""别忘了给自己喘息的时间""要保持健康的体魄"等。以下是在谈话中出现较多的主题：

• 培养领导思维。请时刻记得你的领导身份，将此视为你职业生涯中的全新阶段，这需要你拥有一套全新的技能和处理事情的先后顺序，并相应地安排好你的时间和精力。

• 保持开放和求知欲。成长为一名领导人是一个持续学习的过程。愿意接受新想法是非常重要的。保持创新性并通过提出问题、与员工交流、阅读、时刻保持在新科技前沿并了解其对公司的影响。努力保持每天都汲取一些新知识。

• 为自己的发展投资。专业服务公司的领导者往往会太过关注每一位员工的发展而忽视了自己的发展。有很多为高层领导人准备的领导力提升项目可以参加。选择其中的一种，使自己深入了解其他行业中成功人士的领导风格，从而激发你自己的创新能力并燃烧你的热情。

• 付诸行动的同时别忘反省。经营一家合伙制企业所涉及的日常管理要求可能是极具挑战性且旷日持久的。可以用"救火"一词来形容每天的工作状态。因此，定期的回望反思并花费一些时间思考宏观的蓝图、出现的客户问题、势在必行的长远战略规划，以及全球市场趋势等事宜是很重要的。

• 时刻保持头脑清醒。请记住，人们总是和自己期望达到的智力水平存在差距，谁都无法预见未来。在行动前请多些聆听，但是不要让聆听阻碍了你前进的步伐。你最终还是要做出决策，并以此为生，而且还要尽可能做到最好。永远不要惧怕犯错。犯了错就直视它，然后另辟蹊径。

图书在版编目（CIP）数据

专业服务公司管理艺术：来自世界顶级公司的经验／（美）莫琳·布罗德里克（Maureen Broderick）著；孙伟，张帅译. —北京：中国人民大学出版社，2017.1
书名原文：The Art of Managing Professional Services：Insights from Leaders of the World's Top Firms
ISBN 978-7-300-23617-9

Ⅰ.①专⋯　Ⅱ.①莫⋯②孙⋯③张⋯　Ⅲ.①公司-企业管理-经验-世界
Ⅳ.①F279.1

中国版本图书馆 CIP 数据核字(2016)第 279709 号

专业服务公司管理艺术

来自世界顶级公司的经验

［美］莫琳·布罗德里克　著

孙　伟　张　帅　译

Zhuanye Fuwu Gongsi Guanli Yishu

出版发行	中国人民大学出版社			
社　　址	北京中关村大街 31 号		**邮政编码**	100080
电　　话	010 - 62511242（总编室）		010 - 62511770（质管部）	
	010 - 82501766（邮购部）		010 - 62514148（门市部）	
	010 - 62515195（发行公司）		010 - 62515275（盗版举报）	
网　　址	http://www.crup.com.cn			
	http://www.ttrnet.com（人大教研网）			
经　　销	新华书店			
印　　刷	北京中印联印务有限公司			
规　　格	170 mm×240 mm　16 开本		**版　　次**	2017 年 1 月第 1 版
印　　张	19.75 插页 1		**印　　次**	2017 年 1 月第 1 次印刷
字　　数	239 000		**定　　价**	49.00 元